天高地阔
凤举鸾翔

——重庆市凤鸣山中学基于核心素养的课程改革探索与实践

Tian Gao Di Kuo Feng Ju Luan Xiang

邓仕民　黄晓辉　著

重庆大学出版社

内 容 简 介

在全国新课程改革的背景下，凤鸣山中学依托自身办学理念和文化底蕴，积极探索并践行了"魅力课堂"教学模式。本书着重凝炼了"魅力课堂"的核心理念、理论基础和操作流程，阐述了"魅力课堂"组织形式——"雏凤共同体"建设的意义和建设策略，分享了"魅力课堂"的实施策略和改革成果。

这是面向所有教育工作者的一本书，既可以从宏观上给各校管理者提供参考，又可以从实践上影响教师的教育教学。

图书在版编目（CIP）数据

天高地阔，凤举鸾翔：重庆市凤鸣山中学基于核心
素养的课程改革探索与实践/邓仕民，黄晓辉著.—重
庆:重庆大学出版社,2017.6
ISBN 978-7-5624-9778-3

Ⅰ.①天… Ⅱ.①邓…②黄… Ⅲ.①课堂教学—教
学研究—中学 Ⅳ.①G632.421

中国版本图书馆 CIP 数据核字（2016）第 098873 号

天高地阔 凤举鸾翔
——重庆市凤鸣山中学基于核心素养的课程改革探索与实践
邓仕民 黄晓辉 著

责任编辑:杨 敏 刘志刚 版式设计:尹 恒
责任校对:关德强 责任印制:邱 瑶

*

重庆大学出版社出版发行
出版人:易树平
社址:重庆市沙坪坝区大学城西路 21 号
邮编:401331
电话:(023) 88617190 88617185(中小学)
传真:(023) 88617186 88617166
网址:http://www.cqup.com.cn
邮箱:fxk@cqup.com.cn（营销中心）
全国新华书店经销
重庆共创印务有限公司印刷

*

开本:787mm×1092mm 1/16 印张:15.5 字数:333千
2017 年 9 月第 1 版 2017 年 9 月第 1 次印刷
ISBN 978-7-5624-9778-3 定价:39.80 元

序

邓仕民校长是一位在一线辛勤耕耘多年的中学校长,长期致力于中学的教育教学改革,对学校的教育教学、课程改革以及学生培育等方面都有自己的理解和追求。

近年来,邓校长带领凤鸣山中学,把"魅力课堂"改革作为发展学生核心素养的突破口。"魅力课堂"是指通过"问题"导学,激发学生积极主动的学习思维,在单位时间内高质量、高效率地完成教学任务,学生在知识与技能、过程与方法、情感态度与价值观三维目标上全面地获得发展的课堂。邓校长主编的《天高地阔,凤举鸾翔——重庆市凤鸣山中学基于核心素养的课程改革探索与实践》一书,围绕"魅力课堂"展开,对 2011 年以来重庆市凤鸣山中学课程改革的实践进行了梳理和总结。全书阐释了学校的办学理念、学校精神、课程文化、育人目标,回顾了学校基于发展学生核心素养的课程改革的实践历程,阐述了学校立足课堂的"魅力课堂"改革的理论基础、模式构建和操作流程,分享了学校为推行这场改革的相关措施以及取得的辉煌成绩。

学校"魅力课堂"改革以学校"智慧""高雅"的"凤"文化为依托,让学生"学而生慧,慧则达远";学校文化建设引领"魅力课堂"改革,从而引发了学校的整体改革与发展。短短几年,重庆市凤鸣山中学从一所年轻的市级重点中学迅速成长起来,教育教学成绩逐年大幅攀升,不少艺体特长人才考入名校,校园班级管理屡屡获得好评,受到国内教育界同行的广泛关注。

近年来,越来越多的学校关注学生核心素养发展与学校特色发展,并从学校战略发展的高度将二者密切地联系起来,并以此为切入点,进行了大量而又卓有成效的尝试,重庆凤鸣山中学的"魅力课堂"只是其中的一个缩影。希望更多的学校能参与进来,不拘一格,独具特色,也期盼凤鸣山中学百尺竿头,更进一步,取得更加丰硕的成果!

我自退出行政后,忙碌于有兴趣的学术研究,但因友人肖长树主任一再邀请叮嘱我为本书作序,盛情难却,只好抽暇写几句,权当序。

(注:宋乃庆为西南大学二级教授,博导,教育部基础教育课程教材专家工作委员会副主任,中国教育学会学术委员会副主任,国家级教学名师,西南大学原常务副校长。)

目　录

第一章　革故鼎新,行稳致远

第二章　问题导学,互助展评

第三章　抱团发展,共同提高

第四章　系统实施，整体推进

第五章　天高地阔，凤举鸾翔

第一章　革故鼎新,行稳致远

第一节　学校的教育理想

　　凤者,东方神鸟也。鸣于岐山,翔于九天,非梧桐不栖,非竹实不食,非醴泉不饮,是智慧和高洁的化身,自古以来,见凤,则天下大安宁。"鸣",即鸣叫、鸣唱。"凤凰于飞,和鸣锵锵","凤凰鸣兮,于彼高冈","凤鸣如箫笙,音如钟鼓",有昂扬、蓬勃、突破之意蕴。孔子曰:仁者乐山。山,《说文解字》解释为"有石而高峻,生长万物"。

　　坐落于歌乐山麓、嘉陵江畔的凤鸣山中学,单从名字上就给人一种气质上的超凡脱俗与卓尔不群。

　　学校通过对历史文脉的挖掘和对未来发展定位的审视与思考,依托"凤"这一独特的精神符号和文化图腾,精心梳理和提炼了学校的核心理念与精神文化。

办学理念:群凤和鸣,声震九垓

　　群凤和鸣。在中国文化中,凤不仅表示自然物之"和",也表示人类社会之"和";"凤"的"五色"被看成是古代社会和谐安定的"德、义、礼、仁、信"五条伦理的象征。而学校教育正是教师教书育人、学生求学问道之所,与凤一样,是群体和谐观念在精神和物态上的载体。"和鸣"是指凤中学子"相互学习、同伴互助"的行为文化,又代表"和谐共生、抱团发展"的理想境界,是凤中学子"合作探究"精神和"共同成长"效果的一种隐喻。群凤和鸣,既有内涵之考究,又有意象之丰美。凤而成群,鸣而相和,蕴涵着凤中校园团结合作、共享互补、和谐融洽的文化氛围。

　　声震九垓。"九",言数之多,《素问·三部九候论》:"始于一,终于九焉。"《易经》中称阳爻(yáo)为九,王弼注:"九,阳也。阳,刚直之物也。"《易·乾》云:"乾元用九,天下治也。"垓(gāi),亦作"畡"。"九垓"一词,于此可有两解:其一,谓兼该八极的九州之地,《国语·郑语》言:"王者居九垓之田。"《说文·土部》也言:"天子居九垓之田。"引"九垓"一词入办学理念,言指学校置身于浩浩荡荡的世界潮流,遵循天地阳刚、厚重的运行规律,与社会时代同步发展,为每一寸土地播撒下知识的种子,为社会和国家培养输送有良知、有担当、有作为,能传递正能量的人才,在中学教育领域发挥凝聚智慧、引领发展的核心作用。其二,"九垓"亦作"九阂(hé)""九陔(gāi)",谓九重天,《汉书·礼乐志》:"专精厉意逝九阂。"由此,则可以理解为凤中人不仅力当修身进德,完善自我,更力求有超越的眼光,成为未来时代与社会的精英阶层、中坚力量。同时,学校不只看到自身的未来发展,还能以一种高屋建瓴的视角看待这个世界,站在高中教育改革的最前沿,参与并引领教育创新与发展,自觉提升教育理想和学术品格的高度。

群凤和鸣,声震九垓。学校的办学理念包含着上下一心、和衷共济、各美其美、美美与共之意,以天的威势、山的力度,极言学校发展以冲决一切的勇气、奔腾东去的激情,达至高远之志向,成就广远之声名。

学校精神：志存高远，凤翔九天

"志存高远",语出诸葛孔明,可谓是学校育人的根本。志者,人精神之统帅也。人一旦树立志向,就会万难不辞,百折不挠,天日可贯,何事不成? 纵观古今中外,但凡成就大事业、大学问的人,无一不是志存高远的人。培育学生的高远之志是学校的职责之一。

"凤翔九天",是对"志存高远"的形象描述。大鹏展翅,云翼蔽空,驭风振翅,俯视人寰,其雄放豪迈气象,最能激励学生怀抱青云之志。在中国古代,凤凰与大鹏实为一体。

正因为"志存高远",学校才能从当年的"戴帽"初中发展为今天的市级重点中学、全国教育系统先进集体,享誉全国。近六十载,凤中人才辈出,英才蔚起,真可谓"凤翔九天"!

学校校训：尚雅尚慧，至善至真

尚雅尚慧,意在以雅通慧,以慧成雅。正如校赋所写:"仰凤凰之修容,涵育优雅;萃凤凰之智慧,熔铸雄强。行而求雅,雅至则慧达;学而生慧,慧成而雅彰"。

至善至真,是指道德修养,达于至善;知识积累,达于至真。至善,最完善之境界;至真,极精湛之程度。至善,是中国传统教育的最高追求。《礼记·大学》:"大学之道,在明明德,在亲民,在止于至善。"至真,是中国先贤读书治学的最高主张。

优雅于外,智慧乎中,德臻至善,知穷至真。这正是凤鸣山中学对凤中学子提出的训诫、要求和希望。

课程文化：天高地阔，凤举鸾翔

天高地阔,有两层意蕴,一是比喻知识是浩瀚无尽的,正如《荀子·劝学》所说:"不登高山,不知天之高也;不临深谷,不知地之厚也;不闻先王之遗言,不知学问之大也"。二是比喻发展的空间也是无限的。苍穹高迥如斯,大地辽阔如斯,好风应时而至,自可回翔天地之间。天高地阔,既有对学生求学的勉励,也有对学生未来的期待。

凤举鸾翔,也可以作两层解读。一是指浓郁的学习氛围,凤中学子,比学赶帮,争先恐后,正如凤凰差池其羽,振翅高飞,鸾鸟鼓翼扑地,奋翼垂天。二是指众多的优秀人才。凤凰,鸟中之王,喻人中之杰。鸾,凤之别称,并称鸾凤。凤凰高飞,鸾鸟回翔,当喻指凤鸣山中学济济多士的盛况。

凤鸣山中学通过"雅慧课程"的建设,让玉石并雕而同光,凤鸾联翩而群起!

育人目标:丹心雅意,雏凤清声

丹心雅意,是指凤中学子具有高尚的德行和懿美的才具。丹心,又称为赤子之心,就是指学子们应该有一颗纯正洁净之心,拥有崇高的道德境界。心者,心灵也。中国儒家崇尚诚意正心,所谓正心,就是指净化心灵。雅意,是指学子们应该有高雅的情趣,具有出众的才华。"腹有诗书气自华",雅意不是与生俱来的,而是来源于后天的学习养成,正所谓"学而生慧,慧成而雅彰"。

雏凤清声,脱胎于李商隐的"桐花万里丹山路,雏凤清于老凤声"。雏凤,指凤中学子学业优异;清声,指凤中学子德才高美。

丹心雅意是因,雏凤清声是果。德才而称丹心雅意,这是对学校教学质量的要求;成就而享雏凤清声,这是对凤中学子前途的期望。正如校赋所写"高冈和鸣,声雍雍闻于旷野;碧空回羣,羽猎猎沐于朝阳",学校希望凤中学子们能才华出众,超越前贤,成就卓著,后来居上。

追求教育的理想与高度,坚守教育的价值与良知,从优质迈向卓越,这是凤鸣山中学心中深藏的梦想。学校始终坚持从人的角度来看待教育,站在人的发展、教育的发展、社会的发展的结合点上来设计学校发展的路径。依托"凤"的智慧和高雅,学校一路坚守着爱与纯洁的风骨,努力让学校成为一块圣洁的领地,成为学子灵魂诗意栖居的绿洲,让每一位凤中人,都尽量抖掉身上的俗气,达到思想纯、境界高、风清气正、魅力无穷。

志存高远的凤中人,凭着政治家的深邃和大气,凭着梦想家的理想信念和创造激情,凭着实战家攻坚克难的智慧和脚踏实地的作风,凭着冒险家勇于拼搏的精神和敢于亮剑的胆识,慕先贤,弃凝滞,全力打造"魅力课堂",整体推进教育改革,已经大步迈上了求索的征程。

凤鸣山中学有自信从重庆这个两江交汇的港湾起航,坚持内涵发展,坚持发展学生的核心素养,奏响时代乐章;有自信创造中国课程改革的"示范"和"样板",从一个辉煌走向另一个辉煌!

第二节　学校的改革背景

面对日趋激烈的国际竞争，世界各国纷纷进行课程改革，并且改革力度日益加大，以应对科技进步和社会发展带来的新挑战。为顺应时代发展的潮流，在分析我国基础教育现状、借鉴世界各国课程改革经验的基础上，我国实施了新一轮课程改革，全面推进素质教育，以培养创新型人才，提高教育的质量。

党的十八大更是明确指出，教育要把立德树人作为自己的根本任务，培养德、智、体、美全面发展的社会主义建设者和接班人。在此背景下，深化教育领域综合改革，加强社会主义核心价值体系教育，培养学生的核心素养，就成为了学校教育的首要任务。

学生的核心素养，是指学生应该具备的、能够适应终身发展和社会发展需要的必备品格和关键能力。学生的核心素养关注人的三个层面——个人和社会的关系、个人的自我发展、人文与科学的素养，在这三个层面上主要表现为九大素养，分别是社会责任、国家认同、国际理解、人文底蕴、科学精神、审美情趣、身心健康、学会学习、实践创新。这九大核心素养与各个学科具体结合，又延伸出各具特色的学科核心素养。

核心素养是知识、技能和态度的综合表现，它可以通过教育形成并获得发展。课堂学习作为学生学习最核心的单位，是学生形成灵性知识与美好德行的沃土，在很大程度上决定着学生核心素养的养成和发展。基于核心素养培养的课堂教学不仅要传授知识、培养技能，而且要帮助学生养成良好的学习习惯，启发学生独立思考，帮助学生积累经验（思维的经验和实践的经验）。

反观我们传统的课堂，教师以知识为本位，以考试为轴心，只重视教师教的过程，忽视了学生学的过程。"满堂灌""填鸭式"教学，对学生"全时空占领，全方位轰炸"的现象比比皆是。一堂课下来，老师声音嘶哑，身心俱疲；学生昏昏欲睡，不知所云。学习内容的强制性、认知活动的被动性、思维过程的依赖性、课堂交往的单向性导致学生课堂自主活动整体缺失。长此以往，学生对教师的依赖大，学习态度消极，学习效率低下；教师因教学效果的不如意而产生严重的挫败感甚至职业倦怠。面对现实，我们深刻认识到：我们的课堂非改不可！告别"苦累"课堂，构建一种教师善教、学生乐学的课堂教学模式以利于学生核心素养的培育，成为了凤中人的迫切诉求！

急于改变的我们把视野转向了外面世界。杜郎口中学、洋思中学、昌乐二中、棠湖中学……国内实施新课程改革的先行者们为我们提供了良好的样本，但志存高远的凤中人绝不仅仅满足于做一个模仿者、复制者，我们有自己的价值追求。

"找出一种教育方法，使教师因此可以少教，但是学生可以多学；使学校可以因此少些喧嚣、厌恶和无益的劳苦，独具闲暇、快乐及坚实的进步。"教育家夸美纽斯的描述就是我们教育的愿景。

　　为了实现这一教育愿景,2010年,学校提出了"雅行教育""魅力课堂"和"校园文化"整体推进,"魅力课堂"重点突破的改革思路。"魅力课堂"是一种理念上具有前瞻性、实践上具有操作性、方法上具有借鉴性、效果上具有推广性的课堂教学模式。"魅力课堂"基于尊重学生美好天性,激发学生精神动力,理念上具有前瞻性。它不把知识高效获取作为唯一目标,而是着力培养学生的责任意识、人文精神和人生的悲悯情怀,努力打造优质教育。我们要让学习有合适的闲暇的气息,追求课堂学习中快乐的感受和体验。让学生在课堂学习过程中学会感悟、体验和思考,在合作探究中培养开朗的性格、阳光的心态、合作的意识、表现的激情和良好的素养,在与知识的"相遇"中,把知识融入生命,努力达到"丹心雅意,雏凤清声"的美好境界;让教师在"点化"学生精神生命的过程中也"点化"自己,真正引导教师"从事有道德的教育,打造有魅力的课堂,追求有良知的高效,建设有思想的校园",让学生和教师在"魅力课堂"中共同提升生命质量。它是为了追求品质化的教育并产生优质化教育成果而进行的教育改革,这场改革首先是基于人的发展,基于人在学习中的主动和自由的发展,重点是解决学生学习的兴趣、热情、自信心、情感态度和学习动力问题,然后才是解决知识学习问题。"魅力课堂"模式科学,流程简单,操作性强。北京、上海等教育发达区,以及山东、海南等地区课改先行者的有效做法,为我校践行"魅力课堂"提供了可能,我们的实践也将为相邻、相似的学校提供参考借鉴。

第三节　学校的改革目标

课堂是学校一切教育活动的主要载体,是提高教学质量的主渠道。这场改革致力于以课堂教学改革为突破口,引领学校新课程整体改革。按照"系统设计、分步实施、整体优化"的原则,有序、积极、稳妥地推进改革,其改革的目标有四点:

1.解放学生,改变学生的学习状态

传统的课堂教学,以知识为本位,以考试为轴心,以教师课堂讲授为基本形态,以学生被动学习为主要特征,学生学习兴趣不高,主动性差。学生学得苦、学得累,学习态度消极,学习效率低下。

学生是课堂行为的主体。苏霍姆林斯基说:"在每一个孩子心灵最隐蔽处的一角,都有一根独特的琴弦,拨动它就会发出特有的音响,要想使孩子的心同我讲的话发生共鸣,那么我必须同孩子的心弦对准音调。""魅力课堂"教学模式正是同学生的心弦对准音调,致力于把课堂真正还给学生,改变学生"被动消极、死水微澜"的学习状态,让学生动起来,让课堂活起来,引导学生在活动中"学会、会学、乐学、创学"。在大面积提高学生学习成绩的同时,改变学生的学习习惯、学习意识、学习态度和学习品质,激发学生的主动意识、协作意识、进取精神和创新精神,促使学生的自主性、能动性、独立性不断生成、张扬、发展,使学生获得终身发展的源泉、动力和永不枯竭的发展能力。

2.解放教师,提高教师的生活质量

为了提高教学质量,教师们必须苦教,学生们必须苦学,这是中国当前学校发展的"通用法则"。传统课堂,教师居高临下,掌控流程,滔滔不绝,发布结论。一堂课下来,教师声音嘶哑,身心俱疲,效果却不尽如人意,常常产生严重的挫败感甚至职业倦怠,生活质量受到严重影响。

我们能否找到一条新的路径,改变教师传统的工作方式,在提高学生学习成绩的同时提高教师的生活质量,让中学教育充盈一些浪漫的气息呢?"魅力课堂"改革正是基于这样的思考与探索。这种教学模式在引导学生主动学习、合作学习和探究学习方面有实质性的突破,倡导教师做学生学习活动中的组织者、交往者、合作者、评价者、激励者、引领者,倡导教师积极创设学生发展的教育环境,采用激励式、启发式、探究式、活动式等教学方法。这将大大减少教师在课堂上讲授知识的时间,使他们在促进学生发展的同时,焕发自身的生命活力,真正体验职业的内在欢乐与尊严,从而提高教师的生活质量。

3.提升学校,改变学校的发展模式

传统的中学教育在考试的重轭下已严重扭曲变形:为了追求考试的高分,不少学校对学生不惜"全时空占领,全方位轰炸",学校实际上已变成一个没有硝烟的战场,而教师也变成了和学生一起参与战争的"敢死队"。首都师范大学专家劳凯声先生甚至认为："严格的等级制度、机械的记诵之学、压抑人性的教学方法导致了种种极其荒谬的结果。"为了改变这样的发展模式，凤鸣山中学以课堂教学改革为突破口，秉承"群凤和鸣，声震九垓"的办学理念，以"志存高远，凤翔九天"的学校精神为引领，全面启动学校的新课程改革工程，致力于走一条"内涵发展、特色兴校"的道路，打造特色名校，冲击教育高峰。

"魅力课堂"的推行，必将促进教师和学生的共同发展，不断丰富学校内涵，凸显学校办学特色，为学校的主体性发展提供良好的发展环境，激活学校的发展潜力，形成学校自身的发展能力，最终让凤鸣山中学成为活力四射、魅力无限的"文化高地"。

4.改变教育，引领教育的发展方向

在应试教育的条件下，很多学校留下来的只有一年年的高升学率，遗憾的是这些高升学率的背后却缺乏教育的"高品位"和"高境界"，偏离了教育的本质。凤鸣山中学自觉追求"群凤和鸣，声震九垓"的美好境界，全力打造以"天高地阔，凤举鸾翔"为特征的课程文化。在这样的办学理念和课程文化的引领下，"魅力课堂"教学模式强调"自主学习"与"合作学习"，引领凤中学子"求真""至善"，回归教育的本真。

凤鸣山中学有自信创造中国课程改革的"示范"和"样板"，引领中国基础教育的改革方向。从解放学生的课堂开始，解放学生被禁锢的心智，解放学生被束缚的思维，解放学生被驯化的天性；使学生的头脑能够迸发奇思妙想，使学生的人格能够大放异彩，让每一个生命都精彩绝伦，让教育找回迷失的人性；让教育执着于美丽星空下每一个生命的跳动，把美好的信念种植在人们心中；让教育之船能最终把人们载向理想的彼岸，从而获得思想和心灵的真正解放与自由。

第二章 问题导学,互助展评

第一节 "魅力课堂"的理论基础

1.生本教育理论

《中庸》曰:"天命之谓性,率性之谓道,修道之谓教。"其意为:人性其实是天赋而就,顺乎人性发展,人类表现出来的素质就是合乎大道的,所以让人类自己去发展自己,这就是"教"的本义。华南师范大学郭思乐教授认为:"我们的学生,是人类亿万年发展的成果,承接了人类生命的全部精彩。而人格和智慧的提升都是生命自身的生长过程,绝对需要而且可能通过人的自身活动而实现。"这就是说,人符合自然之道的关键,是学习天性被刻进基因,人的教育问题,其症结就在人的自身。学生本身自教与受教的因素,犹如"人体自有大药",与生俱来,它是保证人智慧发展的官能团。根据这一理论,"魅力课堂"模式设计的基点是指向学生的自学,相信学生自学、互学是学生发展的真正途径,从而使学生从传统被动的学习困境中摆脱出来,使学生习得的一切知识和智慧犹如大自然自由绽放的花朵。

2.需要层次理论

马斯洛把人的需要由低到高分为五个层次,即"生理需要""安全需要""社交需要""尊重需要"和"自我实现的需要"。五个层次的需要在人类价值体系中可以分为两类:一类是沿生物谱系上升方向逐渐变弱的本能或冲动,称为低级需要和生理需要;一类是随生物进化而逐渐显现的潜能或需要,称为高级需要。当人在"生理""安全""社交"等需要得到满足时,追求"尊重需要"和"自我实现的需要"就成为人生活的主要意义。"魅力课堂"模式正是依据这一理论设计的,特别是其中的"展示"环节,为学生提供了一个个充分展示自己才华与智慧的平台,满足了学生的"尊重需要"和"自我实现的需要"。当学生在"展示"中发现自己这种最高价值时,就可能不断地在自己的内心强化这种价值需求,产生学习的高峰体验,并由此激发出强大的内驱力,推动学生"万马奔腾"地开赴学习的前线。

3.建构主义学习理论

建构主义学习理论认为,学习不是对教师授予知识的被动接受,而是学生以自身已有的知识和经验为基础的主动构建；学习者以自己的方式构建对于事物的理解；教学就是创设一个适宜的学习环境，使学习者能积极主动地构建他自己的知识。"魅力课堂"模式就是以学生为中心，让教师成为学生构建意义的帮助者。"魅力课堂"上，教师的指导作用主要体现在：一是激发学生的学习兴趣，帮助学生形成学习动机；二是通过创设符合教学内容要求的情境和提示新旧知识之间联系的线索，帮助学生建构当前所学知识的意义；三是为了使意义建构更有效，教师创设条件，组织学生讨论与交流，并对学习过程进行引导，使之向有利于意义建构的方向发展。

4.主体间性理论

主体间性即交互主体性，是主体间的交互关系，主要有社会学、认识论和本体论三个领域的观点。社会学的主体间性是指作为社会主体的人与人之间的关系，关涉到人际关系以及价值观念的统一性问题。哈贝马斯认为，在现实社会中人际关系分为工具行为和交往行为，工具行为是主客体关系，而交往行为是主体间性行为。认识论领域的主体间性是指认识主体之间的关系，它关涉到知识的客观普遍性问题。本体论的主体间性是指存在或解释活动中的人与世界的同一性，它不是主客对立的关系，而是主体与主体之间的交往、理解关系。"主体间性"理论视域下的教师与学生的关系是一种"我—你"交互主体性的交往关系。"我"与"你"相互承认、信任、尊重、对话和交流。"魅力课堂"模式让课堂教学成了一种主体间意义交往的生命实践活动，课堂上，学生以平等的方式和对待同伴的姿态与教师一起探究知识，教师与学生是合作的关系，师生交往已融于学生交往，从而成为真正意义上的主体间性的师生交往。

5.核心素养理论

不同于一般意义的"素养"概念，"核心素养"是指学生应具备的适应终身发展和社会发展需要的必备品格和关键能力，突出强调个人修养、社会关爱、家国情怀，更加注重自主发展、合作参与、创新实践。核心素养同学科课程教学的关系是密不可分的。一方面，核心素养指导、引领、辐射学科课程教学，彰显学科教学的育人价值，使之自觉为人的终身发展服务，将"教学"升华为"教育"。另一方面，核心素养的达成，也依赖各个学科独特的育人功能的发挥、学科本质魅力的发掘，只有乘上富有活力的学科教育之筏，才能顺利抵达核心素养的彼岸。"魅力课堂"模式以"雏凤共同体"为载体，以学科课堂教学为单元，课堂上尊重每一个学生的主体地位，注重用问题引导学生进行探究，最大限度地给学生提供展示自我的舞台，提倡生生互助、师生互动。这样，不仅让不同层次学生的个体能力得到发展，而且在互助学习中培养了学生的合作参与能力，在展学与领学过程中发掘学生潜能，拓展学生思维，激发他们的创新实践能力，最终发展起学生的核心素养。

第二节　"魅力课堂"的模式内涵

（一）"魅力课堂"的基本模式

"魅力课堂"全称为"四环节·问题导学式魅力课堂"，该教学模式的基本架构如下：

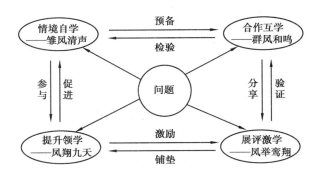

1.四环节

四环节是指"魅力课堂"教学过程中"问题导学"的四个环节，即"情境自学——雏凤清声""合作互学——群凤和鸣""展评激学——凤举鸾翔""提升领学——凤翔九天"。

2.问题导学

"问题教学"最早是由苏联著名的教育科学博士马赫托夫提出。1975年，他在专著《问题教学的理论和实践》和《问题教学·基础理论问题》中，首次提出了"问题教学"的理论。"问题导学"就是由"问题教学"演变发展而来的。在"魅力课堂"模式中，"问题导学"就是通过创设特定的问题情境，将知识目标化、目标问题化、问题思维化、思维层次化、层次梯度化、梯度渐进化，让问题成为学生学习的强大"引擎"，引导学生在解决问题中，主动获取和运用知识，激发其学习的主动性和培养其自主学习的能力。

3.魅力课堂

"魅力课堂"是指通过"问题导学"，激发学生积极主动的学习思维，在单位时间内高质量、高效率地完成教学任务，学生在知识与技能、过程与方法、情感态度与价值观三维目标上全面地获得发展的课堂。

依托于高中新课程改革，通过构建以"问题导学"为核心理念的"魅力课堂"，遵循"五主"原则——"问题主导、思维主攻、自学主线、活动主轴、发展主动"，将学习目标转化为具体的问题，"以学定教、先学后教、互助展评"，引导学生"当堂自学、同伴助学、活动展学、互动评学"，通过学生的自主学习与合作探究活动，提高课堂学力，激发学习活力，增强教学魅力，实现"传授型课堂"向"学习型课堂"转变、"知识型课堂"向"发展型课堂"转变。

（二）"魅力课堂"模式的内涵

肖川教授说过："完美的教学一定能让学生感受到人性之美、人伦之美、人道之美；感受到理性之美、科学之美、智慧之美；感受到人类心灵的博大与深邃；感受到人类所创造的文化的灿烂与辉煌；能够唤起学生对于生活的热爱与柔情；唤起学生对未来生活的热烈憧憬与乐观、光明、正直的期待；能够以新的眼光审视生活，洞察人性物理。"这正是"魅力课堂"教学改革追求的核心目标。

"魅力课堂"具有以下特征：

第一，在确保学生主体地位的前提下，以学生自主、合作、探究、展示为基本特征，关注全体学生发展，特别是关注学生在课堂上的学习机会和展示机会均等，引导教学走出"优生垄断"的误区，是有"宽度"的课堂。

第二，在确保一定教学容量的前提下，把握好教学内容的取舍、教学进度的快慢和教学节奏的张弛，力求获取最大化的整体教学效益，是有"密度"的课堂。

第三，在确保学生思维激活的前提下，基于知识（主要是瞄准知识的重点与难点教学），超越知识，追求知识教学与能力培养相统一，追求思维深度和文化内涵相统一，是有"深度"的课堂。

第四，在尊重学生自主学习的前提下，通过充分的展示和互动交流，使教学充满吸引力和责任感，使课堂洋溢着生命激情和充盈着幸福体验，是有"温度"的课堂。

魅力课堂＝教育宽度＋知识密度＋学科深度＋课堂温度

"课堂温度"体现了教学驱动力，"教育宽度"体现了教育公平力，这二者共同呈现出教育引摄力；"知识密度"体现了目标执行力，"学科深度"体现了思维创新力，这二者共同呈现出教育突破力。这种充盈着教育引摄力和教学突破力的课堂就是"魅力课堂"。"教育引摄力"让学生"乐学"，"教学突破力"让课堂"高效"。

在"魅力课堂"教学过程中，"问题导学"四个环节的联动性在于：学生自学解决部分问题，提炼自身尚未解决或无法确定的问题；小组合作、探究，检验自学效果，破解自学困惑；展示验证小组互学的有效性；组间质疑、对抗，激活群体思维，突出重点，突破难点，化解问题，达成教学目标；提升领学促进学习者学习能力的提高。

"自学、互学、展评、领学"贯穿于整个教学活动过程，相互交融，是为达成"知识与技能、过程与方法、情感态度与价值观"三维教学目标，指导学生"分析问题、解决问题、自我实现、发现新问题、分析新问题、解决新问题……超越自我"的循环往复的思维性学习过程，既充分体现教师主编、问题主导、学生主体的生本教育理念，又呈现"知识目标化、目标问题化、问题思维化、思维层次化、层次梯度化、梯度渐进化"的学习过程和思维活动，进而提升课堂学习活动的有效性。

"魅力课堂"依托于学校"智慧""高雅"的"凤"文化内涵，让学生"学而生慧，慧则达远"。小组合作、自主探究、登台展评，培养了学生积极进取的人生态度、阳光开朗的性格和优雅自信的气质。"魅力课堂"必然也应当给学生以智慧（知识、反省、思辨力），给学生以眼界(深邃、多维、穿透力),给学生以胸怀(博大、宽厚、自信力),给学生以情感(向真、向善、审美力),给学生以文化(思想、境界、升华力)。

作为学校改革的突破口,"魅力课堂"改革以学校文化建设引领走向高远,以学校德育活动支撑逐步深入,从而引爆了学校的整体改革与发展。

(三)"魅力课堂"的教学策略

在实际教学过程中,"魅力课堂"可以采取以下三个基本教学策略。

1.核心问题引导深度学习

核心问题也称为主问题,它是教学重难点问题中最具思维价值、最有利于学生思考以及最能揭示事物本质的问题。它是学生深层次学习思维活动的引爆点,具有激发学习需求、推进学习过程、启迪学生思维三大功能。

"魅力课堂"以核心问题为主导,引导学生学习的方向,保证学生学习的深度,提升学生学习的效益。教师在备课时要对教材的核心知识点进行梳理,准确把握重难点,精心设计核心问题,在课堂上要以核心问题为载体,引导学生走进知识的核心地带,通过自学、互学、展评,在解决核心问题的过程中达成教学目标。

2.学习方式组织灵活多变

"魅力课堂"把自学、互学、展评作为三种基本学习方式,教师在教学实践中可根据不同学科、不同内容、不同学情对这三种学习方式进行灵活组织。

首先,自学、互学和展评具有不同的内涵和价值。自学具有明确的目标性、深刻的思维性和方法的反思性,能够为学生提供全员学习、经历的机会,为互学和展评提供资源,保障学困学生的学习机会,激发学生的学习自信。互学有分工式合作、分享式合作和互助式合作三种基本形式,能够提高学生学习的参与度,筛选问题,反馈互助,管理学习。展评是以"展示+评价"的方式来开展学习,有全面性展评和选择性展评两种基本形式。课堂上聚焦问题,有人展示,有人评价,有人补充,有人质疑,分别从不同的角度来解决问题。展评能够检验学习效果,消除学习困惑,解决疑难问题,提升理解深度。

其次,自学、互学和展评可以根据学情优化组合。课堂上,围绕着核心问题,教师组织学生自学、互学和展评,学生自学解决不了的问题进入互学,互学解决不了的问题提交展评。在实施程序上,自学、互学和展评没有固定的先后操作实施顺序,根据学习内容的不同,可以是"自学—互学—展评",也可以是"自学—展评"或"互学—展评",还可以是"自学—展评—互学—展评""展评—自学—互学—展评""展评—自学—展评""展评—互学—展评"……

再次,教师导学要贯穿学生自学、互学和展评过程。导学就是在课堂学习过程中,教师对学生的学习活动进行有效的引导,它是渗透于教学全过程的教学行为,不是一个独立的学习活动或教学环节。通过教师适时、适度的导学,能够调控学习方向,矫正思维错误,提升理解深度,指导学习方法,培育学习情感。在实际教学过程中,教师可准确判定学生思维拐点,顺势而导;也可瞄准学生理解表达误区,巧妙引导,从而把学生的学习引向深化,引向精确,引向精彩。

3.课堂要素追求多维互动

"魅力课堂"具有核心问题、自学、互学、展评和导学五大课堂要素,它们在教学过程中既相对独立,又紧密关联。只有整体优化五大要素及其相互之间的关系,才能发挥"魅力课堂"的系统功能。

首先,核心问题是自学、互学、展评和导学活动的主线和赖以展开的载体,贯穿教学活动的全过程。导学不是一个独立的环节或活动,它是核心问题设计、自学、互学和展评得以顺利实施的保障,渗透在核心问题设计、自学、互学和展评等各个学习活动之中。

其次,核心问题、自学、互学、展评和导学五个课堂实践操作核心要素既相互影响又相互制约,任何一个要素的实施质量都会影响到其余核心要素的实施效率。如展评是对自学和互学效果的检验,高水平的展评又会反过来推动自学、互学的优化,从而形成各个学习环节间互相促进的良性循环。

"魅力课堂"把核心问题、自学、互学、展评和导学等五个要素按照学生学习某一个学科内容的认知规律,与情境、练习、检测等辅助要素科学组合,创新与之相适应的课堂教学程序。使课堂教学能最大限度地发挥好核心问题及自学、互学和展评等学习方式的应有功能和作用,构建使学生想学、能学、会学和学好的"魅力课堂"。

附录:"魅力课堂"导学设计示例(区级比赛一等奖)

八年级语文　《我的母亲》导学设计

语文组　冉　静

学习目标

1.深入领会叙事性文体的特征,学会于事件中、细微处把握人物性格特点,体会作者对母亲的深厚感情。

2.能够结合不同的社会背景理解人物,基于核心素养的内容,让学生有正确的价值观,让学生对母亲的处世原则、教子方式有自己的判断和分析。感受母亲深细而严格的教育及其深远的影响。

3.领悟作品的深层内涵和写作方法,分享并提升自己的生活体验和母爱感悟,培养爱母、敬母的情感。

重点难点

目标2。

学习探究

问题1:请你从文本中找出作者对母亲的不同称呼,为什么同一母亲会有这样不同的称呼?

【**设计理由**】直入主题:课堂一开始,学生在问题的引领下快速地融入文本,进入作者心灵,直接触摸作者的内心世界,并在品读词句中深化自己的感受、深刻领会文章主旨。阅读教学是学生、教师、文本之间的对话过程。因此,我们要重视学生在阅读过程中的主体地位,重视学生的独特感受和体验。教师应帮助学生寻找并打开进入作者心灵的精神通道,让学生通过文本与作者交流感情或碰撞思想,并在阅读实践中获得语文能力的提升和情感的培养。

【**使用说明**】文中对母亲的称呼有:恩师、慈母、严父、严师;找到直接抒发作者对母亲感激之情的段落(第4、13两段)并朗读,细细品读关键词句,如:第4段中的"恩"和第13段中的"极大极深的影响""如果……""都"等词句,从中感受胡适对母亲真挚而深沉的感情,并理解文章主旨:感激母亲对我的做人训练和极大极深的影响。

问题2:母亲对胡适的"做人的训练"有许多独特之处,对此你如何看待?

【**设计理由**】促进生成:这一教学问题的设计,重视学生的独特感受和体验,为学生创设与文本对话的平台,促进课堂的生成。

【**使用说明**】从第4段中的"训练"一词引导学生阅读文章第5—7段。

在这一问题的引领下,学生可能会生发出一些独特而富有个性的理解和感受,可能会谈到"我能够理解胡适母亲的教子方法,我从中感受到母亲对胡适的期望和慈爱";也可能谈到"如果我母亲也这样教育我,我一定受不了,胡适怎么会忍受得了呢";还可能谈到"母亲每天唠叨,我会嫌她烦,不理她"等一些因为学生不同生活经验而产生的个性理解和感受。教师要引导学生深入文本,探寻胡适的心理,在讨论和品读关键词句中感受母亲对胡适的教之严中深藏着爱之慈,深藏着母亲对胡适的期望。也正因为母亲这种独特的"做人训练",使胡适一步步朝着"完全的人"发展。

问题3:母亲对待他人和对待胡适的态度是不同的,胡适当时的心理是怎样的?

【设计理由】文本细读:本设计重视引导学生从文本的细微处品读文章,在咬文嚼字、反复涵咏的过程中交流感情、碰撞思想,进而提升阅读能力,培养情感态度和价值观。语文课的味道在于"细读品味",在咬文嚼字的过程中触摸作者的内心世界,在反复涵咏的过程中碰撞情感的火花。

【使用说明】从第13段中的"影响",引导学生阅读文章第8—12段。引导学生深入文本的细微处,找到母亲与其他人相处时胡适的所见、所感:母亲如何对待我的败子大哥,如何对待我的两个极难相处的嫂子,又是如何面对浪人五叔。在对关键词句的品读中感受母亲的宽容、仁慈、温和的性格,同时引导学生找到体现胡适当时的心理的句子,如第8段中"这样的过年,我过了六七次"、第9段中"我渐渐明白……"、第10段中"我总听见前堂……我开了房门……",从中深入体会胡适当时的心理,感受母亲对胡适潜移默化、耳濡目染的影响。

引入材料:梁实秋《怀念胡适先生》、彭红《好人胡适》,具体感受母亲对胡适极大极深的影响。

胡先生平易近人,"温而厉"是最好的形容。我从未见过他大发雷霆或盛气凌人。他对待年轻人、属下、仆人,永远是一副笑容可掬的样子。就是遭到挫折侮辱的时候,他也不失其常。"其心休休然,其如有容。"

——梁实秋《怀念胡适先生》

胡适始终以一种从容的态度批评着那个时代,不过火,不油滑,不表现,不世故。仔细想想,这样一个平和的态度,竟能在那样污浊的世界里坚持了60年,不是圣人,也是奇迹。胡适的性格,与这一性格生存的60年环境放在一起,才会使人发现,也是一件值得惊讶的事。

——彭红《好人胡适》

引入材料:胡适的《先母行述》和《奔丧到家》中的语句。进一步感受胡适对母亲真挚而深沉的情感。

生未能养,病未能侍,毕世勤劳未能丝毫分任,生死永诀乃亦未能一面。平生惨痛,何以如此!

——胡适《先母行述》

依旧竹竿尖,依旧溪桥,只少了我的心头狂跳!何消说一世的深恩未报!何消说十年来的家庭梦想,都一一烟消云散! 只今日到家时,更何处寻她那一声"好呀! 来了!"

——胡适《奔丧到家》

问题4:仿写课文最后一段中:"如果……,如果……,如果……"的句式,抓住生活中的某个细节,叙说毋亲对你的影响……

【设计理由】联系学生生活实际,推动学生情感的涌动,通过听、说、读、写的言语行为交融在一起,使学生在语文实践中获得语感和美感。从写作的角度来看,模仿课文中基本句型、句式、常用句群做写话训练,就是为了建立完整的句子概念,了解句与句的结构关系,扎扎实实地打好用词造句的基本功。生活是作文的源泉。因此,教师只有引导学生感受生活,积累生活,才能使他们有话可说,有情可抒。要给学生创造各种生活的机会,积累各种写作素材,有了这些实实在在的材料,习作时才能"我手写我感、我手写我思",才能收放自如、各抒己见,使自己的文章变得异彩纷呈。

【使用说明】齐读最后一段,进一步感受母亲对作者做人方面的深远影响。爱母之情、敬母之意通过这些平淡质朴的文字强烈地涌现出来,可以看出作者是掏出心灵来写母亲,感情之真、之纯,动人心弦。在给学生评析语言美之时,以此句作为例句,给学生分析这种写法的妙用,待学生了解这种句式之后再要求其进行仿写。

【总体说明】

问题1,指向目标1。面向全篇,解决教学中"整体把握"环节学生易出现的盲点问题。

问题2、3,指向目标2。从全篇中抽取典型材料,解决教学中重文本内容、轻表达形式的问题,让学生充分感受形式和内容的完美结合,才能收到更好的表达效果。

问题4,指向目标3。课堂让学生自读、互评、展评,再通过仿写,在课堂上把时间还给学生,把权利还给学生。

达标检测

我的母亲

母亲生在农家,勤俭诚实。为我们的衣食,母亲要给大家洗衣服,缝补衣裳。在我的记忆中,她的手终年是鲜红微肿的。白天,她洗衣服,洗一两大盆。她料理家务永远丝毫也不敷衍,就是屠户们送来的黑如铁的布袜,她也给洗得雪白。晚间,她抱着一盏油灯,还要缝补衣服,一直到半夜。她终年没有休息,可是在忙碌中她还把院子、屋中收拾得清清爽爽。桌椅都是旧的,柜门的铜活久已残缺不全,可是她的手老使破桌面上没有尘土,残破的铜活发着光。院中,父亲遗留下的几盆石榴,永远会得到应有的浇灌与爱护,年年夏天开许多花。

从这里,我学到了爱花,爱清洁,守秩序。这些习惯至今我还保存着。

有客人来,无论手中怎么窘,母亲也要设法弄一点东西去款待。舅父与表哥们往往是自己掏钱买酒肉食,这使她脸上羞得飞红,可是殷勤地给他们温酒做面,又给她一些喜悦。到如今我的好客的习性,还未全改,因为自幼看惯了的事情是不易改掉的。

母亲活到老,穷到老,辛苦到老。可是,母亲并不软弱。那时有多少变乱啊!有时候兵变了,有时候内战了,城门紧闭,铺店关门,昼夜响着枪炮。这惊恐,这紧张,再加上一家饮食的筹划,儿女安全的顾虑,岂是一个软弱的老寡妇所能受得起的?可是,在这种时候,母亲的心横起来,她不慌不哭,要从无办法中想出办法来。她的泪会往心中落!这软而硬的性格,也传给了我。在做人上,我有一定的宗旨与基本的法则,什么事都可将就,但不能超过自己划好的界限。我怕见生人,怕办杂事,怕出头露面;但是到了我非去不可的时候,我便不敢不去,正像我的母亲。从私塾到小学,到中学,我经历过起码有二十位教师吧,但是我的真正的教师,把性格传给我的,是我的母亲。母亲并不识字,她给我的是生命的教育。

当我小学毕业的时候,亲友一致地愿意我去学手艺,好帮助母亲。我晓得我应当去找饭吃,以减轻母亲的困苦。可是,我也愿意升学。我偷偷地考入了师范学校,制服、饭食、书籍、住处,都由学校供给。只有这样,我才敢对母亲说升学的话。入学,要交十元的保证金。这是一笔巨款!母亲作了半个月的难,把这巨款筹到,而后含泪把我送出门去。当我由师范毕业,被派为小学校的校长,母亲与我都一夜不曾合眼。我只说了句:"以后,您可以歇一歇了!"她的回答只有一串串的眼泪。新年到了,正赶上倡用阳历,不许过旧年。除夕,我请了两小时的假,由拥挤不堪的街市回到清炉冷灶的家中。母亲笑了。及至听说我还须回校,她愣住了。半天,她才叹出一口气来。到我该走的时候,她递给我一些花生说:"去吧,小子!"街上是那么热闹,我却什么也没看见,泪遮迷了我的眼。

生命是母亲给我的。我之能长大成人,是母亲的血汗灌养的;我之能成为一个不十分坏的人,是母亲感化的。她一世未曾享过一天福,临死还吃的是粗粮。唉!还说什么呢?心痛!心痛!

(作者老舍,有删改)

1.阅读全文,简要概括文章写了母亲哪些事。

2.文章多次写母亲的"泪"。请结合上下文,揣摩语句,体会情感,参照示例,完成表格。

	语　句	情　感
示例	她的泪会往心中落	母亲在变乱中承受苦难的酸楚,隐忍
(1)	……而后含泪把我送出门去	
(2)	她的回答只有一串串的眼泪	

3.文中画线句富有表现力,请作简要赏析。

(1)母亲笑了。及至听说我还须回校,她愣住了。半天,她才叹出一口气来。

(2)唉!还说什么呢?心痛!心痛!

4.结合文章内容,写出你对"她给我的是生命的教育"这句话的理解。联系自己的生活体验,谈谈你对此的感悟。(不超过60字)

【**设计理由**】这个练习设计指向目标1和目标3,在延伸拓展中,比较阅读,两篇文章的作者都是大文豪,主旨相同:都表达对母亲充满感激和怀念之情;内容相同:都写了母亲对自己的影响;写法相同:都采用细节描写,多角度、多侧面地表现人物;语言风格相同:平淡朴实而又饱含感情。让学生从文本中、从语言文字中去寻找感悟。通过文本的意象、意蕴、意趣等精神性的东西打动学生,让学生真正明白母亲平凡之中的伟大。在巩固和提升阅读能力的基础上举一反三,为写人一类的文章奠定基础。

【**使用说明**】问题4的学习结束后,教师进行学习小结,再进入迁移练习环节。学生自主练习,遇到困难时,教师适时进行点拨。

七年级数学　"9.1　三角形(第3课时)"导学设计

数学组　聂晓红

学习目标

1.理解三角形的三边关系,能用三角形的三边关系解决相关问题。

2.了解三角形的稳定性。

3.经历三角形三边关系的探索过程,体验从操作确认到数学说理的思维跨度,体会分类讨论的数学思想,感受团队合作的力量。

重点难点

1.三角形三边关系的探索和应用。

2.灵活运用三角形的三边关系。

学习探究

问题1:准备4根($8\,cm$、$10\,cm$、$18\,cm$、$20\,cm$各一根)粗细适中的小棒,请你用其中的三根,首尾连接摆成三角形,是不是任意三根都能摆成三角形? 如果不是,哪些可以? 哪些不可以?

【**思路导航**】从四根中取出三根有哪几种取法? 分别去尝试摆三角形。

【**设计理由**】在小学阶段,学生已经通过观察或度量,了解到"三角形任意两边之和大于第三边"的事实。本节课,教材安排的内容是通过画三角形进一步体会这一结论。由于所给数据较多,加之学生现阶段作图能力较弱,为提高课堂效率,激发学生的学习兴趣,培养学生的动手操作能力,特改为让学生动手摆三角形。此问旨在唤醒学生已有的知识,通过动手操作进一步感知三角形的三边关系,体现由特殊到一般的探究思路,并渗透分类讨论的数学思想。

【**使用说明**】教师提醒学生课前按要求准备好小棒,课堂上学生两人一组合作摆三角形。教师关注各组操作情况,参与并指导有困难的小组的讨论,督促小组成员之间的帮扶。学生展示问题"从四根小棒中取三根组成三角形共有几种取法?"的思维过程,教师点拨怎样不漏不重地取出所有可能情况，这个过程体现了一种重要的数学思想——分类讨论思想，这种思想今后会经常用到。

　　问题2：根据以上操作思考：三条线段的长度满足什么条件时，才能组成三角形？你能从中归纳出三角形中任何两边的和与第三边长度之间的大小关系吗？

　　结论：三角形任意两边的和_____第三边。

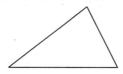

【思考】

1.你能用线段的基本事实说明结论的正确性吗？

2.判断三条线段能否组成一个三角形，必须验证每两条边之和都大于第三边吗？

【设计理由】此问指向本课的核心知识，是本课重点，也是本课难点。从操作确认到理论证明，既体现从特殊到一般的探究方法，更是一种思维飞跃；而对"判断三条线段能否组成一个三角形，是否必须验证每两条边之和都大于第三边？"的讨论能促进学生简（优）化解决问题的策略，突出重点并初步达成目标3，从而教会学生选择合理有效的学习策略和方法。

【使用说明】学生先独立思考，然后分组讨论交流，再全班展示所归纳的方法，加深对三角形三边关系的理解。

【学习反馈1】

1.教材第82页练习第1题。

2.(1)如果等腰三角形的两边长分别为4和9，则它的周长为_____。

　　(2)如果等腰三角形的两边长分别为5和8，则它的周长为_____。

【设计理由】这两道题是对结论的基本运用，通过学习反馈，了解学习效果，让学生经历运用知识解决问题的过程，给学生以获得成功体验的空间，再次激发学习兴趣，建立学好数学的自信心，初步达成目标1，进一步达成目标3。

【使用说明】学生独立完成，教师引导评价交流。关注第2题中学生潜在的易错点（如不分类讨论或不舍去错误结果）。通过学习反馈，进一步渗透分类讨论的数学思想和培养学生思维的严密性。

　　问题：(1)已知一个三角形两边的长分别5和4，则第三边边长 x 的取值范围是_____。

　　(2)已知一个三角形两边的长分别为 a 和 b（其中 $a > b$），则第三边边长 x 的取值范围是_____。

【思考】已知三角形两边的长度，你能直接写出第三边边长的范围吗？

【设计理由】此问旨在引导学生灵活运用三角形的三边关系，培养学生创造性地用知识的意识。问题设置再次体现从特殊到一般的认知规律。进一步达成目标1和目标3。

【使用说明】学生独立完成，教师引导评价交流。

【学习反馈2】

1.教材第82页练习第2题。

2.如果△ABC中,AB=AC=3,则_____<BC<_____。

【设计理由】 这两道题是对三角形三边关系的灵活运用,通过学习反馈,了解学习效果,进一步达成目标1。

【使用说明】 学生独立完成,教师引导、评价。培养学生"用数学"的意识。

问题3:阅读教材第81页,你能举两个关于三角形的稳定性在实际生活中应用的例子吗?

【设计理由】 此问旨在体现数学知识源于生活、用于生活的特点,进一步培养学生"用数学"的意识,达成目标2。

【使用说明】 学生口答。

达标检测

★1.以下列各组线段为边,能组成三角形的是(　　)。

A.1 cm,2 cm,4 cm　　　　　　B.4 cm,6 cm,8 cm

C.5 cm,6 cm,12 cm　　　　　　D.2 cm,3 cm,5 cm

★2.教材第82页习题第1题。

★★3.一个三角形的两边边长分别为2和5,第三边的长是一个奇数,则第三边的长为(　　)。

A.3　　　　　　　B.4　　　　　　　C.5　　　　　　　D.6

★★★4.已知△ABC的两条边长分别为4和6,且三角形的周长是大于14的偶数,则第三边的长度是_____。

【设计理由】 达标检测由易到难,层层递进,螺旋上升,进一步巩固所学知识,达成目标1和目标3,同时让不同学生的数学素养得到不同的发展。

【使用说明】 根据学生情况选择使用,酌情删减或增加。

高一年级英语 "Writing a Thank-you Note" 导学设计

英语组 周 聪

学习目标

1.Learn the step of writing a thank-you note.(英语学科核心素养——语言能力)

2.Learn to speak gratitude out to people who have helped you.(英语学科核心素养——交际能力)

重点难点

1.Use advanced sentences to write a thank-you note.

2.Find the structure of writing a thank-you note.

学习探究

问题 1：What have you done for your mother? Read a poem related to a thank-you note.

【**设计理由**】引入话题,朗读诗歌,在诗歌中感受"感恩"的氛围。

【**使用说明**】教师可通过观看视频的方式引入该问题。

【**反馈练习**】Find some useful words。

【**设计理由**】发散学生的思维,为写文章做词汇的铺垫。

【**使用说明**】可把词汇进行词性分类,让小组合作找词并在黑板上进行展示。

问题 2：How to use those words?

【**设计理由**】找准词性,让学生会运用词汇。

【**使用说明**】可采取小组讨论的方式,学生填词后在小组长的带领下齐读并核对答案。

【**反馈练习**】Fill the missing words in the blanks.

| grateful | appreciate | heartfelt/sincere |
| express | gratitude/appreciation | |

1.I am writing to _____ you for your help and care.

2.I am _____ to have received the help you have given me.

3.If you hadn't offered your _____ help, I couldn't have been successful and become a teacher in high school.

4.Again, I want to _____ in this letter my _____ for generous help.

【**设计理由**】对所找词汇进行进一步运用,让学生在填词中学到词汇的词性及用法。

【**使用说明**】可采取分小组展示答案的方式,然后教师追问。

问题 3：Can you find the steps of writing a thank-you note?

【**设计理由**】待学生有一定词汇积累后,从模板、句型上让学生进一步掌握写感谢信的方法。

【**使用说明**】各小组展示答案后,有不同意见再讨论,始终以学生为主体,教师起追问纠正的作用。

【**反馈练习 1**】Put the sentences in a right order。

Dear Mom,

1）You helped me a lot in my life.

2）How is everything going?

3）I am writing to thank you for your help and care.

4）What's more, I'm glad to receive the love you have given me.

5）If you hadn't offered your sincere help, I couldn't have been successful and become a teacher in high school.

6）Again, I want to express in this letter my heartfelt thanks to you for your generosity.

7）I will never forget your heartfelt help.

8）I'm looking forward to receiving your letter.

Yours sincerely,
Zhou Cong

Right order：_____

【设计理由】展示一篇打乱顺序的感谢信，让学生自己归纳感谢信的写作模板。

【使用说明】各小组展示答案后，有不同意见再讨论。

【反馈练习2】Summarize the basic structure of a thank-you note.

Dear Mom,

How is everything going? I am writing to thank you for your help and care.

You helped me a lot in my life. What's more, I'm grateful to have received the love you have given me. If you hadn't offered your sincere help, I couldn't have been successful and become a teacher in high school. I will never forget your heartfelt help.

Again, I want to express in this letter my gratitude to you for your generosity. I'm looking forward to seeing you again.

Yours sincerely,
Zhou Cong

Para.1 _____

Para.2 _____

Para.3 _____

【设计理由】排序完成后，让学生自行归纳感谢信中的结构和模板句。

【使用说明】独立完成，组内讨论，教师展示答案，进行追问。

【反馈练习3】Beautify the following sentences as required.

1）I am writing to thank you for your help and care.（用高级词汇）

I am writing to express my _____（adj.）_____（n.）for your help and care.

2）You helped me a lot in my life.（强调句）

_____ _____ you _____ helped me a lot in my life.

3）If you hadn't offered your sincere help, I couldn't have been successful and become a teacher in high school.（用含蓄虚拟语气）

_____ your sincere help, I couldn't have been successful and become a teacher in high school.

4)I will never forget your heartfelt help.(倒装句)

_____ _____ I forget your heartfelt help。

【设计理由】把感谢信中的基本句型换成更高级的句型。

【使用说明】独立完成,组内讨论,小组展示答案,讨论有争议处。

问题4:How can you express thanks to your mother?

【设计理由】写感谢信来表达自己对母亲的爱。

【使用说明】学生在5分钟内独立完成,也可抽一名代表在黑板上展示完成。

【反馈练习1】Write a thank-you note to mother.

Dear…,

• I am writing to express my sincere appreciation for…

• It was you who helped…

• Without your help, I couldn't have…

• Never will I forget…

Best wishes!

Yours sincerely

【设计理由】利用已学词汇、模板和句型来完成作文。

【使用说明】学生在5分钟内独立完成,也可抽一名代表在黑板上展示完成,学生完成后要相互评讲,发现其文章中的语法错误并改正,发现其中的闪光点并强调。教师可鼓励学生上台指正,并给予及时追问。

【反馈练习2】Read the thank-you note aloud.

【设计理由】爱需要大声说出来。

【使用说明】学生全体起立,大声朗读自己的感谢信。

【反馈练习3】Sing a song—"Grateful Heart"

【设计理由】爱需要大声唱出来。

【使用说明】教师放歌曲英文版"感恩的心",学生跟唱,做手语。

达标检测

Review what we have learned — Write a _____ letter.

1)Basic structure:

Para1:G_____ and showing _____.Para2:Stating _____.Para 3:Showing _____ again.

2)Useful expressions:

表达(Verb):_____

衷心的(adj.):_____、_____

感谢(n.):_____、_____ _____

3）Use advanced expressions to beautify the sentences.

【设计理由】巩固写感谢信的词汇、句型和步骤。

【使用说明】学生独自完成,自行检测;如课堂时间充足,也可教师在课堂上总结。

高一年级化学必修1
"3.1　金属的化学性质(第3课时)"导学设计

化学组　谭冬梅

学习目标

1.学会物质的量在化学方程式计算中的应用。

2.初步学会化学反应中电子转移的物质的量的计算。

重点难点

1.物质的量在化学方程式计算中的应用。

2.归纳总结物质的量用于化学方程式计算的基本步骤。

学习探究

1.物质的量在化学方程式计算中的应用

问题1:请对化学反应 $2Na+2H_2O=2NaOH+H_2\uparrow$ 给出至少5种不同的读法。

【思维点拨】可从定性和定量两个方面思考。

【设计理由】让学生从化学方程式不同读法中,理解化学方程式可以表达不同的意义,为物质的量用于方程式的计算做好铺垫。

【使用说明】引导学生从定性和定量两个方面思考回答教师提出的问题,可以采用抢答的方式让同学们读出此方程式的不同读法,让学生初步体会物质的量在化学方程式中的意义。

问题2:以化学反应 $2Na+2H_2O=2NaOH+H_2\uparrow$ 为例,寻找并推导化学方程式中各物质的化学计量数之比与粒子数之比、物质的量之比、相同条件下各气体体积之比的关系。

【设计理由】根据化学方程式表示的意义,让学生深刻理解化学方程式中物质的质量、物质的量与气体的体积之间的关系,让学生讨论推导出:化学计量数之比等于各物质的粒子数之比,也等于物质的物质的量之比,也等于相同条件下各气体物质的体积之比。突破了教学中的一个难点,也让学生寻找到了化学方程式计算的依据。

【使用说明】小组讨论完成后,代表小组上台展示交流。

2.物质的量应用于化学方程式的计算过程中需注意的问题

问题3:通过自学完成教材第52页的例题,思考根据化学方程式计算时,已知物理量与被求的物理量是否必须一致?

【设计理由】让学生自学完成教材的例题,目的在于让学生理解根据化学方程式计算时,已知物理量与被求的物理量不一定一致。为完成教学目标1迈出坚实的一步。

【使用说明】学生独立完成,老师巡视点拨。

问题4:请参照教材第52页例题中的书写格式,完成下列题目:用锌与盐酸反应制得标准状况下的 H_2 4.48 L,需 Zn 的质量是多少?需 2 mol/L 盐酸的体积是多少?若反应前后溶液的体积变化忽略不计,求生成 $ZnCl_2$ 的物质的量浓度为多少?反应中转移电子多少摩?

【设计理由】让学生模仿第52页例题中的书写格式完成此题,目的在于让学生悟出:物质的量与物质的量相比、质量与物质的量相比、体积与物质的量相比、质量与体积相比的各种情况,在教师的引导下归纳总结出化学方程式的计算列关系式的关键点:单位上下相同,左右相当。初步学会物质的量在化学方程式计算中的应用和初步学习化学反应中转移电子物质的量的计算。

【使用说明】实物投影学生课堂练习完成情况并评价、点拨。PPT 投影规范解题格式,引导学生归纳总结物质的量用于化学方程式计算的基本步骤。

【思维拓展】将 5.4 g Al 放入 50 mL 2 mol/L 的 NaOH 溶液中,反应完毕生成的 H_2 在标准状况下的体积是多少?

【设计理由】设计此思维拓展题,目的是开阔学生的视野,让学生了解当已知两种反应物用量时,需要首先判断哪一个反应物过量,然后根据不足量的反应物求解。

【使用说明】此思维拓展题有一定的难度,不同学校可以根据学生的实际情况进行删减。

达标检测

1.一块表面已被氧化为 Na_2O 的钠块 10.8 g,将其投入 100 g 水中,产生 H_2 0.2 g,则被氧化的钠是（　　）。

 A.9.2 g   B.10.6 g   C.6.2 g   D.4.6 g

2.取两份等量的铝粉,分别与足量的盐酸、浓氢氧化钠溶液反应,在相同状态下产生的气体体积之比是（　　）。

 A.1:1   B.1:2   C.1:3   D.3:2

3.医疗上颇为流行的"理疗特效热",就是利用铁缓慢氧化放出均匀、稳定的热,使患者患处保持温热状态。若 1 mol 铁粉完全氧化成氧化铁,需消耗氧气的质量为（　　）。

 A.21 g   B.32 g   C.24 g   D.16 g

*4.取 18.4 g 铝锌合金溶于足量硫酸中,完全反应后收集到(标准状况)氢气 11.2 L,则由铝和锌分别产生的氢气的体积比为（　　）。

 A.2:3   B.3:2   C.1:3   D.3:1

5.将 2.3 g 金属钠放入 100 g 水中,完全反应后溶液的质量分数为（　　）。

 A.100%   B.$\dfrac{4}{100+4-1.8}\times100\%$

C.$\dfrac{4}{100+4}\times100\%$ D.$\dfrac{4}{100+2.3-0.1}\times100\%$

*6.将部分氧化的金属钠(假设氧化产物只有 Na_2O_2)投入盛满水且倒置在水槽内的容器中,此时在容器中可收集到 448 mL 气体(假定各步反应完全,并且产生的所有气体全部被收集到容器中,体积都是在标准状况下测得),以电火花引燃容器里的气体,最终剩余 112 mL 氢气。求该钠块中未被氧化的钠及 Na_2O_2 的物质的量。

【设计理由】达标检测设计让学生初步体会到用物质的量计算比用质量计算更方便,试题难度由浅到深,在层层深入中完成目标 1 和目标 2 的学习,在解题过程中逐步掌握物质的量用于化学方程式计算的基本步骤。

【使用说明】根据学生实际情况选择使用,请酌情删减或增加。物质的量在化学方程式中的计算是第一章"物质的量"的相关计算的延续、深化,物质的量是化学计算的工具,化学计算贯穿于高中化学教学始终,化学计算教学应特别注意循序渐进、逐步深入,教师心中要有一个长远的教学计划。同时在化学计算教学中,教师要有目的、有针对性地培养学生的思维能力。应当巧妙地设置能启发学生思考的问题,从而最大限度地调动学生思维的积极性。创造条件鼓励学生积极思索,勇于探索。对在解决某一问题上有独特见解的学生要及时予以表扬和鼓励。以调动学生发现、捕捉规律,由此促使学生的思维由表象到本质向纵深发展,从而促进学生化学学科核心素养体系的形成。

高一年级历史
"政治建设的曲折历程及其历史性转折"导学设计

历史组　黄安东

学习目标

1.了解"文化大革命"中中国民主法制被严重破坏和践踏的史实,说明民主法制建设。能将对"文化大革命"民主法制遭践踏的史实叙述提升为理性认识和情感取向,使学生初具"历史理解'核心素养。

2.列举中国共产党十一届三中全会以来我国民主与法制建设的主要成就,认识实行依法治国方略的重要意义,总结中国社会主义民主法制建设的经验教训。

3.感受当代中国民主政治建设的伟大成就,加深对党和社会主义事业的热爱之情。

重点难点

1."文化大革命"对民主法制的践踏;十一届三中全会以来我国民主与法制建设的主要成就。

2.民主法制建设的必要性和艰巨性;实行依法治国方略的重要意义;中国社会主义民主法制建设的经验教训;分辨真伪、善恶、进步与倒退,以及公平、正义,培养学生历史价值观这一核心学科素养。

学习探究

问题1:左图右史——请研读下列"文化大革命"实景图,简要说明中国民主法制在"文化大革命"时期是如何被破坏和践踏的?

【设计理由】此问题设计指向学习目标1,三幅图片基本上把本课教学重点之"'文化大革命'对民主法制的践踏"概括出来了:

①各地革命委员会的建立是国家政治体制建设的一次重大倒退,非法夺权造成党政领导机关陷于瘫痪,整个社会处于无政府状态。

②公民的基本人权被肆意践踏,宪法遭到破坏,("人民代表大会制度遭到严重破坏,多党合作和政治协商制度遭到摧残")。

同时,让学生充分提取历史图片信息,提高对"图片"材料的分析解读能力(高考历史能力要求之一),养成史料实证、论从史出的历史学科素养。

【使用说明】使用环节:小组合作探究环节。学生分组讨论交流时,教师深入各组关注讨论情况,对有困难的小组给予及时的指导,督促小组成员之间的帮扶,收集学生中的典型问题。展示各小组的交流成果,解决学生中存在的疑惑问题。引导学生思考如何从图片式材料中提取有效信息,同时让学生阅读教材上的相应内容,总结出"文化大革命"对民主法制践踏的表现。

问题2:身边历史——重庆市沙坪坝区沙坪公园西南角有一块墓地,据称是中国仅存的一座保存完好的"文化大革命"武斗墓群。在"文化大革命"武斗中,一切屠杀者和被杀者都以为自己是在捍卫毛主席的革命路线,武斗的双方是同胞,是邻居,是同学,是同事,甚至是亲人和恋人!……他们本可以有辉煌的前程,可以成为社会的栋梁,而今这里只剩下孤寂和荒草……

如何才能避免这种悲剧的重演呢? 从中我们可以汲取哪些教训?

【设计理由】本问题设计指向学习目标2,也是对本课教学难点的突破。

"身边的历史"是学生非常感兴趣的,也遵循了"贴近生活、贴近现实"的原则,用"鲜活的历史"激发学生的学史热情。关注重庆本土历史,地域特色鲜明,致力于重庆地方史料与历史发展大势的结合。让学生能够面对现实社会与生活中的问题,能够以全面、客观、辩证、发展的眼光看待和评判,具有"历史解释"学科素养。

同时也体现历史课程资源的整合理念,历史课程资源既包括教材、教学设备、图书馆、博物馆、互联网,以及历史遗址、遗迹和文物等物质资源,也包括教师、学生、家长及社会各界人士等人力资源。

【使用说明】在学生自主学习了"文化大革命"对民主法制的践踏的基础上,引导学生思考,突破难点"中国社会主义民主法制建设的经验教训。"

答案要点——必须加强社会主义民主法制建设。

教训:

①坚持在社会主义条件下以经济建设为中心,正确处理阶级和阶级斗争问题;
②发展社会主义民主,健全社会主义法制;
③必须坚持民主集中制和集体领导制,禁止和克服任何形式的个人崇拜;
④坚持实事求是的原则,正确处理社会主义条件下的阶级矛盾和阶级斗争。

问题3:人物专访——申纪兰是中国社会主义民主政治建设的见证人,她是全国唯一的一位从第一届连任到第十二届的全国人大代表,被国际友人称为资格最老的"国会议员"、中国民主政治建设的"活化石"。你作为记者对她进行专访,提出了以下问题,她会如何回答?

①您是我国唯一一位从第一届到第十二届的全国人大代表,几十年走过来,你能否对我国民主政治建设历程作一个总体概括?

②十一届三中全会后,我国民主法制建设取得了哪些成就?我国实行依法治国有何重要意义?

【设计理由】这个问题直接指向学习目标2、3,也是对本课教学内容的高度概括,以"人物专访"的形式则使枯燥的内容变得生动活泼。

【使用说明】在对本课进行总结提升时采用,对本课宏观把握。

参考要点:总的来说,我国民主政治建设经历了三个阶段。第一阶段,中华人民共和国成立—"文化大革命"爆发前,初步建立和发展。第二阶段,"文化大革命"—改革开放前,民主政治被严重摧残、破坏直至完全中断。第三阶段,改革开放以来,民主政治开始重新焕发生机,步入制度化、程序化的发展轨道。

成就:第一,确立了依法治国的基本方略。1982年11月,全国人大五届五次会议全面修改了《中华人民共和国宪法》,它成为中国在历史新时期治国安邦的总章程。1997年,中共十五大正式提出了"依法治国,建设社会主义法治国家"的历史任务。1999年,全国人大九届二次会议通过的宪法修正案,正式将"建设社会主义法治国家"以国家根本大法的形式确定下来。第二,制定了一大批法律及与法律有关的规章,形成了一个以宪法为核心的中国特色社会主义的法律体系。

意义:依法治国的核心是国家的方针政策都必须"有法可依",任何政党、团体、个人的活动都必须在法律规定的范围内进行,其本质是保证人民当家做主。

A."依法治国"是中国共产党领导人民治理国家的基本方略

B."依法治国"是建设社会主义政治文明和中国特色社会主义的重要目标

C."依法治国"是发展社会主义市场经济的客观需要

D."依法治国"是国家长治久安和社会主义事业健康发展的重要保障

【总体说明】三个问题与三大学习目标一一对应,将学习目标转化为问题,弱化陈述性知识的问题设计,强化程序性知识的精心设问,把握问题的宽度、深度、角度、精度和难度,帮助学生自主建构知识和主动发展能力。同时有效突破教学重难点,形式多样,既有图片历史,还有身边历史,更有人物专访。既符合学生的认知规律和兴趣爱好,又紧扣课标,由易到难,层层推进。更重要的是,通过本课的设计,能够培养学生"史料证实""历史解释""历史价值观"等历史学科核心素养。

达标检测

1.某地方电台播放了一首当时的流行歌曲:"红卫兵,红卫兵,革命的烈火燃在胸,阶级斗争风浪考验了我,路线斗争锻炼的心更红……"歌曲播放后开始播报新闻。下列内容最有可能被播报的是(　　)。

A.将革命进行到底,争取实现全国解放

B."长期共存,互相监督"

C.整顿"党内走资本主义道路的当权派"

D.邓小平提出"一国两制"

2.张艺谋拍摄的《秋菊打官司》的主要情节是:20世纪80年代,已有身孕的秋菊在其丈夫被村长踢伤并丧失劳动能力后历尽艰辛,最终把村长告上了法庭,村长被拘留。电影中的台词"讨个说法"一时成为流行语言。这部电影反映了(　　)。

①十一届三中全会后,我国平反了大量冤假错案　②新的历史时期,我国公民的法律意识明显增强　③村民民主自治制度保障了人民群众的权利　④我国的普法宣传取得了一定成效

A.①②　　　　　　　B.①③　　　　　　　C.②④　　　　　　　D.②③

【设计理由】

检测1:用于检测学生对"'文化大革命'对民主法制的践踏"(重点之一)的掌握情况。让学生穿越时空到那个年代,有身临其境的感觉。

检测2:用于检测学生对"十一届三中全会以来我国民主与法制建设的主要成就"的掌握情况,同时加深对"实行依法治国方略的重要意义"的理解。

两个检测题都采用新情境、新问题的形式,符合高考命题趋势,考查学生历史思维能力。

【使用说明】根据学生情况、课堂情况选择使用,可用于检测提升或课后练习。

(答案:1.C　2.C)

高一年级政治必修一
"按劳分配为主体、多种分配方式并存"导学设计

政治组　李　红

学习目标

1.识记我国分配制度的内容;理解按劳分配的内容、必要性,生产要素按贡献参与分配的意义;区分现实生活中不同的分配方式,分析个人家庭收入的来源。

2.通过对按劳分配和按生产要素分配特点的比较,提高归纳与分析问题的能力;通过把握我国的基本经济制度和分配制度的内在联系,提高透过现象把握本质的能力。

3.认识劳动在分配中的重要性,形成正确的劳动观;以理性精神看待我国现阶段收入分配制度的优越性和必要性,增强对这一制度的政治认可和赞同,从而培养学生热爱社会主义的情感。

重点难点

1.理解按劳分配的内容、必要性,生产要素按贡献参与分配的意义。

2.区分现实生活中不同的分配方式,分析个人家庭收入的来源。

学习探究

情境 1:象牙山犹在,旧貌换新颜

自从王大拿、王木生父子俩投资象牙山村以后,才几年工夫,这里就成了拥有固定资产 10 亿元、集体固定资产人均 100 万元的富裕村。该村为从收入分配制度上防止不劳而获、坐享其成的"富贵病",他们实行了工资制,以劳动数量和质量为尺度,多劳多得,少劳少得。年老的村民享受退休金,村民享受公费医疗,学生和儿童公费入学入托,全村都住上了别墅式楼房。

问题 1:象牙山村实行的是什么样的收入分配方式? 这种收入分配方式有什么特点?

【**设计理由**】根据新课改的精神,强调的是通过情境体验来把握知识、形成价值观,所以要力求通过材料,给学生提供最充分的感知情境去启发学生。关于按劳分配这一方式的理解需要既源于教材又高于教材,给学生足够的材料启迪或提示,引导学生阅读材料,抓住材料中的关键词,使学生更容易掌握按劳分配的范围、基本内容和要求,从而明白按劳分配不是平均主义,也不是同步富裕。

【**使用说明**】这个问题的出示时机,要建立在学生已经对本框内容进行浏览的基础上,使学生结合情境通过自学—互学的学习过程,比较容易理解按劳分配这一问题。教师要注意深化提升,适时追问:如果按劳分配的内容中加上"不劳不得"可不可以? 给学生更大的思维空间。引导学生懂得没有劳动能力的人,有劳动能力但下岗失业的人都应得到社会保障。因而在按劳分配中不能提"不劳不得"。让学生明白在刚性的"多劳多得"标准下,也有柔性的对弱势群体的关注,闪烁着人性的光辉。

情境2:同工不同酬,村民有争议

今天又到了村民领工资的日子了,刘能和谢广坤早早地就来到了村委会。

刘　能:(一激动,话更说不清楚了)我说广……广坤哪,咱俩一……一样干活,凭啥我……我领2 000,你拿2 500? 这不是欺……欺负人吗?

谢广坤:(边笑边得意地说)凭啥? 凭咱的本事呗。我干的是技术活,你只会出点儿笨力气,咱俩能力上有差别,当然不能同工同酬了!

刘　能:(不服气地说)同工不……不同酬,这还叫社……社会主义?! 叫……叫我说,咱村都这么富了,就该来个按……按需分配,谁想要啥就拿啥,需……需要多少拿多少! 要不,就按人头平均分配,这才叫公平。

谢广坤:(嘲笑的口气)呵,按需分配那恐怕用不了两年咱村这点家底就得败坏光。平均分配,干多干少一个样,干与不干一个样,那傻子才干活呢! 咱村不变成个"懒汉村"才怪! 刘能,别整天异想天开了,还是多学点技术吧!

问题2:象牙山村能实行按需分配或者平均分配吗? 为什么? 象牙山村实行现在的按劳分配制度有哪些积极意义?

【**设计理由**】(本环节可先由学生分角色表演,再引导学生探讨问题。)分配制度的客观必然性这一内容比较抽象,学生可能难以理解。通过具体情境,使问题所涉及的新知识与原有的认知有联系,学生比较容易实现知识迁移,激发探究问题的欲望,从而充分调动学生思考问题的积极性,学生的创造性思维也容易发挥。这一问题的设置与解决也使学生能够运用马克思主义哲学的观点和方法观察事物、分析问题、解决矛盾,从而作出理性的解释、判断和选择。

【**使用说明**】让学生仔细地阅读教材,对此有一个大致的了解,教师进行引导,从生产力、生产关系、社会主义劳动的特点等客观经济条件三个方面并且结合图示,把抽象内容具体化,便于学生理解,最后用实践事实加以证明。

情境3:同富不同路,大步奔小康

如今,象牙山的能人们在发家致富的路上真可谓是"八仙过海,各显神通"。

村主任长贵已经调到县水利局工作,除了工资以外,奖金和补贴也不少。双休日,他还要在谢大脚的超市里帮忙,两口子虽然累点儿,可钱也不少赚。赵玉田和刘英承包了村里的100亩地种花,兼营鲜花的运输和销售。王小蒙的豆制品加工厂越办越红火,已经在附近几个村开了三四家连锁店,一下解决了几十个剩余劳动力的就业问题,镇长亲自为她颁发了"带头致富先进个人奖"。谢永强的事业也是蒸蒸日上,王大拿和王木生父子投资200万元成了最大的股东;大学生陈艳南以技术入股,是公司的技术骨干;谢永强是总经理,负责公司日常管理。

问题3:象牙山的人们各是通过哪种分配方式获得收入的?

【**设计理由**】情境之于知识,犹如汤之于盐。盐需溶入汤中,才能被吸收;知识需要融入情境之中,才能显示出活力和美感。将学习内容安排在象牙山这一情境化的真实学习活动中,让学生参与真实的问题求解,利用原有的知识和经验同化当前要学习的新知识,从而帮助学生快速而正确地理解教学内容。各种分配方式看似容易,但对于初学的学生来说极易混淆,尤其是同样是劳动所得却有按劳分配、按劳动要素分配、按个体劳动成果分配之别。这个综合情境囊括了所有的分配方式,可以帮助学生更好地区别。

【使用说明】此环节旨在让学生根据情境中各人物的收入分配,理解各种分配方式的特点,并理论联系实际,分析自己家里的收入情况,分清主要收入分别属何种分配方式,并说明理由。先请学生按例子写好(例:我的工资收入属按劳分配,因为我是教师,公有制经济范围内的工资收入),然后让学生交流,在交流中共享。教师要进行点拨式教学,帮助学生在教师所提问题基础上进一步质疑,发现并提出问题。让学生彻底明白各种分配方式,特别是对按劳分配、按劳动成果分配和按生产要素分配三者的区分。

问题4:确立生产要素按贡献参与分配的原则对象牙山的发展有哪些影响?

【设计理由】让学生结合象牙山的变化,体会健全按生产要素分配原则的重要意义。同时从情感上增加对知识、对人才的尊重,增强学习的动力。

【使用说明】问题的提出根本在于激发学生的发散性思维,使学生学会多角度、多层次地思考问题,进而统筹全局,找到解决问题的方法。教师在学生合作探究解决问题时,要适时进行引导,逐渐培养学生多角度思考的能力,如有时候给予一些线索,有时候参与学生的谈论,有时候故意提出不同看法。让学生不仅看到健全生产要素按贡献参与分配的积极意义,也要看到其不利影响。

【知识沉淀】总结本课内容,概括知识体系,思考知识之间的内在逻辑。

【设计理由】引导学生从点到面的思考,形成知识体系,实现在微观和宏观两个层次上的把握。

【使用说明】学生独立思考回忆知识点,列出知识体系。然后,小组讨论,并完善知识体系。

【总体说明】问题1、2,主要解决学习目标中理解按劳分配的内容、必要性;问题3、4,主要解决学习目标生产要素按贡献参与分配的意义;区分现实生活中不同的分配方式,分析个人家庭收入的来源。通过系列化情境片段及顺序性、牵引性的一系列问题。一方面给予学生学习的线索;另外一方面可以利用这些问题抛砖引玉,创设问题情境,引导学生独立思考问题。让学生能感受到承前启后、起承转合的教学过程。

达标检测

1.李某是一国有企业工程师,去年工资收入 36 000 元,奖金 8 000 元,个人专利转让收入 5 000 元;其妻开一家个体杂货店,年收入 15 000 元;家里有房出租,年收入 6 000元。去年,李某一家按劳分配收入和按生产要素分配收入分别是(　　　)。

A.44 000 元　26 000 元　　　　　　　　B.36 000 元　19 000 元

C.49 000 元　21 000 元　　　　　　　　D.44 000 元　11 000 元

【命题立意】本题考查我国现阶段的收入分配方式,考查学生理解知识以及运算的能力。

【解答说明】选 D。按劳分配是社会主义公有制经济条件下个人消费品的分配原则,题干中李某的工资和奖金收入属于按劳分配收入,即 36 000 元+8 000 元＝44 000 元,个人专利转让和出租房屋所得属于按生产要素分配收入,即 5 000 元+6 000 元＝11 000 元。故答案为 D 项。

2.同学甲、乙和丙共同欣赏一幅漫画。同学甲感慨道:"我国目前贫富差距悬殊,不能再实行按劳分配了,必须实行平均分配,才能实现共同富裕。"同学乙反驳道:"实行平均分配只能导致共同贫穷,必须实行按劳分配。"同学丙思考了一下,对同学甲、乙讲了一番道理,甲、乙同学点头称是。如果你是丙同学,你会说些什么?

【设计理由】让学生对我国的分配制度有客观正确的认识。

【使用说明】解答以漫画为载体的主观题,可以从两个方面着手:①读题干设问。带着问题去读材料和选项,有利于增强审读题目的针对性。②读材料。认真研读漫画,根据题干所规定的知识范围和设问指向,领悟其主题及寓意。在审读漫画的过程中,要注意综合观察画面中的情景、人物的神态、画中或画外所标注的文字,结合漫画的标题进行思考,理解其主题,追索其寓意。在这个过程中,必须立足于对材料的理解,根据题意确定知识范围和设问指向,对甲乙的话进行分析、比较,从而作出正确的解答。答题中注意学生的思维导向,贫富差距过于悬殊不是按劳分配的必然结果,按劳分配有其必然性。巩固理解我国现阶段实行按劳分配的必然性和重大意义:平均分配会挫伤劳动者的积极性和创造性,只能导致普遍贫穷。对于过大的收入差距,国家可以采取措施给予调节。根据我国生产力发展的现状,社会主义条件下人们劳动的性质和特点,我国只能实行按劳分配为主体、多种分配方式并存的分配制度。

【命题总体说明】题目由简及繁,由客观题到主观题。符合学生的思维进展规律,也体现了本课的重难点问题。

高二年级化学 "有机合成"导学设计

化学组 谭俊秋

学习目标

1.了解有机合成的基本概念和物质合成过程的基本方法。

2.掌握有机合成的分析方法,并能确定有机合成的基本步骤。

3.培养学生从多角度分析、思考问题的科学态度和学会学习化学课程的核心素养。

4.通过学习合成方法,注重实践,培养学生的创新能力,以更好地服务于社会。

重点难点

目标2。

学习探究

问题1:生活中有许许多多的有机物(比如纤维素和退烧药的主要成分乙酰水杨酸等),你知道它们是怎么来的吗?

【设计理由】学生通过阅读教材和已有的生活常识了解有机物的两个来源(天然有机物和合成有机物),了解有机合成的基本概念和合成任务目标。通过了解这些概念为后面学习有机物的合成奠定理论基础,培养学生的文化底蕴这一核心素养。

【使用说明】学生可以通过阅读教材和化学文化底蕴来回答问题,同时需要带着问题阅读教材,还需要掌握有机合成的定义和合成任务目标。

问题2:生活中我们对有机物的性质往往有特殊的要求,所以在合成时就需要引入特定的官能团,你知道哪些方法可以引入或转化官能团吗?

【问题提示】

①引入碳碳双键的方法。

②引入卤原子的方法。

③引入羟基的方法。

④引入醛基的方法。

⑤引入羧基的方法。

【设计理由】有机物的化学性质主要由官能团表现出来,所以官能团的引入和转化在有机合成中极为重要,了解这些常用官能团的引入方法有利于学生在有机合成分析中找到突破口,将有机合成细化为每个步骤合成怎样的官能团,突破难点并初步达成目标2,培养学生学会学习的核心素养。

【使用说明】学生需要独立思考,并可以通过回忆和小组讨论等方式找到答案。教师在学生讨论的时候需要下到每个小组,随时注意每个小组的讨论情况,及时给予指导,由于方法比较多,所以引导学生思考就比较重要,而且学生在上台展示的时候不一定就能够想得全面,可以多鼓励不同小组上台分享成果,相互补充。既能培养学生的逻辑推理和归纳能力,还可以培养学生的合作、表达等能力。教师还可以根据班级情况适当加以补充和完善。

达标检测

下图表示4-溴环己烯所发生的4个不同反应。其中,产物只含有一种官能团的反应是(　　)。

A.①④　　　　B.③④　　　　C.②③　　　　D.①②

【设计理由】通过学生做题反馈,了解学习效果,让学生经历运用知识解决问题的过程,给学生以获得成功体验的空间,激发其学习兴趣,巩固已有知识并进一步达成目标1,培养学生实践能力这一核心素养。

【使用说明】本题较为基础,学生可以自主完成并展示。教师可以通过学生展示情况进一步对学生加以引导。

问题3:官能团的引入是否需要考虑其先后顺序呢?

【设计理由】同学们在实际合成过程中往往会遇到有机物中含有不同的官能团,当它们都需要引入时必须要有先后顺序,这不仅仅是合成时需要注意的问题,在分析合成的步骤时也需要注意,然而学生往往容易忽略,培养学生严谨的科学精神和核心素养。

【使用说明】学生往往容易忽略这个问题,所以教师需要特别注意对学生的引导。

问题4:官能团的引入有时可以增长碳链(如酯化反应),有时可以缩短碳链(如酯的水解),那么你还能想到哪些方法来增长或缩短碳链呢?

【设计理由】有机合成的另一个目标就是合成碳链,而碳链的增长和缩短在平时学习的时候已经学习了很多,但是没有系统地归纳出来。所以学生可以通过小组讨论的方式归纳总结这些方法,在归纳过程中也是一个复习巩固的过程,当学生对如何增长和缩短碳链的方法熟悉后在实际的应用中才能得心应手。同时还可以培养学生的归纳、总结能力,从而进一步达成目标1和目标3。

【使用说明】学生对于比较常见的增长和缩短碳链的方法(如酯化、加聚和酯的水解)比较熟悉,但还有一些特殊的反应在有机合成应用中也很常用,比如氰酸根的取代再水解变成羧基,这些方法通过学生的讨论很难得出,所以需要教师给予补充和拓展,以培养学生解决问题的社会实践能力。

问题5:如何将上述知识合理运用到有机合成中,有机合成的分析方法有哪些?

【设计理由】学生通过对以上知识的学习和积累,比较全面地掌握了有机合成的目标和在每个小步骤中需要用到的合成方法和技巧,达到了目标1。而有机物的合成需要从简单的有机物到复杂的有机物,需要分析合成路线是什么,同样的有机物有多种合成途径,要找到最合理的一条途径就必须学会分析。所以这个问题目的在于引出正、逆两种合成分析法,实现目标2。同时培养学生严密的逻辑思维和逆向思维能力。

【使用说明】学生在学习时通过看书可以知道两种合成分析方法,但目标却是学生在实际合成中会运用这两种合成分析方法来分析最优的合成路线,同时会利用已有的知识从生成物入手逆向推出反应物和反应条件,所以教师必须培养学生的这种逆向思维,同时用实际的例子来帮助学生理解。

【反馈练习】试利用生活中常见的有机物乙烯($CH_2=CH_2$)合成乙酸乙酯(提示:无机物原料任选),并用正、逆两种合成分析方法分析。

【设计理由】让学生练习使用正、逆两种合成分析法,同时培养学生的逻辑思维能力、逆向思维能力和实践创新的核心素养。

【使用说明】学生自主做,然后小组内讨论,修正并选出最佳合成路线,上台展示。要求说出思维过程。

问题6:从有机合成中你学到了哪些知识?请自主完成总结。

【设计理由】学生通过反思总结本节课的学习内容,掌握有机合成的目的和方法,进一步实现目标1和2,同时培养学生的归纳总结能力,以及培养学生科学学习的核心素养和思维品质。

【使用说明】学生可以自主归纳,也可以小组内合作完成,老师可以到每组作适当的提示,最后由学生代表上台展示。

达标检测

1.试利用生活中常见的有机物乙烯通过与 Cl_2 加成、在(NaOH 溶液、加热)条件下取代、再氧化和酸化后合成乙二酸。请画出合成流程图。

_____

2.避蚊胺(又名 DEET)是对人安全、活性高且无抗药性的新型驱蚊剂,其结构简式为
（O=C-N(C₂H₅)₂带CH₃的苯环）,避蚊胺在一定条件下,可通过下面的合成路线Ⅰ来合成。

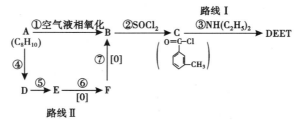

已知 $ROOH \xrightarrow{SOCl_2} RCOCl$ 　　$RCOCl+NH_3 \longrightarrow RCONH_2+HCl$

根据以上信息回答下列问题:
(1)上述合成路线Ⅱ中有哪些官能团的转化_____。
(2)在反应①—⑦中属于取代反应的有_____。
(3)写出 F→B 反应的化学方程式_____。
(4)路线Ⅱ也是一种可能的方法,你认为工业上为什么不采用该方法?

3.苯氧布洛芬钙是评价较好的解热、镇痛、消炎药,其消炎作用比阿司匹林强50倍,欧美国家将它作为治疗慢性关节炎的首选药。

信息一　已知盐酸、三氯化磷、氯化亚砜($SOCl_2$)均可与醇发生反应,醇的羟基被氯原子取代而生成氯代烃。

信息二　已知:

某企业根据本厂实际情况以苯乙酮为原料研制了新的合成路线,其反应如下:

(1)写出下列物质的结构简式:A _____　　　B _____;

(2)B→C 的反应类型是 _____;C→D 的反应类型是 _____;

(3)写出原料 的其他同分异构体(必须含有苯环和羰基):

_____。

【**设计理由**】达标检测由易到难,学生更容易上手,在巩固目标1和2的同时,提升学生对有机合成的理解,拓展学生的思维层次达成目标4,通过学习和实践了解上述物质在实际生产和生活中的应用,培养学生在化学课程中的文化底蕴和社会责任担当的核心素养。

【**使用说明**】检测题有一定的综合性,所以需要学生思考的空间比较大,要求学生必须有一定的有机基础,建议作为课后练习。

高一年级政治　"市场配置资源"导学设计

政治组　尹　平

学习目标

1.理解市场配置资源的优点和局限性从而提高分析问题的能力。

2.掌握建立良好市场秩序的具体途径。

3.培养法治意识的学科素养,以法的精神分析市场行为。

4.增强公共参与的学科素养,自觉参与并维护市场秩序。

重点难点

1.掌握市场秩序建立与完善的途径。

2.理解市场在资源配置中的角色。

学习探究

【**探究一**】小品—方言顺口溜:"好多东西买不到,时兴样样都要票。那下有粮票布票单车票,饭票菜票豆腐票,肉票油票肥皂票,糖票蛋票糕点票,电视机票手表票,缝纫机票盐巴票,收音机票工业票,水果茶叶香烟票。还有灯泡票、火柴票、棉花票、棉絮票、衬衫票、毛衣票、布鞋票、胶鞋票、脸盆票、奶粉票、酱油票,这样票、那样票……"

问题1:这则顺口溜描绘的是哪种经济体制下的情境?现阶段我国的经济体制有什么变化?这两种经济体制的根本区别是什么?

【设计理由】通过情境探索资源配置的两种手段:计划和市场。并明确以此为基础形成了计划经济和市场经济。从宏观上导入本课,使得学生的思维逻辑进路更加清晰。

【使用说明】学生自学课本知识,在宏观上对本课内容有所了解,并回忆有关知识背景,实现已有知识和现学知识之间的衔接。

追问:实现资源配置的手段有哪些?你能举例说明它们是如何实现资源配置的吗?

【设计理由】通过追问提升第一个知识点——资源配置的手段,理解何谓"资源配置",并通过举例资源是如何通过计划和市场这两种手段实现配置的,从而体会计划和市场的各自特点。这是基于回归生活、贴近生活的理念,特别是引导学生理解市场与计划相比的优势。通过举例让学生明白正是市场这只无形的手通过价格的涨落、供求的变化、竞争的要求从而优化资源配置。

【使用说明】学生思考,然后小组讨论,并展示自己的讨论成果。其他同学判断、补充。教师要注意引导学生对生活中案例的体会。对于层次较高一点的班级要引导学生深入思考。对于层次较低的班级,教师可以"抛砖引玉",帮助学生寻找生活中的案例,打开学生思维的大门。

【探究二】2014年"3·15"晚会上曝光了山东车企违规生产"四轮代步车"的车型,并以"老年代步车""观光车"的名义在市场上销售。这种代步车的优势突出:不需要牌照、不需要驾驶证、不需要购买保险、免交税负等,这些优势深受消费者的喜欢。为了获得利润,一方面出现了许多生产设备简陋的"四轮代步车"汽车生产商,其车辆质量状况堪忧;同时还出现了一些有生产资质的汽车生产商直接利用其特有的资质销售观光车赚取利润,这也为一些汽车4S店将小排量汽车改头换面为"老年代步车""观光车"提供了方便。市场上"四轮代步车"的供应量迅速扩大,但是近些时间来,此种车型的问题频出,特别是交通事故发生率急剧上升。面对此种情况,很多消费者望而却步,致使部分企业销量下滑,甚至出现了亏损现象。

问题2:市场在配置资源中出现了怎样的问题,产生这些问题的原因是什么?

【设计理由】通过案例直指本课难点问题。一方面,与前面的探究环节相承接,实现良好的过渡,深化对市场的进一步认识。另一方面,从案例中分析市场配置资源中存在的问题,在具体的案例情境中区分"自发性、盲目性、滞后性",从而实现理论与现实的对接,提升知识的理解运用与分析能力。

【使用说明】小组讨论,教师观察其中存在的问题,并加以引导。针对不同小组的理解程度,可以采取例证的方式进一步与现实生活对接,深入理解。

追问:如何看待市场的调节作用?

【设计理由】这是对前面两个环节的再度提升与总结。通过提升式的问题,引导学生全面认识市场的作用，并学会用一分为二的观点看待市场在资源配置中的角色。同时，可以进一步引出宏观调控作为有形的手的必要性，为下一节内容做铺垫。

【使用说明】学生独立思考，并展示思维过程。其他同学可以进行补充、提问等。

【探究三】今年的"3·15"晚会以打击假冒伪劣、维护市场经济秩序为主要任务，发挥新闻媒体的监督职能，为维护消费者合法权益和公平公正的市场经济秩序建言献策。在这场晚会上曝光了食品原料过期、洗不净的尼康D600、网购陷阱、四轮代步车事故频出等问题，并提出了"让消费更有尊严"的呼吁。

问题3：在市场经济中为什么会出现诸种侵犯消费者权益的现象？怎样让消费更有尊严？

【设计理由】结合时政热点，分析经济生活中存在的现象，并进行理论思考。一方面，明确造成市场经济中的侵权现象是多种因素导致的，引导学生从市场的缺陷、国家、企业、消费者等角度进行原因的探究，通过分析，进一步提升法治意识的学科核心素养。另一方面，明确"让消费更有尊严"可以理解为如何实现市场秩序的完善，这是市场发挥作用的前提条件。同时，可以提高学生对"为什么"和"怎么办"题型的认识和分析能力，促进学生公共参与学科素养的形成，自觉参与市场经济并维护市场秩序。

【使用说明】小组讨论，并进行发散式思考。特别是针对本课知识点，引导学生从市场秩序的角度去思考如何让消费更有尊严。明确良好的市场秩序是市场配置资源的前提和基础。

【知识沉淀】总结本课内容，概括知识体系，思考知识之间的内在逻辑。

【设计理由】引导学生从点到面地思考，形成知识体系，实现在微观和宏观两个层次上的把握。

【使用说明】学生独立思考、回忆知识点，列出知识体系。然后小组讨论，并完善知识体系。

达标检测

1.不少农民"跟风种地"，去年市场上什么品种走俏，今年就种什么品种，结果往往事与愿违。他们之所以不能取得预期的经济效益，其原因是市场调节具有（　　　）。

　　A.开放性　　　　　　B.竞争性　　　　　　C.盲目性　　　　　　D.自发性

2.茅台和五粮液两家企业因实施价格垄断被国家发改委合计罚款4.49亿元人民币。其中，茅台被罚2.47亿元人民币，五粮液则收到2.02亿元人民币的罚单。这表明（　　　）。

　　①市场调节具有自发性的弊端　　②两家企业违背了市场竞争规则

　　③必须加快社会信用制度建设　　④国家运用经济手段进行宏观调控

　　A.①②　　　　　　B.①③　　　　　　C.②④　　　　　　D.③④

3.十八大中提出"市场在资源配置中起决定性作用"，你是如何认识这个观点的？

【设计理由】题目由简及繁，由客观题到主观题，符合学生的思维进展，也体现了本课的重难点问题。

【使用说明】根据课程进度自主选择使用,采用不同方式进行深化理解。

高一年级化学　"元素周期表(第一课时)"导学设计

化学组　孟娅娅

学习目标

1.了解元素周期表的发展历程。

2.了解元素周期表的编排规则及结构,并能说出元素在周期表中的位置。

3.培养学生树立化学结构决定化学性质的学科素养。

重点难点

元素周期表的编排规则及结构,元素在周期表中的位置。

学习探究

问题1:元素周期表中有多少个周期? 每个周期有多少种元素?

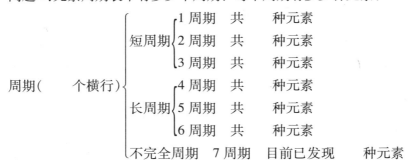

根据元素周期表填写下列表格

列　数	1	2	3	4	5	6	7	8、9、10	11	12	13	14	15	16	17	18
族序数																
族的符号																

【设计理由】让学生通过观察元素周期表结构,了解并熟悉元素周期表的编排规则及结构。

【使用说明】学生通过问题自己阅读教材并填空。

问题2:在所有族中,元素最多的族是哪一族? 共有多少种元素?你能找出元素周期表中还有哪些特殊的地方吗?

【设计理由】通过问题1进一步熟悉元素周期表的结构,提醒学生注意特殊位置结构。

【使用说明】依据元素周期表找出特殊位置。

问题3：根据周期表结构，推测原子序数为85号的元素在周期表中的哪一周期？哪一族？

【设计理由】思维提升，逆向思考，通过原子序数找出元素在元素周期表中的位置。

【使用说明】结合元素周期表找规律，并回答问题。

【总体说明】这节课内容主要是让学生了解并熟悉元素周期表的结构和规律，在此基础上对思维进行提升。帮助学生了解元素周期表的结构，让学生理解元素周期表与原子核外电子排布规律。让学生加深对化学学科中结构决定性质的学科核心素养的培养。

理解原子核外电子排布的周期性，从而为学生学习元素性质的周期律埋下伏笔。

达标检测

1.甲、乙是周期表中同一主族的两种元素，若甲的原子序数为 x，则乙的原子序数不可能为（　　）。

A. $x+2$　　　　　B. $x+4$　　　　　C. $x+8$　　　　　D. $x+18$

2.已知 A 元素原子的最外层电子数是次外层电子数的 3 倍，B 元素原子的次外层电子数是最外层电子数的 2 倍，则 A、B 元素（　　）。

A.一定是第二周期元素　　　　　　　B.一定是同一主族元素

C.可能是二、三周期元素　　　　　　D.可以相互化合形成化合物

3.下表为元素周期表的一部分，请回答有关问题：

	ⅠA	ⅡA	ⅢA	ⅣA	ⅤA	ⅥA	ⅦA	0
2					①		②	
3	③	④	⑤		⑥	⑦	⑧	
4	⑨					⑩		

（1）⑤和⑧的元素符号是＿＿＿＿＿＿和＿＿＿＿＿＿。

（2）表中能形成两性氢氧化物的元素是＿＿＿＿＿＿＿＿，分别写出该元素的氢氧化物与⑥、⑨最高价氧化物的水化物反应的离子化学方程式＿＿＿＿＿＿＿＿＿＿＿＿＿＿＿＿。

【设计理由】课堂检测学生对本堂课掌握情况，并结合元素化合物性质为下节学习元素性质的周期律打基础。

【使用说明】学生独立完成，小组内讨论并相互检测，最后总结出结论。

高一年级数学必修 4-1
"2.1　任意角的三角函数（第 1 课时）"导学设计

数学组　王鹏飞

学习目标

1.（1）掌握任意角的正弦、余弦、正切的定义；（2）掌握正弦、余弦、正切函数的函数值的求解；（3）正确理解三角函数是以角为自变量的函数.

2.在任意角三角函数概念的形成过程中，提高分析、探究、解决问题的能力，培养学生的直观想象能力，体会函数思想，培养学生抽象思维能力，体会数形结合思想.

3.（1）使学生认识到事物之间是有联系的，三角函数就是角度（自变量）与比值（函数值）的一种联系方式，加强学生逻辑推理能力培养；（2）学习转化的思想，培养严谨治学、一丝不苟的科学精神.

重点难点

1.任意角的正弦、余弦、正切的定义.

2.任意角的三角函数概念的建构过程.

学习探究

问题 1：如图 1 所示的是我们儿时的玩具——风车，在它的一圈一圈转动的形式背后，也蕴含了丰富的数学内涵（如周期性）.下面先看一个具体的数学问题：

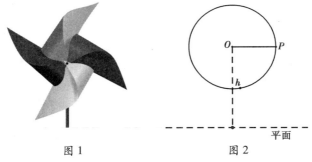

图 1　　　　　　　　图 2

（1）如图 2 所示，半径为 1 的风车中心 O 到平面的距离 $h=2$，点 P 到点 O 在同一水平线上，当点 P 逆时针旋转 α 时，点 P 离平面的距离 H 是多少？比如，$\alpha=\dfrac{\pi}{6}$ 时，$H=$_____？

（2）那么当 $\alpha=\dfrac{5\pi}{3}$ 时，还可以用 $H=r\sin\alpha+h$ 进行计算吗？如果可以，$\sin\dfrac{5\pi}{3}$ 又是多少？

为了解决这类问题，下面我们一起进入今天研究的课题——"任意角三角函数的定义".

【设计理由】用生活中常见的玩具——风车，学生儿时都有所接触，较为熟悉，再将此转化成一个数学问题,在理科教学中可以增加趣味性,让学生集中注意力尽快进入上课状态,任意角的三角函数是从圆周运动中发展而来的,与此同时引出周期现象,三角函数是研究周期性的一个重要函数,让学生对三角函数的这一特性有一个初步了解,同时也引发学生的认知冲突,让学生初步了解本节课学习的任务,激发学生学习新知的兴趣和欲望,培养学生直观想象、抽象思维能力.

【使用说明】教师提出问题,学生独立完成,当学生完成问题1中(2)小问时会遇到困难,此时暂时不去解决,引出课题.

问题2:如图3所示,初中是如何在直角三角形中定义锐角三角函数的?

【设计理由】回顾初中的锐角三角函数的定义,为后面在坐标系中重新定义三角函数作铺垫,从原有的认知基础出发,认识任意角的三角函数的定义.

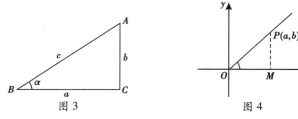

图3　　　　　　图4

问题3:如图4所示,前面已经在直角坐标系中研究了任意角,你能否用直角坐标系中角的终边上的点的坐标表示锐角三角函数?

【设计理由】角是在坐标系中重新定义的,因此三角函数也需要在坐标系中重新定义,引导学生用坐标法来研究锐角三角函数,让学生初步抽象出三角函数的定义.

【使用说明】学生自主预习教材,思考并完成问题2、问题3.

问题4:如图5所示,当角 α 确定,三角函数比值会随着 P 点在角 α 的终边上位置的改变而改变吗? 为什么?

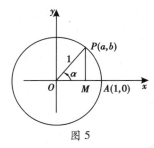

图5

【设计理由】取 $OP=1$,体现简约思想,并且 $OP=1$ 会使 P 点在半径为 1 的圆上运动,顺势提出单位圆概念.

【使用说明】使用几何画板动画展示,在单位圆上拖动 P 点,锐角 α 改变,P 点的坐标也在发生改变,观察比值是否发生改变,验证学生的结论.

问题5:如图6,在单位圆中,P 点在圆周上运动,观察发现 P 点的坐标、坐标比会随着角 α 的变化而变化,P 点的坐标或坐标比和角 α 之间有什么关系? 请以锐角为例进行说明.

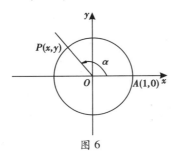

图 6

【**设计理由**】前面为此处做了很多铺垫,这时候让锐角 α 动起来,让学生观察感受函数的动态特点,有利于学生探究、理清此处的函数关系,再探究单位圆上的表达式,反复巩固单位圆上的定义,为提出任意角三角函数的定义做铺垫,并再次强调 P 点是单位圆上的点,本质是在强调我们对三角函数的定义,后面都是在单位圆上进行的.

【**使用说明**】教师提出,这个 P 点是任意的一点吗?强调是角 α 终边与单位圆的交点.

问题 6:当角 α 是任意角时,这些还成立吗?它们还是函数关系吗?(动画展示角 α 是任意角时,观察 P 点的坐标变化).

【**设计理由**】由于学生对任意角三角函数的定义的认识是重难点,并且教材中对这块的处理是先提出任意角三角函数的定义,再去说明对于确定的角 α,三个值都唯一确定来说明函数,此处运用几何画板动画观察,先让学生观察发现 P 点横纵坐标、坐标比值随着角 α 的变化而变化,并且唯一确定,先让学生体会这是函数,再顺理成章地提出这个函数称为三角函数,处理更为自然。在此可以先主要观察从锐角的正弦定义推广到任意角的正弦定义,先解决一个,再运用类比思想提出并探究余弦、正切,突破难点,从而达到从锐角三角函数定义推广到任意角三角函数的定义,突破重难点.

【**使用说明**】在此,教师提出任意角三角函数定义:

如图 5,设 α 是一个任意角,它的终边与单位圆交于点 $P(x,y)$,那么:

(1) y 称为 α 的正弦(sine),记作 $\sin \alpha$,即 $\sin \alpha = y$;

(2) x 称为 α 的余弦(cossine),记作 $\cos \alpha$,即 $\cos \alpha = x$;

(3) $\dfrac{y}{x}$ 称为 α 的正切(tangent),记作 $\tan \alpha$,即 $\tan \alpha = \dfrac{y}{x}(x \neq 0)$.

正弦、余弦、正切都是以角为自变量,以单位圆上点的坐标或坐标的比值为函数值的函数,我们将它们统称为三角函数.

【**反馈练习**】

例 1　求 $\dfrac{5\pi}{3}$ 的正弦、余弦和正切值.

例 2　已知角 α 的终边经过点 $P_0(-3,-4)$,求角 α 的正弦、余弦和正切值.

【**设计理由**】例 1 解决初始问题,例 2 使学生认识到,只要知道角的终边上的任意一点,就可以得出相应的三角函数值,通过例题进一步加深对定义的理解.

【**使用说明**】学生独立完成,教师引导、评价,关注学生解题中遇到的问题.

达标检测

1.一般地,设任意角 α 终边上任意一点的坐标为 $P(x,y)$,它与原点的距离为 r ,则 $\sin \alpha = \dfrac{y}{r}$, $\cos \alpha = \dfrac{x}{r}$, $\tan \alpha = \dfrac{y}{x}$,你能自己给出证明吗?

2.已知角 α 的终边经过点 $P_0(-3t,-4t)$,求角 α 的正弦、余弦和正切值.

3.观察发现,角终边在不同象限时,其三角函数值符号不同,有没有什么规律?

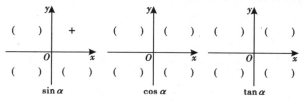

【**设计理由**】加强课后练习与巩固,且思考题 1 突出了点 P 的任意性,说明任意角 α 的三角函数值只与 α 有关,而与点 P 在角的终边上的位置无关,思考题 2 是对例 2 的进一步深入,思考题 3 对定义的进一步巩固,并了解三角函数值上的一个简单特点.

【**使用说明**】根据学生情况选择使用,酌情删减或增加.

高二年级物理 "动量 动量定理"导学设计

物理组 聂祜川

学习目标

1.理解和掌握动量、冲量的概念,强调动量、冲量的矢量性,并能正确计算一维空间内物体动量的变化。

2.学习动量定理,理解和掌握冲量和动量改变的关系,在牛顿第二定律的基础上形成新的物体运动观。

3.学会将实际生活中的问题抽象转化为理论模型,从而初步解决生活中的实际问题。

4.培养团结合作的能力,学会用逻辑性的学科语言发表自己的观点。

重点难点

目标 3。

学习探究

问题 1:动量是矢量还是标量? 冲量是矢量还是标量?

【**设计理由**】在物理学上研究一个新的物理量首先要考虑的就是这个量是矢量还是标量,这个问题的提出就是要学生明白动量和冲量都是矢量,要用矢量的方法计算,同时也是为了让学生形成和理解动量、冲量的概念。

【使用说明】这个问题由学生自主看书完成。

问题2：如何计算动量的变化量？计算之前应该注意什么问题？

【设计理由】这个问题考查矢量的计算，动量变化量的计算是这一节中的核心内容之一，要注意矢量计算前先规定方向，同时也是从动量的角度来让学生逐渐建立新的运动观。

【使用说明】这个问题应该在问题1提出后马上提出，并举出适当的例子加以说明。

问题3：如何从牛顿第二定律入手推导动量定理？

【思考】推导过程中的力是物体所受的某一个力还是指物体的合外力？

【设计理由】牛顿第二定律和动量定理本质上一样，只是在不同形式下的表现，这个问题可以让学生更加深刻地理解动量定理。同时这个问题的解决也为目标2做铺垫。

【使用说明】学生自己创设情境，相互讨论完成。学生创设情境也是学生构建模型的过程，建模在高中物理学习中是必不可少的能力，在建模能力培养上要多讲解。

问题4：动量定理反映哪两个量之间的关系？通过动量定理，你能看出物体所受的合外力与物体的哪些因素有关？

【设计理由】这个问题是这节课的重点和难点，是前面3个问题的整合，也是向分析生活中的实际问题过渡。

【使用说明】学生先独立思考，再根据学生解决情况分组讨论交流，教师深入各组，关注各组讨论情况，对有困难的小组给予及时的指导，督促小组成员之间的帮扶，收集学生中解决问题的典型错误，在全班进行讲解，必要时对个别同学进行单独讲解。

达标检测

1.以初速度 v_0 竖直向上抛出一物体，空气阻力不可忽略。关于物体受到的冲量，以下说法中正确的是（　　）。

A.物体上升阶段和下落阶段受到重力的冲量方向相反

B.物体上升阶段和下落阶段受到空气阻力的冲量方向相反

C.物体在下落阶段受到重力的冲量大于上升阶段受到重力的冲量

D.物体从抛出到返回抛出点，所受各力冲量的总和方向向下

2.质量为 m 的质点以速度 v 绕半径 R 的圆周轨道做匀速圆周运动，在半个周期内动量的改变量大小为（　　）。

A.0　　　　　　　　　　　　B.mv

C.$2mv$　　　　　　　　　　D.条件不足，无法确定

3.如图1所示，质量为 m 的物块沿倾角为 θ 的斜面由底端向上滑去，经过时间 t_1 速度为零后又下滑，经过时间 t_2 回到斜面底端，在整个运动过程中，重力对物块的总冲量为（　　）。

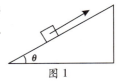

图1

A.0　　　　　　　　　　　　B.$mg \sin \theta (t_1 + t_2)$

C.$mg \sin \theta (t_1 - t_2)$　　　　D.$mg(t_1 + t_2)$

4.在距地面高为 h,同时以相等初速 v_0 分别平抛,竖直上抛,竖直下抛一质量相等的物体 m,当它们从抛出到落地时,比较它们的动量的增量 ΔP,有:(   )。

A.平抛过程较大 　　　　　　　　B.竖直上抛过程较大

C.竖直下抛过程较大 　　　　　　D.三者一样大

5.从同样高度落下的玻璃杯,掉在水泥地上容易打碎,而掉在草地上不容易打碎,其原因是(   )。

A.掉在水泥地上的玻璃杯动量大,而掉在草地上的玻璃杯动量小

B.掉在水泥地上的玻璃杯动量改变大,掉在草地上的玻璃杯动量改变小

C.掉在水泥地上的玻璃杯动量改变快,掉在草地上的玻璃杯动量改变慢

D.掉在水泥地上的玻璃杯与地面接触时,相互作用时间短,而掉在草地上的玻璃杯与地面接触时间长

6.如图 2 所示,一恒力 F 与水平方向夹角为 θ,作用在置于光滑水平面上质量为 m 的物体上,作用时间为 t,则力 F 的冲量为(   )。

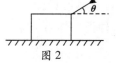

图 2

A.Ft 　　　　　　　　　　　B.mgt

C.$F\cos\theta t$ 　　　　　　　　D.$(mg-F\sin\theta)t$

【设计理由】进一步巩固所学知识,达成 3 个目标,让不同的学生在物理上得到不同的发展。

【使用说明】根据学生情况选择使用,酌情删减或增加。

高一年级生物 "内环境与稳态"导学设计

生物组 王若愚

学习目标

1.说出内环境的概念和组成。

2.举例说明内环境是体内细胞与外界环境进行物质交换的媒介。

3.简述内环境的化学组成和理化性质。

重点难点

目标 1、目标 2。

学习探究

问题 1:阅读教材 p2-3 的内容,结合下列资料,解答后面的问题。

资料一:淋巴循环

除了血液循环以外,在体内还存在一种淋巴循环,作为血液循环的一种补充。

最细的淋巴管称为毛细淋巴管,它的特点为有一端是封闭端,毛细淋巴管中的液体都来自于组织液,毛细淋巴管集合成淋巴管网,再汇合成淋巴管,全部淋巴管汇合成全身最大的两条淋巴导管,分别汇入左、右锁骨下静脉。淋巴循环的一个重要特点是单向流

动而不形成真正的循环。

淋巴流入血液循环系统具有很重要的生理意义:

①回收蛋白质。组织间液中的蛋白质分子不能通过毛细血管壁进入血浆,但比较容易透过毛细淋巴管壁而形成淋巴的组成部分,最终回到血浆。

②运输脂肪等营养物质。由肠道吸收的脂肪大部分是由小肠绒毛的毛细淋巴管吸收。

③调节血浆和组织间液的液体平衡。每天生成的淋巴约2~4升回到血浆,大致相当于全身的血浆量。

④淋巴流动还可以清除受伤时进入组织的红细胞和侵入机体的细菌,起着防御作用。

【自测与互动】

(1)识图填空:图1是接受注射的组织模拟图,字母代表不同的结构,番号代表不同种类的体液。

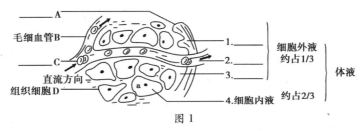

图1

(2)活动:总结,结合图1讲述组织液、淋巴、血浆之间如何进行物质的交流,并用箭头在图2中表示出各个液体成分之间可进行的物质流动方向。

图2

(3)除了淋巴、血浆和组织液,尿液、泪液、消化液、汗液等属于内环境吗,为什么?

(4)写出下表中细胞生活的内环境名称。

细　胞	生活的内环境	细　胞	生活的内环境
红细胞		毛细淋巴管壁细胞	
组织细胞		毛细血管壁细胞	

【设计理由】识图是生物学习中的一大重难点,但单凭教材给出的信息学生学习起来还有困难,教师需要及时补充课外材料。学生自学课本知识的能力固然重要,但也要学会从课外获得信息,阅读材料就是一个非常不错的学习手段。教材上简单讲解了血浆、组织液、淋巴之间的关系,学生对于血浆、组织液的熟悉度较高,但对于出现频率较小

的淋巴,很多学生在理解上还有疑问,因此对于淋巴循环方式和功能的简介,可以帮助学生理解三者之间的物质交换。

活动一、活动二的讲述,可以将抽象的知识框架通过语言的衔接具体化,学生通过自己的讲述,既能训练语言能力,养成良好的表达习惯,又可重塑知识结构。绘图,删繁就简,相当于对知识的提炼,增强记忆。最后一个表格,是易错点,再次重复内环境的概念以及内环境所包含的组分。

【使用说明】这部分内容出现的时机,是学生做了充足的课前预习,将教材完整地阅读一遍,并理解清楚体液的含义之后。学生在仔细阅读材料、识图、讲述、绘图、填表以后,展示、互评。教师要注意,当学生在识图有障碍时,应提醒学生再仔细阅读材料,注意毛细淋巴管的特点,只有当学生能够毫无困难地识图之后,才可能结合此图分析出各种细胞生活的内环境。

问题2:通过下列活动,理解内环境是细胞与外界进行物质交换的媒介。

资料二:人体的生理活动

呼吸系统:是执行机体和外界进行气体交换的器官的总称。呼吸系统的机能主要是与外界进行气体交换,呼出二氧化碳,吸进氧气,进行新陈代谢。呼吸系统包括呼吸道(鼻腔、咽、喉、气管、支气管)和肺。在高等动物和人体,外界空气与肺之间通过肺泡进行一次气体交换,肺泡与肺毛细血管之间进行一次气体交换,气体通过血液循环运输,血液与组织液之间、组织液与组织细胞之间再进行一次交换,可见呼吸过程不仅依靠呼吸系统来完成,还需要血液循环系统的配合。

消化系统:基本生理功能是摄取、转运、消化食物和吸收营养、排泄废物,这些生理活动的完成有赖于整个胃肠道协调的生理活动。食物的消化和吸收,供机体所需的物质和能量,食物中的营养物质除维生素、水和无机盐可以被直接吸收利用外,蛋白质、脂肪和糖类等物质均不能被机体直接吸收利用,需在消化管内被分解为结构简单的小分子物质,才能被吸收利用。食物在消化管内被分解成结构简单、可被吸收的小分子物质的过程就称为消化。这种小分子物质透过消化管黏膜上皮细胞进入血液和淋巴液的过程就是吸收。对于未被吸收的残渣部分,消化道则通过大肠以粪便形式排出体外。

泌尿系统:血液流经肾小球时除大分子蛋白质和血细胞,血液中的尿酸、尿素、水、无机盐和葡萄糖等物质通过肾小球和肾小囊内壁的滤过作用,到肾小囊腔中,形成原尿。当尿液流经肾小管时,原尿中对人体有用的全部葡萄糖、大部分水和部分无机盐,被肾小管重新吸收,回到肾小管周围毛细血管的血液里。原尿经过肾小管的重吸收作用,剩下的水和无机盐、尿素和尿酸等就形成了终尿,之后尿液进入肾小盂,经过肾盂的收缩进入输尿管,再经过输尿管的蠕动进入膀胱,排出体外。

【自测与互动】

(1)活动一:根据上述材料讲述细胞呼吸所需的 O_2 如何从外界环境运输到每个体细胞;细胞有氧呼吸产生的 CO_2 又如何运输出去?

思考:脂肪是如何从外界环境运输到各个细胞的?

（2）活动二：在下列空白处绘出细胞与外界环境进行物质交换的流程图，包含消化系统、泌尿系统、呼吸系统。

【设计理由】从知识的角度，学生很难在初中知识模糊、欠缺的基础之上，直接生成内环境与外界环境进行物质交流的机制，而教材上又一笔带过，补充适当的材料是有必要的。在多细胞生物中，内环境是细胞与外界进行物质交换的媒介，这句话看似很好理解，一旦结合实际的例子，举一反三却并不容易。"讲述"给学生一个结合材料梳理知识的机会，互相纠错加深对知识的印象。特别是有关于泌尿系统的重吸收作用、泌尿系统与消化系统的关系等初中知识，很多学生都存在理解上的偏差，有必要在课堂上重新塑造。

【使用说明】这个问题出现的时机，是建立在学生已经清楚地知道了三种内环境以及它们之间能够进行的物质交换的基础之上的。学生结合实际例子，通过互动、展学和评价纠错，能够更深入地理解内环境是细胞与外界进行物质交换的媒介这一事实。教师需要注意的是：学生可能在绘图过程中有困难，教师可以根据情况适当减小难度，比如只绘出体细胞与外界环境进行气体交换的流程图，前面有相应的讲述过程，学生熟悉度高，做起来更轻松，更有信心。同时也不要忘记最后的总结：体细胞所需要的物质只有通过内环境才能吸收，体细胞的代谢废物也只有通过内环境才能排出，而内环境与外界环境的物质交换需要通过器官与系统的分工合作。

问题3：仔细阅读教材 p4-5 的内容，完成以下问题。

【自测与互动】

（1）比较并说明血浆、组织液、淋巴化学成分的异同？

（2）以下成分中都能在内环境中被找到的一组是（　　　）。

A.血红蛋白、C_2、尿素　　　　　　　　B.呼吸酶、ATP、维生素

C.CO_2、尿素、激素　　　　　　　　　　D.葡萄糖、消化酶、载体蛋白

（3）判断正误，并改错：

①血浆渗透压的大小与无机盐、蛋白质等微粒的含量有关，且与微粒的大小有关。

②人体维持细胞外液渗透压的主要是 K^+，维持细胞内液渗透压的阳离子主要是 Na^+。

③人体剧烈运动时会产生过量的乳酸，导致血浆中的 pH 发生剧烈变化。

（4）活动：解释病理原因

过敏反应的时候，毛细血管壁的通透性发生改变，血浆中的一部分蛋白质会进入组织液中，引起组织水肿（即浮肿），但一旦过敏源消失，红肿的地方又会很快恢复。

①分析说明组织水肿的原因是什么？

②恢复组织液中蛋白质的去向可能有哪些？

【设计理由】教材关于内环境中化学组成和理化性质的叙述内容较多，而缺少系统的总结，但有表栏、图像帮助理解，只需要教师进一步引导和提炼，最好的方式就是结合实际题目，明确学习重难点以及出题方向，让学生在题目中发现问题，解决问题。使用判断题是不错的方法，既总结了知识点、概念，又加深了学生对某些易错点的印象。最后的活动，结合实际例子，对生活中的某些特殊现象用科学的语言进行解释，不仅可以巩固

知识,而且能提高解决实际问题的意识,挖掘更多的生活素材。

【使用说明】这部分内容出现的时机,是在学生已经完全理解了内环境以及内环境功能的基础之上的。如果前面两个部分不存在疑难,就可以介入第3个问题,通过自学、展学和互助,整合知识。教师需要注意的是:如果学生回答第4个小问有困难,可以提示"从渗透压变化的角度",解决实际问题也需要循序渐进。如果学生掌握较好,能够快速解答,可以继续追问,生活中有哪些组织水肿的实例,引起它们的生理因素是否都相同?

【总体说明】问题1指向目标1,通过识图,认识组织在显微镜下放大后的各种结构,熟悉毛细血管、毛细淋巴管、组织液、血浆、淋巴等名词,解决识图的难题,并分析总结三种内环境之间的关系。问题2指向目标2,重在引导学生利用生活中的实际例子来帮助自己理解新的概念。问题3对应目标3,通过实战练习暴露问题,以便解决问题。

达标检测

1.下列选项中可以视作物质进入内环境的是(　　　　)。

A.牛奶被饮入胃中　　　　　　　　　B.氧进入血液的红细胞里

C.胰岛素被注射到皮下组织中　　　　D.精子进入输卵管内

2.班氏丝虫寄生在人体淋巴管内后,常造成人体下肢肿胀,这是由于(　　　　)。

A.细胞将不能接受氨基酸　　　　　　B.组织间隙积聚液体

C.不能消化脂肪　　　　　　　　　　D.组织内葡萄糖浓度升高

3.下列关于内环境的叙述中,错误的是(　　　　)。

A.小肠壁的肌细胞可以不通过细胞外液从肠道中直接吸收葡萄糖

B.组织细胞有氧呼吸所需要的氧气从外界进入至少还要经过血浆和组织液

C.高等动物体内细胞一般要通过内环境才能与外界进行物质交换

D.一般情况下蛋白质水解酶不会存在于内环境中

4.图3是体内细胞与内环境的关系示意图(番号代表体液)。

(1)①②③④分别代表＿＿＿＿＿＿、＿＿＿＿＿＿、＿＿＿＿＿＿、＿＿＿＿＿＿。

(2)图中＿＿＿＿＿＿共同构成内环境,其中＿＿＿＿＿＿与＿＿＿＿＿＿的成分最相似,＿＿＿＿＿＿与＿＿＿＿＿＿之间可以相互渗透(填番号)。

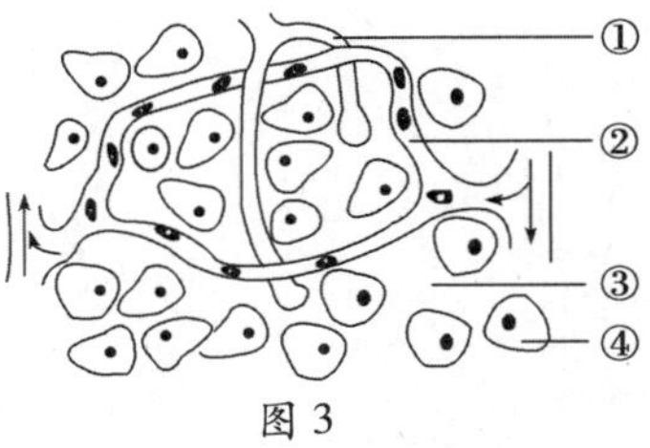

(3)空气中的 O_2 进入组织细胞至少需要穿过＿＿＿＿＿＿层膜。

图3

(4)若该图表示肝脏组织当中的一部分,左端与右端相比,明显增多的物质有＿＿＿＿＿＿＿＿＿＿＿＿＿＿＿＿。

【设计理由】本节课能专注的问题有限,如果核心的内容得到了很好的解决,学生就可以依靠课堂中掌握的知识在习题中练习,习题中出现的不仅仅是对课堂的总结与巩固,更是对课堂的升华与发散,帮助学生自主地进行自我检测,展开联想,获得新知。

【**使用说明**】这部分内容的出现,是建立在学生课堂任务完成良好的基础之上的,特别是最后一道填空题,图像较问题1的图像有所改变,但如果经过这节课的学习,学生能够准确地说出图中的各种结构,那么类似的识图问题将不再成为困惑学生的难点。如果学生解决有困难,那么说明在课堂上并没有将识图的关键点突破,习题课上还需再花时间点透。

高一年级历史　"罗斯福新政"导学设计

历史组　李　娜

学习目标

1.通过自学,学生识记新政的主要内容。

2.通过小组互学,探讨新政在资本主义自我调节机制形成中的影响。

3.通过师生共学,理解新政的特点和实质,辩证地认识资本主义经济制度改革。

4.通过中外经济制度改革对比,让学生认识到只有改革创新,才能保证国家独立与发展,从而感悟我国改革开放道路的正确性;培养学生"时空观念"和"历史解释"的学科核心素养。

重点难点

重点:罗斯福新政的内容;新政在资本主义自我调节机制形成中的作用。

难点:罗斯福新政的特点;国家干预经济为何不能消灭经济危机。

学习探究

漫画历史:如图1,罗斯福作为医生,试图拯救生病的美国"山姆大叔"。

图1

注:帽子上:F.D.R.(罗斯福名字简称)

护士服上:Congress（ 国会 ）

包上:New Deal Remedies(新政措施)

罗斯福医生对护士说:"Of course,we may have to change remedies if we don't get results."（当然,如果没有达到预期目的,我们可能要改变药方。）

药瓶上:NRA,National Industrial Recovery Act 的缩写(全国工业复兴法)

仔细研读漫画内涵,回答下列问题:

问题1:罗斯福医生在不确定药效的情况下,给"山姆大叔"开了哪些药? 药效如何呢?

新政措施	国会立法	执行机构	作　用
(突破口)	《紧急银行法》	联邦储备银行	
	《农业调整法》	农业调整署	
(核心)	《全国工业复兴法》	全国工业复兴署 蓝鹰标志图	
	《联邦紧急救济法》	联邦紧急救济署、 田纳西河流域管理局等 图为田纳西河流域水利工程	
	《全国劳工关系法》 《公平劳动标准法》	劳工关系委员会	
	《社会保险法》	社会保险局 图为公民领取失业保险卡	

【设计理由】

1.用于检验目标1——识记新政主要内容。

2.依托教材整理出的表格,内容简明,框架清晰,要素明确,使学生对新政内容的重要知识点一目了然。表格"国会立法"一栏,为问题2"漫画中为什么国会是总统的护士?"的探讨做铺垫。

3.通过漫画罗斯福医生对护士说的话,可以了解罗斯福是冒着身败名裂的风险实行新政的。通过这个故事的讲述增强课堂趣味性,让学生感受罗斯福敢作敢为、勇于创新的优秀品质。

【使用说明】

使用环节:紧跟自学环节,用于检验自学的成果。

学生活动:以竞赛形式、学生检测或师生检测,识记罗斯福新政内容,理解性表述新政措施的具体作用。

教师活动:评价学生活动;扩展题干中"不确定药效"的信息,增强历史课堂趣味性,达到学习罗斯福个人优秀品质、培养学生健全人格的德育效果。

问题2:漫画中,为什么国会是总统的"护士"?根据材料1谈谈,是不是罗斯福膨胀了总统个人权势,就扼杀了资产阶级民主?结合材料及所学知识,概括新政在资本主义自我调节机制形成中的作用。

材料1:新政遏制了美国法西斯势力,使美国避免像德、日、意那样走上法西斯道路,因此,有人说"新政挽救了美国自由民主制度"。

——《大国崛起》

材料2:美国1929—1945年工业生产恢复柱状图。

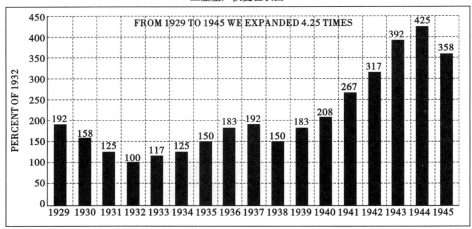

工业生产恢复柱状图

材料3:左倾的也好,右倾的也好,大家都承认"放任经济"的末日到了。

——《独立评论》(1934年)

【设计理由】

1.充分提取漫画信息,关注护士角色体现出的政治史知识点,由政治史观点思考经济史问题,让学生从不同历史表象发现、分析问题,提高对文献、图表材料的分析能力,并尝试对历史现象作出合理解释，以辩证、发展的眼光看待和评判历史，培养学生"历史解释"的学科核心素养。

2.此问题为重点内容，且联系政治史，存在一定难度，因此在独立思考之后，再通过小组合作互学方式来解决。

3.体现目标2，"是不是罗斯福膨胀了总统个人权势，就扼杀了资产阶级民主"这一问题的探讨为问题3难点"探究新政的特点及实质"做铺垫。

【使用说明】

使用环节：小组互学环节。

学生活动：先尝试自主思考，然后小组合作互学，将"新政作用"形成条款，利用投影仪展示成果，其他小组质疑补充。

教师活动：引导学生认真倾听其他小组的探究结果，积极鼓励其他小组质疑补充，积极合理地评价展示小组的成果，引导学生总结此类问题的解决方法。对于"新政在资本主义自我调节机制形成中的作用"这一重点，在学生小组互学成果的基础上，教师强调"两救、两新"，即救美国、救世界；国家干预经济的新模式和国家垄断资本主义发展的新路。

问题3：根据新政内容及两则材料，分析新政的特点和实质。

材料4：他推翻的先例比任何人都多，他砸烂的古老结构比任何人都多，他对美国整个面貌的改变比任何人都要迅猛而激烈。

——美国著名记者约翰逊在传记中对罗斯福的评价

材料5：作为一个国家，我们拒绝了任何彻底的革命计划，为了永远地纠正我们经济制度的严重缺点，我们依靠的是旧民主秩序的新运用。

——罗斯福

【设计理由】

1.体现目标3。引用罗斯福的内心独白及美国记者对罗斯福的中肯评价，突破本课难点问题"新政的特点、国家干预经济为何不能消灭经济危机（实质）"。

2.通过学习历史现象，认清历史本质，初步了解人类社会历史发展的基本规律。

【使用说明】

使用环节：师生共学环节。

学生活动：先独立思考，然后小组讨论、展示或者质疑其他小组。

教师活动：先倾听学生的意见，并中肯地评价。对于这两个难点问题，学生也许不能完成得很好。因此，通过教师引导思路，解读关键词，师生共同解读材料，解读罗斯福亲口说出新政实质，突破难点。

【总体说明】

本课设计简单：以一幅漫画为引，下设3个问题。

以一幅漫画为引，原因有两点：①努力保持历史学科的趣味性。②以漫画为本节课探究问题的主线贯穿始终,让教学线索更清晰。

下设 3 个问题,目的在于:问题1,指向目标1。检测自学环节对新政内容的识记,并通过表格简明清晰地展示本课重点知识,提示学生学习时有的放矢。问题2,指向目标2。从不同角度解读漫画信息,通过小组互学,掌握本课重点。问题3,对应目标3。通过师生共学,突破本课难点。3 个问题,环环相扣,并与达标检测中的问题 2 相呼应,通过中外经济制度的对比,深化制度改革这一主题。

达标检测

1.(2010·上海单科·27)如图 2 所示的曲线反映了罗斯福新政前后的(　　)。
A.农产品价格的波动
B.社会失业率的起伏
C.银行倒闭数量的变化
D.公共工程投资额的增减

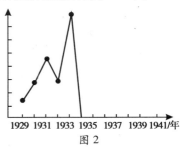
图 2

2.20 世纪,在世界现代化发展道路上有两次重要改革:一次在 30 年代西方经济危机时期的美国,一次在 70 年代末的中国。阅读下列材料,回答问题。(16 分)

材料一:有人这样形容罗斯福新政前后企业与政府关系的变化:新政之前,企业主是老板,政府是"守夜人";新政以来,企业主是老板,政府是"守夜人"兼二老板。

材料二:邓小平说:"计划经济不等于社会主义,资本主义也有计划;市场经济不等于资本主义,社会主义也有市场。计划和市场都是经济手段。社会主义的本质,是解放生产力,发展生产力。"

(1)依据材料一,分析政府在经济发展中的作用发生了什么变化?(2分)结合罗斯福新政的史实说明"新政以来,企业主是大老板,政府是'守夜人'兼二老板。"(6分)

(2)依据材料二,结合所学知识说明改革开放以来中国在经济建设中是如何处理市场经济和计划经济关系的?(4分)

(3)资本主义国家和社会主义国家在经济发展过程中,经济体制和模式前后发生了许多变化,从中你得到了哪些启示?(4分)

[设计理由]

问题 1 用于检测学生对新政主要内容的掌握情况,并且让学生近距离接触高考。

问题 2 用于巩固学生对新政特点的理解,与课堂探究的 3 个问题一脉相承,对比中外经济改革措施,体会我国改革开放道路的正确性,体现目标4。

通过中外经济改革的对比,让学生能够在不同的时空框架下理解历史上的变化与延续、统一与多样,并据此作出合理解释,促进"时空观念"学科素养的形成。

【使用说明】

根据学生情况、课堂情况选择使用,可用于检测、提升或课后练习。

八年级数学　"3.2　一次函数的图像(第1课时)"导学设计

数学组　魏　创

学习目标

1.通过画图、观察,发现一次函数的图像形状.

2.归纳画一次函数图像的简便方法.

3.如果某些一次函数解析式有相同或相似之处,则它们的图像会有什么特征.

4.直线 $y = kx + b(k \neq 0, k \setminus b$ 为常数) 中, k 和 b 的取值对图像位置的影响.

重点难点

重点:熟练作出一次函数的图像,理解 k 和 b 的取值对图像位置的影响.

难点:探究某些一次函数图像的异同点,从而总结 k 和 b 的取值对图像位置的影响.

学习探究

问题1:(做一做)在同一平面直角坐标系中,画出下列函数的图像:

(1) $y = \frac{1}{2}x$;(2) $y = \frac{1}{2}x + 2$;(3) $y = 3x$;(4) $y = 3x + 2$.

观察所画出的这些一次函数的图像,你能发现一次函数图像的形状是什么?

【设计理由】前面已经学习了用描点法画函数的图像,运用数学核心素养的几何直观及数形结合思想,可进一步研究函数的性质和应用.那么,一次函数的图像是什么形状呢? 此问旨在通过学生亲自动手,运用描点法画出函数的图像,观察并发现一次函数图像的形状特征,达成目标1.既巩固了描点法画函数的图像,又在此基础上去发现、获得新的知识,同时,也为探索反比例函数、二次函数等的图像形状积累了方法.

【使用说明】让学生在坐标纸上动手,用描点法画函数的图像.教师巡视、指导学生画图,画完后引导学生直观地发现所提问题及正比例函数图像是经过原点(0,0)的一条直线.

问题2:几个点可以确定一条直线? 画一次函数的图像时,只需要确定几个点? 你会怎么选这两个点?

【设计理由】在学生认识到一次函数的图像是一条直线这一事实后,教师继续追出此问题串,旨在让学生进一步思考画一次函数图像的简便方法,达成目标2.培养学生的数学应用意识.因学生对"两点确定一条直线"这一公理非常熟悉,所以,对此问中第一小问的回答应是水到渠成.至此,学生意识到由最初的描多个点画图像到可以由两个点画图像,收获了学习方法,同时也会惊讶:"原来刚才我们走了'弯路'呀"! 从而迫不及待地想要通过新获得的方法去画一次函数的图像,激发了学习热情.

【使用说明】"你会怎么选这两个点?"此问先让学生独立思考,再小组内交流,然后请各组发表看法.教师综合各组方法,归纳:如何取点可根据计算和描点简便确定,直线 $y = kx$ $(k \neq 0)$ 可取原点 $(0,0)$ 和另一点即可.在以后的学习中,画直线 $y = kx + b(k \neq 0)$ 的图像时常取与 x 轴和 y 轴的交点,这里不必作机械的规定.让学生在以后的实践中对比、体会后再引导.

问题 3:(观察与思考)认真观察上述四个函数图像的特点,比较下列各对一次函数的图像有什么共同点? 有什么不同点?

(1) $y = 3x$ 与 $y = 3x + 2$;

(2) $y = \dfrac{1}{2}x$ 与 $y = \dfrac{1}{2}x + 2$;

(3) $y = \dfrac{1}{2}x + 2$ 与 $y = 3x + 2$.

【设计理由】此问是突破本节难点的桥梁.若直接设问:k 和 b 的取值对图像的位置有何影响,学生会茫然无措.这里通过对上述三个问题中每对一次函数图像的比较,让学生直观体会直线 $y = kx + b$ 中 k 和 b 的几何意义.突破难点并达成目标 3.

【使用说明】给学生足够的时间观察、讨论、交流、体会并充分发表自己的意见.教师深入各组,关注各组的讨论情况,鼓励学生积极参与并发表自己的意见,督促小组成员之间要互相帮扶;对有困难的小组给予及时的指导;倾听学生观察所得到的结果;展示各小组交流的结果.教师引导学生除了从"形"上观察图像异同点之外,还应从"数"(各组函数关系式)的角度观察异同点,明确"形"的异同是因"数"的异同而导致.从而由"形"想到"数",由"数"想到"形",建立起研究函数的重要数学思想——数形结合的思想.

问题 4:直线 $y = kx + b(k$、b 为常数,$k \neq 0)$,k 和 b 对图像的位置有何影响?

【设计理由】此问是本节的又一重点,旨在引导学生在问题 3 的基础上归纳、总结图像产生异同点的本质原因:k 和 b 的取值决定了图像所经过的位置.k 决定图像的走向,b 决定图像与 y 轴的交点,达成目标 4.为以后研究函数的性质以及数形结合研究函数的问题作准备.

【使用说明】教师先引导学生总结 k 和 b 对图像位置的影响,再让学生独立画出①$k>0$,$b>0$;②$k>0$,$b=0$;③$k>0$,$b<0$;④$k<0$,$b>0$;⑤$k<0$,$b=0$;⑥$k<0$,$b<0$ 时 6 种情况所对应的函数图像,对个别有困难的同学,由小组成员进行帮扶.让学生初步形成函数模型思想,发展学生的形象思维.

【反馈练习】形成思想,发展学生的形象思维.

1.分别在同一直角坐标系中,画出下列一次函数的图像,并说明它们有什么关系.

(1) $y = 2x$ 与 $y = 2x + 3$;

(2) $y = 2x + 1$ 与 $y = \dfrac{1}{2}x + 1$.

2.填空：

(1) 将直线 $y = 3x$ 向上平移 2 个单位，得到直线＿＿＿＿＿＿＿＿；

(2) 将直线 $y = -x + 5$ 向下平移 5 个单位，得到直线＿＿＿＿＿＿＿＿.

【设计理由】这两个题是对本节重点知识的运用.通过学习反馈，了解学习效果，让学生经历运用知识解决问题的过程，给学生以获得体验成功的空间，再次激发学习兴趣，建立学好数学的自信心，进一步达成目标 2 和 3.

【使用说明】学生独立完成，再小组交流，发现问题，小组帮扶；对于组内无法解决的问题，进行全班交流.教师重点关注练习 1 中函数图像的画法.

达标检测

1.一次函数 $y = (m-3)x + m - 1$ 的图像经过第一、二、四象限，则正整数 $m =$ ＿＿＿＿＿＿＿．

2.直线 $y = kx + b$ 经过原点，且与直线 $y = 3x + 5$ 平行，则 $k =$ ＿＿＿＿＿＿，$b =$ ＿＿＿＿＿＿．

3.一次函数 $y = -x - 2$ 的大致图像为（　　　）.

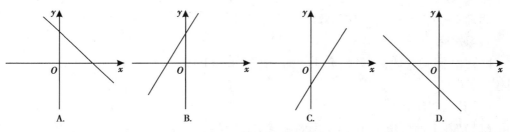

A.　　　　　B.　　　　　C.　　　　　D.

4.已知函数 $y = kx$ 的图像经过第二、四象限，那么函数 $y = kx - k$ 的图像可能是（　　　）.

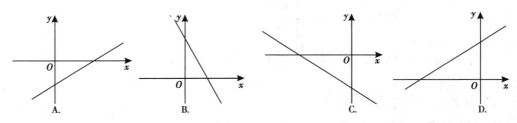

A.　　　　　B.　　　　　C.　　　　　D.

【设计理由】达标检测由易到难，层层递进，进一步巩固所学知识，达成目标 2 和 4，突出重点.同时让不同的学生在数学上得到不同的进步.

【使用说明】根据学生情况选择使用，酌情删减或增加.

八年级物理学科　"第八章第一节 压力的作用效果"导学设计

物理组　周　艳

物理观念、科学思维、实验探究、科学态度与责任是物理学科的核心素养,它是学生在接受物理教育过程中逐步形成的适应个人终身发展和社会发展需要的必备品格和关键能力,是学生通过物理学习内化的带有物理学科特性的品质。基于对核心素养的理解,以初中物理沪科版教材八年级第八章第一节"压力的作用效果"为例,作如下设计.

学习目标

1.知道什么是压力,会画压力的示意图。

2.体验"压力的作用效果跟哪些因素有关"的探究过程,学习运用控制变量法研究问题。

3.通过实验探究,建立压强概念,知道压强的公式、单位,并能用压强公式进行简单的计算。

4.能用压强的知识解释日常生活、生产中的相关现象,知道增大和减小压强的方法。

重点难点

通过实验探究"压力的作用效果跟哪些因素有关",建立压强的概念。

学习探究

问题1:阅读教材 p142"研究压力的作用效果"和 p143"交流与讨论",然后思考以下问题。

(1)什么叫压力?

(2)请在下面各图中,画出压力的示意图;并判断压力的大小是否等于物体的重力。

茶杯对桌面的压力　　　　图钉对墙壁的压力　　　　物体对斜面的压力
图1　　　　　　　　　图2　　　　　　　　　图3

(3)压力和重力的区别有哪些?

【**设计理由**】本节是在学习了力学知识以及力可以改变物体的运动状态的基础上,对力的另一种作用效果的分析,而要研究压力的作用效果,必须先建立压力的概念。学生在认识"压力'这一概念时,总是错误地认为压力一定是由重力产生的,压力就是重力。故设计了(2)、(3)小问,分别从力的大小、方向、作用点来区分压力和重力,从而建立压力的概念。

【**使用说明**】学生独立自学,勾画有关概念的关键词,然后通过交流讨论、分析对比,思考并回答所提问题。

问题2:利用所给器材或身边的物品,设计实验,自主探究"压力的作用效果与哪些因素有关"。

(1)你选用的器材有哪些?

(2)你是如何操作的? 观察到了什么现象?

(3)你能得到的结论是什么?

【设计理由】物理学是一门实验学科,学生学习物理的过程是在观察、实验等活动中通过科学思维建构知识、发展能力、形成观念的过程。设计这3个问题旨在培养学生的计划素养、问题解决素养、实践素养及创新与创造力素养。本实验探究的成功与否,是能否正确建立压强概念的关键,所以此问既是本节课的重点,也是本节课的难点。根据教学大纲的要求,依据新课标以学生为主体提倡探究式学习的教育理念,本实验采用"自助式"探究方式,让学生自选实验器材,自主设计实验方案,自己调控实验过程,自助解决实验问题,亲身经历"探究压力的作用效果跟哪些因素有关"。在探究活动中,学生还可以利用自己身边的物品,甚至自己身体的感受去探究。这些多样化的探究方式,能给学生的探究活动留有较大的发挥空间,能更好地培养学生的创新意识,同时也为压强概念的形成做好铺垫。

【使用说明】学生先独立思考,然后小组讨论、设计实验步骤,最后选择器材完成实验探究。教师深入各组,关注各组讨论情况,对有困难的小组给予及时的指导,引导小组成员之间的互助,收集学生进行探究的不同方法。各小组展示探究成果时,教师着重引导学生运用控制变量的方法进行探究。

问题3:阅读教材p144-145"压强的计算",然后思考以下问题。

(1)什么叫压强?

(2)压强的计算公式是什么? 公式中各物理量的国际单位是什么?

(3)从自学教材p145例题中,你学到了些什么?

a.图钉对墙面的压力比坦克对地面的压力小得多,但其压强反而比坦克对地面的压强大得多,这是为什么?

b.如何理解坦克对地面的"受力面积"?

c.解答时,还要注意些什么?

【设计理由】物理概念的构建需要关注核心概念的发展,使学生在原有认识的基础上,发展科学的思维方式,逐步认识物理学的学习方法与研究方法,再运用这些概念和方法解决实际问题。本节学习从"认识压力—探究压力的作用效果—构建压强",逐步递进,学生容易接受。为了加强对压强概念的理解——压强的大小不仅跟压力大小有关,还跟受力面积有关,教材选择了一个有趣的例子作为例题——计算坦克对地面的压强和图钉对墙面的压强。通过计算可以看到,图钉对墙面的压力比坦克对地面的压力小得多,但是由于图钉与墙面的接触面积较小,所以压强反而比坦克对地面的压强大得多。教材中,对本例题的分析非常清晰、全面,所以教学中,可以让学生自学此例题,教师重在引导学生理解压强公式的物理含义,同时规范应用压强公式进行计算的步骤、格式,提醒学生计算中要注意单位的换算。

【使用说明】学生在实验探究的基础之上,独立解决问题3。先让学生阅读教材上相应内容,勾画出压强的概念、公式及单位,然后给学生一定的时间来思考、分析、讨论本例题,教师只需点拨即可。

问题4:阅读教材 p146"压强的增大与减小",然后思考以下问题。

(1)生活中,减小压强的例子有哪些? 人们是通过什么方法来减小压强的?

(2)生活中,增大压强的例子有哪些? 人们是通过什么方法来增大压强的?

【设计理由】"怎样增大和减小压强",是为了帮助学生进一步理解压强的概念。列举压强知识在生产和生活中的应用,这不仅能让学生感受到物理知识是有用的,而且也能激发学生学习物理的兴趣和热情,引导学生认识物理学与生活、技术、社会、环境之间的紧密联系,培养学生学以致用的习惯和能力,让学生体会探究的乐趣,进一步发展学生的科学思维和科学探究能力。

【使用说明】指导学生阅读教材相关内容,在分析清楚教材上所列举的事例后,再让学生举出生活中增大或减小压强的其他事例,教师可以尽可能多地展示一些相关图片,最后从大量的生活事例中,让学生归纳总结出增大、减小压强的方法。

【总体说明】压强是物理学中的重要概念,它贯穿本章的始终。压强的知识在生产和生活中有着广泛的应用,能够解释许多自然现象,它不仅是继续学习液体压强和大气压强的基础,还是后面学习浮力的基础。所以,如何形象地概括出压强的概念,是教学的重点。在具体实施的过程中,自始至终让学生利用随手可得的材料,亲自观察和实验,经过分析归纳出物理概念,把学习和探索的主动权交给学生,这无疑能使学生的观察能力、探索能力、实验能力等智能因素得到发展,有利于加深学生对物理概念和规律的理解。由于课堂教学的时间较紧,对压强计算花时较少,对压力和压强概念的类比还较初步,这些只能在以后的教学中给予加强。

物理教学最本质、最核心的追求是培养学生物理核心素养,教师应该转变教学观念,以学生核心素养提升为目标,改革教学的方法和过程,关注学生知识的建构和应用,创设有利于其能力发展的学习和现实情境,培养学生的物理核心素养。

达标检测

1.下列关于压力和压强的说法正确的是( )。

A.单位面积上受到的压力越大,压强越大

B.受力面积越大,压强越小

C.重力越大,压力越大

D.压力越小,压强越小

2.在生物进化的过程中,动物身上的各种器官不断地完善,以适应生存的环境,我们所了解的以下事例中,有减小压强功能的是( )。

A.人口腔中的牙齿根据咀嚼功能的不同,分出了切牙和尖牙等

B.骆驼的体重比马的体重大不了一倍,脚掌的面积却是马的三倍

C.大象长有两只大大的耳朵,不仅可以发挥听觉功能,还能用于散热

D.啄木鸟长有细长而又坚硬的尖喙,便于剥开树皮

3.一块长方体橡皮,重为 0.3 N,侧放于水平桌面上时,它与水平桌面的接触面积是 $1×10^{-3}$ m^2,如图 4 所示,它对桌面的压强是_____ Pa。若沿 ab 方向竖直向下切去一块,则剩余部分对桌面的压力_____,压强_____。（最后两空选填"变大""变小"或"不变"）

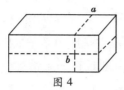

图 4

4.一人重 450 N,每只脚与地面的接触面积为 150 cm²。求他站立时,对地面的压强有多大? 他行走时,对地面的压强又有多大?

5.货车超载运输会严重破坏公路设施,对公路桥梁的安全构成严重威胁,如图 5 所示。请你运用所学知识,解释严重超载的货车压塌桥梁的原因。

图 5

【设计理由】达标检测由易到难,层层递进,分别指向 4 个学习目标,同时也是对学生学习过程的一个检测反馈。达标检测的第 5 题,"货车超载,国道不堪重负"是现代社会的一个普遍现象,旨在教育学生关注社会,同时让学生了解科学、技术、社会之间存在的相互影响和相互作用。

【使用说明】根据学生情况选择使用,酌情删减或增加。

第三节　"魅力课堂"的操作流程

一、"情境自学——雏凤清声"环节

1.本环节中"情境自学"是学习方式,"雏凤清声"是学习效果

"凤"是凤鸣山中学的文化符号,它是凤中学子的精神图腾。"清声"本意为雏凤愉悦地鸣唱,此处比喻凤中学子在课堂上通过在一定情境下的独立自学,含英咀华,初步达成学习目标时的一种愉悦的体验状态。

为何要强调一定情境下的独立自学呢?兴趣是最好的老师,是推动人们认识事物、探究真理的重要动机。人们对感兴趣的东西都会表现出巨大的积极性和关注度,而且目标越明确关注度越高。为此,本环节创设一定的问题情境,可以激发学生的学习兴趣和求知欲望。同时,每个学生都有自己独特的内心世界、精神世界和内在感受,有着不同于他人的观察、思考和解决问题的方式,有其独特的个性体现。为了尊重学生的独特个性,本环节充分留给学生独立自学的时间,让他们独立完成学习任务,达成学习目标。

2.导学流程

(1)学科老师首先创设问题情境,导入课题,激发学生的求知欲望,增强学生学习知识的积极性。

(2)然后通过多媒体(或纸质文本)呈现本课题的学习目标。

(3)下发《导学精要》纸质文本(或多媒体展示)。

(4)学生自学教材,完成《导学精要》中的问题。一般来看,学生要围绕导学设计独立解决60%的问题,找出"不会的"问题(学习困惑),为下一环节"合作互学"作准备(教师同步检查学生自学进度和自学效果)。

3.导学要求

学生必须独立阅读教材,独立思考,独立完成学案,不允许相互讨论。

教师要加强巡视,督促学生集中注意力,帮助"学困生",给"学困生"以适时指导。检测学生《导学精要》的完成情况,及时了解学情。对各小组的"自学"情况及时进行评价。

二、"合作互学——群凤和鸣"环节

1.本环节中"合作互学"是学习方式,"群凤和鸣"是学习效果

"鸣"就是"鸣唱",它代表了凤中学子的行为文化。"和"既是指"和谐共生",又是指

"相互学习"与"同伴互助"的行为文化，"和鸣"既是凤中学子作为课堂主体性的体现，又是凤中学子"合作、探究"精神的一种隐喻。

合作互学强调学生的全员参与和学生之间的相互合作，这不仅能满足学生学习和交往的需要，更有助于形成学生学习和交往的技能，促进学生学习能力和生活能力的发展。

本环节通过对学、讨论或小组内互帮，让学生深入知识的内部，领会知识的内涵，发现知识生成的初步或基本的规律，基本达成学习目标。同时用集体学习的动机促进内化的方法，使知识与思维、情感、态度真正成为学生生命的有机成分。

2.导学流程

(1)学习对子互查《导学精要》的完成情况，互相补充或质疑，互学解决对子在"情境自学"环节中不能解决的问题。

(2)由一名成员展示问题答案，展示学习效果。围绕困惑，合作学习，通过"对学"和小组互学，在组内合作解决成员"情境自学"环节中生成的"学习困惑"。

(3)合作解决小组成员在"互学"的环节中生成的新问题。(此时也可以在组长组织下，以小组为单位在组内进行学习交流，谓之为组内"小展示"，展示学习成果与体会)教师检查合作互学的效果，把握共性问题。

3.导学要求

小组成员主动参与，热情帮助，大胆发言，敢于质疑。成员发言时仪态大方，声音清晰，使用普通话，语言规范，音量适中(既能让同组成员听清楚，又不干扰其他小组)。

学科小组长做好组织工作，安排好成员发言的顺序，控制成员发言的音量和时间，并做好情况记录。

教师要加强巡视，督促各小组积极开展合作学习，对不主动参与的学生要进行规劝和督促；规范小组行为，对干扰其他小组学习的行为要及时制止，以确保课堂正常秩序，使课堂"活"而"不乱"；要适时参与各小组的合作学习，了解各小组"学习目标"的达成情况，对个别疑难问题及时进行点拨，收集各小组普遍存在和新生成的问题；对各小组的合作学习情况及时进行评价。

三、"展评激学——凤举鸾翔"环节

1.本环节中"展评激学"是学习方式，"凤举鸾翔"是学习效果

本环节是"四环节·问题导学式魅力课堂"实施的关键，课堂上应给予充足的时间来予以保障。

优质课堂一定是学生展示才华的课堂，一定是师生追求幸福的课堂，一定是师生实现生命意义的课堂。每个人都有获得尊重和认可的需求，都有自我实现的需求。为了使自己的"展示"能获得认可和好评，学生必将为此做好充分的准备，这就会大大激发学生"自学"和"互学"的积极性。在展示的过程中，成员之间及小组之间相互讨论、质疑、对

抗,学生之间智慧和知识的"广博性"和理解的"深刻性"相互感染,在分享同伴学习成果的同时,每个学生心里又充满了对学习的渴求和内化的强大动力。

这样的课堂就成为了一种引力巨大的学习场,它会生成出许多震撼心灵的"凤举鸾翔"精彩场面,展现出凤中学子的青春风采,散发出"魅力课堂"的无限魅力。

2.导学流程

(1)展示小组选派一名成员上讲台对本小组的学习成果进行展示。

(2)展示小组其他成员为承担展示任务的成员提供帮助,并适时进行补充。

(3)其他小组对展示内容进行点评或质疑。

(4)小组间对质疑内容进行论辩、释疑,形成质疑对抗。

3.导学要求

(1)学生展示内容

展示的内容是多方面、多层次的:

A.成果分享,思路展示:可以是识记类知识学习成果与收获的展示,也可以是理解类知识解题思路的讲解,还可以是此类知识"一题多解"的策略性展示。

B.错误分享,问题展示:在学习中,可以让学生梳理"自学解题容易错误、合作互学彻底弄懂"的某些"典型题",展示其中的"易错点"并在全班分享,把错误当成真正的教育资源。(此类展示可以适当"加分"激励。)

C.拓展分享,变式展示:在学习中,学生在把握题型特点的基础上,可以展示由某一"典型题"引申出来的"变式",并讲解其中的内在联系,拓宽解题思路。(此类展示亦可以适当"加分"激励。)

(2)学生展示要求

展示任务要走出"优生垄断"误区,原则上鼓励本小组中该学科学力中下的成员来承担。

展示的成员走上讲台,要求仪态大方,声音洪亮,表达清楚,观点鲜明,语言简洁,板书工整。

在展示过程中,所有成员保持安静,认真观察,仔细聆听。

在他人展示结束后,各小组长及时组织成员进行有序的质疑或对抗。

(3)教师导学要求

A.教师要做好组织工作,尤其是对没有进行展示的小组做好秩序督导,要求全班把焦点集中在展示台上。

B.及时捕捉课堂敏感点,促成各小组间的质疑对抗。

C.对各小组质疑对抗尚不能解决的问题,要及时进行点拨。

D.对各小组的展示、质疑和对抗及时进行评价,通过有效的评价激发学生的学习热情,使之逐渐变成一种从学生心底里流淌出来的积极的力量。

四、"提升领学——凤翔九天"环节

1.本环节中"提升领学"是学习方式，"凤翔九天"是学习效果

知识都是从感性到理性、从个别到一般的发展。学生要达成学习目标，掌握有关知识，形成综合能力，必须对零散的知识进行总结、归纳，形成相对完整的知识体系，本环节主要是对本课的知识进行归纳总结，促使学生在领悟的基础上完成对知识的拓展，促使学生的认识在发现知识变化的规律后再次提升，让学生思维的深度和广度得到再次提高。只有知识体系得到建立，学习规律得到把握，学习能力得以提升，凤中学子才能"抟扶摇直上"，翱翔于朗朗九天。

2.导学流程

（1）每个课题中各个分知识点的总结归纳。

（2）课题结束后整个知识体系的构建。

（3）完成《导学精要》中巩固训练部分并实现"当堂清理"。

3.导学要求

（1）本环节的实施者可以是教师，也可以是学生。

（2）既可以是对本课题所学知识进行梳理，对普遍性的问题进行总结，对规律性的问题进行归纳，形成相关的知识链，完善学生的知识体系，也可以是对知识所蕴含的人文哲理进行总结挖掘，引领和提升学生的情感、态度、价值观。

（3）教师对各小组在本课题的学习过程中的表现作出评价。

重庆市凤鸣山中学
"魅力课堂"教师教学"七字"要诀

生本教育是理念,魅力课堂重实践;
先学后讲要遵循,学生主讲是关键;
核心问题二三个,学生展示上台前;
教师启发学生讲,质疑对抗精彩现;
一题多解参与广,变式展示多提炼;
错误分享是资源,探究反思知丰歉;
激情飞扬思维活,加分激励是经验;
天纵之教有真谛,学生自然多迷恋。

重庆市凤鸣山中学
"魅力课堂"学生学习"七字"要诀

魅力课堂我做主,快乐学习聚众智;
情境自学多思考,保持安静严自律;
合作互学都参与,难点问题才展示;
走上讲台最重要,不急不慢高声语;
面向全班能脱稿,抬头挺胸讲姿势;
台上台下多呼应,质疑对抗有深度;
提升领学找规律,智慧求知有雅趣;
人人发言都主动,成长进步每一日。

附录:课堂案例、实录及反思

"魅力课堂"导学、互学和展学策略案例
——记一堂写作课磨课到赛课的不断完善

英语组　杨勤心

【案例描述】

第一次试讲(录像课 2014 年 11 月 21 日)

这一次,我花了一个晚上备课,把 Thank-you notes 的主题缩小到感谢妈妈。考虑到再过一周就是感恩节,刚好又搜集到一些非常切合主题的视频,没有太多考虑和修改,就上了录像课。

课录下来,导学环节严重超时。其中,学生读文章和写作文的耗时过多。不得不说,感恩主题在自己带的班上情感渲染得非常到位,激起了学生写作灵感。而耗时的主要原因在于一开始就让学生把几句逻辑顺序不明显的句子排序,学生云里雾里,我也解释不力。另外,还犯了一个重大错误——忽略了对过去时的强调,这恰好就是易错点。因为是录像课,学生的展学更多像是在表演,没有实际的示范作用。

第二次试讲(2014 年 12 月 19 日)

吸取教训,这一次我注重过程评价,强调了过去时态,根据学生的作文来看,时态的问题基本上得到了解决。

但以下几个方面仍需改进:

1.导学环节中操练三种表达感谢的句型耗时太长。学生开始写作文时,已经过去整整 30 分钟了,而根据内容安排,写作准备部分尽量控制在 25 分钟以内。在表达感谢部分,我观察到了学生乏味的眼神。师傅李秋媚老师建议,第一个情况小组讨论,然后把本课的目标语——表达感谢的三种方式全部展出,后面三种情况,只要求学生分别展示一种表达。

2.低估了互学环节,也就是互评所需时间。这一次主要目的是定时,所以课没有上完,学生作文写到一半就停下来了。我之前给互评设计的是 5 分钟,事实上,学生交换文章修改再上台评价,这至少应该计划 8 分钟。

3.知识细节需要处理。文章中"I didn't play well. I fell down again and again."要求学生用 so adv. that 先将前半部分改成"I played badly.",两次试讲中都发现学生很难想到换词,而容易写成"I didn't play so well that"这个不准确的表达。

第三次试讲(2014年12月22月)

这一次,只上了学生写作之前的部分,刚好25分钟。

但明显感觉有以下两个问题:主题引入不够自然,并且缺乏与学生的互动和过渡衔接语言过于啰唆。李秋媚老师提议,用问学生在感恩节当天为妈妈做了什么来引入主题,会使课堂的呈现自然流畅。课后,我重新设计了过渡语言。

比赛(2014年12月23日)

下午最后一节课,我有充分的时间思考两个仍不满意的地方。很高兴,我的想法都取得了成功。

1.开课前的热身。对于这种赛课,在陌生的环境,面对陌生的学生,一开始调动学生热情是非常重要的,否则会一直沉寂下去。所以,在开课前,我就说"Show me your power!""I hope to have a good time with you.Are you ready to have a good time with me?"学生非常配合地回应着,我顿时轻松了。

2.PPT上呈现了一张我和妈妈的合照,为什么不在这个上面做点文章呢? 之前磨课那张照片出现得太无意义了,感觉是刻意插在中间过渡的,显得多余。我在午休时突然想到,可以通过调侃来调动气氛,"Do you think the man in the picture is handsome?"在课前的半个小时,我又想到,可以用这个设一个悬念——"Do you want to know the secret why I am so handsome? I'll tell you later."在课堂的最后揭晓答案,自然的情感教育"Because I'm full of love and I'm grateful to the people who love me and care about me.I hope you are also grateful to your mother and everyone that loves and cares about you."课堂中,当我问到是否帅时,有一个学生很配合地说了NO。我非常幽默地东张西望,问道"Who said NO?"这个小动作,让我和全班同学走近了。

对今天的临场表现,我很满意。有几个细节处理得很好。

1.完善文章过程中,用提问的方式激励学生主动思考如何使文章更好。本来设计的是问"How to make it better?",临场,我改为了问"Are you satisfied?"更加激发了学生的主动思考。

2.在写作评价过程中与学生的互动十分到位。展示了两篇作文。第一篇是班长的作文,同伴给了14分,我开玩笑地问是因为他是班长吗? 又幽默地对同学们说"He will not punish you."然后请同学们大胆诚实地评价。后来有同学指出书写不规范,我立即转向,对班长说:"You're handsome, but I hope your handwriting is also handsome."班长露出了微笑。第二个学生展示时,赞扬同伴的结尾写得好,说自己都想哭了,我紧接着他的话说:"Let's cry together."然后带着全班同学一起读了作文的结尾。

3.课堂最终小组评价计分时,第一个组开玩笑说有100颗心,我马上回复"Are you kidding me? I don't have 100 hearts."对于最后一名的小组,则借用了本堂课讲的一个美句"Falling makes you stronger."让"失利"变成了"收获",很好地安抚了学生的同时,对全班进行了情感教育。

4.面对意外,从容面对。在奥运会冠军跌倒的视频突然出了问题时,我并没有慌,走到电脑前直接用鼠标控制，补充道"Maybe Jenny is a little bit nervous to show up."就这样，化"险"为夷。

这堂课，仍然有所遗憾。当学生记录完为写作作准备的关键词后，因为担心超时，我没有给学生展示的机会，对于参赛来说，本是一个亮点，却没有凸显出来。另外，由于开课前时间紧，我板书得很快，于是出了错（课中学生讨论时，我悄悄地改正了错误），好在本堂课的板书相对次要些。

【案例分析】

本堂课的设计符合认知心理学的思维加工过程，通过师生互动、生生互动以及视频串联，让学生从如何表达感谢的"输入"自然过渡到写感谢信的"输出"。

在导学环节，用"感恩节"作为引入，然后通过和学生对话的方式走近学生，符合认知心理学家皮亚杰提出的"图式"理论，即让知识点与学生的生活经历相结合，激活学生大脑中的已有"图式"，让学生尽快进入课堂状态。用幽默的方式"铺设悬念"，营造了轻松愉快的课堂气氛，也提高了学生的关注度。导学环节时间不宜过长，否则会使得堂课"头重脚轻"，弱化了重点。因此，老师在进行备课时，应该充分考虑教学素材的有效性，大胆地删去花哨无用的内容。

本课的互学环节主要是通过小组讨论表达感谢的方式和同伴互评作文的方式来呈现。要保证学生有充足的时间进行互学，在绝大部分学生完成任务后再进行下一环节，才能使小组和同伴的互学有实际意义，切忌因赶进度让学生"走马观花"地学。并且，教师要根据平时收集的难点和易错点适当调整课堂容量，一堂课给学生"囫囵吞枣"地灌大量知识，不如"慢条斯理"地彻底□□□□知识。

展学环节是公开课的亮□□□□□□□□学生有充分有效的"输入"。本环节，是学生的展示平台，但教师的评□□□□□□的评价也对烘托热烈气氛起着关键的作用，对于做得好的评□□□□□□□□，而对于错误进行指正并引导学生进行思考，会使学生对知□□□□□□错的同时，大脑也对知识点进行了加工。在展示环节，尽管教师都□□□□□□"学懂"的状态，但个人认为，此时更应该关注没有学懂的学生，让他们大胆犯□□□堂纠错创造了良机，也为下一堂课的备课作准备。

以"导"为主线，以"学"为主体，打造"魅力课堂"
——"价值与价值观"导学、互学和展学策略案例

政治组 李 红

高中政治是一门表面枯燥单调，内涵却极其丰富的学科，教学中如何充分挖掘生活资源，巧设问题，从而以"导"为主线，在"独思、互学和展学"中充分调动学生学习的兴趣

以激活课堂,是政治教学必须思考的问题。依据我校魅力课堂"独思、互学、展学"的总体模式,结合政治学科实际,我在教学中力求做到"基于生活进行导学,问题驱动进行互学,基于疑难点进行展学"来激励唤醒、鼓舞学生的主体意识,充分尊重学生的主体地位,积极发挥教师的主导作用。现结合高中政治必修四"生活与哲学"中"价值与价值观"一课教学案例进行分析。

一、"多面生活我思考"——基于生活构建情境,进行导学

导学是要给学生一个方向,如一个无形的指挥棒,使课堂有十分清晰的主线,指引学生顺利完成学习任务。基于政治课的实际,需要教师依据教学内容和学习目标创设一定的学习情境即一定的导学策略去实施。在上《价值与价值观》一课时,我基于生活中"高中生勇斗歹徒错失高考"的实例创设了以下导学情境及问题:

生活情境:2014 年 5 月 31 日,在宜春市区至袁州区金瑞镇的一辆公交中巴车上,一名歹徒将 5 名乘客砍伤,当歹徒继续举刀要伤及更多乘客时,高三男生柳艳兵不顾自身被砍剧痛,上前夺下歹徒手中的刀。事发后,他与另一名同学易政勇被送往医院救治,两人因伤情严重,无法参加 6 月 7 日的高考。

【思维导航 1】如何理解哲学上的价值与价值观?

【思维导航 2】柳艳兵及易政勇两位同学为救人而错过高考,你认为值不值? 为什么?

生活情境:柳艳兵、易政勇的见义勇为精神值得广泛称赞,而他们却因此耽误了高考,这无疑是一件憾事。为了让好少年不再流血又流泪,有人提出能否通过保送这条渠道,帮助他实现这一人生愿望。

【思维导航 3】你赞同通过保送帮助易政勇和柳艳兵圆大学梦吗? 请说明理由。

生活情境:易政勇和柳艳兵两位考生错过高考,先后陆续有包括清华大学、澳门大学在内的 13 所高校发出了希望招收柳艳兵、易政勇的意向。最终他们通过参加单独组织的考试,分别选择了南昌大学、江西财经大学就读。

【思维导航 4】如果是你,你会选择清华大学、澳门大学等名校,还是南昌大学、江西财经大学?

生活情境:教育部新修订的《中小学生守则》从 8 月 1 日开始公开征求意见,新增了热心志愿服务等与时俱进的新内容,"见义勇为,敢于斗争"内容被删除,引发社会热议。

【思维导航 5】面对凶恶的歹徒,面对未知的结果,你会做何选择?

【思维导航 6】对于新守则上提出要学生学会自护、懂求救,而去掉了见义勇为等要求,你赞成吗? 这会带来怎样的影响?

【思维导航 7】通过上述实例说明价值观具有怎样的导向作用?

以上导学情境和问题基于生活、高于生活、回归生活，实现了教学内容生活化，生活内容问题化，问题内容学习化，学习内容思想化。

实施策略：导学的核心在于"导"，"导"贵在有方。导学内容：一方面"引导"：要求课前引导学生预习，课中引导学生思维，课后引导学生反思。对于课中的"导"，需要教师将枯燥的知识融于生活情景，形成问题链且问题层层推进，从感性到理性，从思维到情感逐渐升华。通过分批呈现问题，使学生有的放矢，引导学生自求有得，从生活实践中思考和提炼知识。另一方面"指导"：教师在导学中既要适时启发，指点迷津，同时又要对学习进程进行调控；指导学生将所学知识纳入已有的体系中去，并自觉运用所学理论指导生活。

二、"多维问题我解决"——基于任务创设问题，进行互学

互学是要给学生一份助力，大家的智慧如催化剂启迪彼此思考，生成新知。互学的核心在于"合作"。互学内容：根据一课的教学重难点，在导学时设置多维问题，多维问题，强调课堂问题的提出不是教师对学生单向、直线的提问，而是基于学习任务及学生的学习基础，指向学生的学习兴趣，能够触动学生已知经验，有效进行思维训练的多角度、多层次、多样化的问题设置。通过多维问题，教师和学生之间，学生和学生之间就可以形成一种动态的问题生成与探究过程，从而提升学生的政治学科素养。如上面导学中的第一个问题"如何理解哲学上的价值与价值观"是浅层次的基础性问题，学生可以自主完成，对于后面的深层次问题虽然有主观色彩但需要一定的思维深度和广度，如在导学中设置的"【思维导航3】你赞同通过保送帮助易政勇和柳艳兵圆大学梦吗？请说明理由。""【思维导航6】对于新守则上提出要学生学会自护、懂求救，而去掉了见义勇为等要求，你赞成吗？这会带来怎样的影响？"这样的问题需要较强的综合、分析能力及对社会伦理公平问题的深层思考，无痕中增强了学生对社会主义核心价值观的认同并在实践中自觉践行社会主义核心价值观，特别是【思维导航6】的问题提出更有利于学生对法律与规则的认可、崇尚与遵从，增加规则意识、程序意识和权利义务意识，通过探究才能更好解决。此外，互学的内容除了老师在导学中设置的具有思维品质的问题，互学还要解决学生在自学教材的过程中，同学间对某个问题认识的分歧，或者对某个结论的疑问。

实施策略：基于教师预计多维的问题，第一阶段：自学教材，让学生有充分的时间去看、去读、去思、去悟，储备知识，解决基础性问题并找出难点和疑点。第二阶段：讨论交流，让学生有时间去质疑、去释疑、去讨论、去检查、去修正，解决深层次问题，并促使学生在质疑与释疑中更深入地研究教材。

三、"多元思想我明辨"——基于疑难点，进行展学

展学是要给学生一个舞台。课堂展学是最具特色、最富活力的核心环节。展学环节是学生互相分享、碰撞、提升的过程，为学生提供发表观点、呈现自身的舞台，调动学生积极性，有利于提高学生的综合素质。为了防止过于追求展示形式，使课堂成为"秀"场。需要对展示内容、展示方式进行科学规划、合理调控。

实施策略。首先，精选展示内容：高中政治课就本质而言是一门智育与德育相统一的显性德育课程。所以，通常我所选择的展学内容，一是知识层面的：自学、互学中知识上的疑点和难点，以加深印象。二是情感层面的：思维、道德上的价值冲突和对抗。其次，根据不同的学习内容设计不同的展示形式，对于知识层面的："【思维导航7】通过上述实例说明价值观具有怎样的导向作用？"选择小展示的方式，即在自己的座位完成。对于认识上的分歧、道德上的价值冲突和对抗："【思维导航3】你赞同通过保送帮助易政勇和柳艳兵圆大学梦吗？这对于其他考生公平吗？请说明理由。"选择大展示的方式，可以在台前以演讲、辩论的方式进行。最后，展示教师的要求：教师要给出明确的展示导向信息，让学生明确展示规则，同时引导学生进行有针对性的质疑、辨析、总结、提升，从而促进学生知识的拓展和能力的发展。

我校"魅力课堂"是基于教师主导下的"独思—互学—展学"的学习方式，这种学习方式对学生而言是一次学习的革命，对教师而言也是思想的洗礼，能力的检验，教师导之有方，学生才会学之有效。

践行"四环节·问题导学式魅力课堂"案例及思考

生物组　贾　艳

摘　要：只要给学生机会，他就会回馈给你惊喜，这就是新课堂的魅力。学生通过情境自学环节能自己解决 50%~60% 的问题，通过合作互学、展评激学环节能内化 80%~90% 的内容，教师通过传授"庖丁解牛"的技巧，帮助学生拨开迷雾，点拨最后 10% 左右的疑难问题。学生真正成为学习的主体，教师成为学习的引领者，引领学生不仅成为问题的解决者，还要成为问题的发现者。学生在新课堂培养起来的自主学习、积极思考的精神将贯穿一生，永不枯竭。学生积极反思、善良诚信、自信担当、勇于坚持、敢于不从众等优秀的心理品质在新课堂中潜移默化地形成。

关键词：四环两型　情境自学　合作互学　展评激学　提升领学

自 20 世纪 90 年代以来，"核心素养"就成为全球范围内教育政策、教育实践、教育研究领域的重要议题。作为一个统帅各国教育改革的上位概念，"核心素养"引领并拉动课程教材改革、教学方式变革、教师专业发展、教学质量评价等关键教育活动。重庆市凤鸣山中学的课程改革历程就是鲜明的见证。

2010 年 9 月，重庆市中学新课改正式启动，课改的春风吹进了凤中的课堂。"从事有道德的教育，打造有魅力的课堂，追求有良知的高效。""教学的艺术，不在于传授本领，而在于激励、唤醒、鼓舞。把课堂还给学生，就是把现在的学习能力还给学生，就是把未来的生存权利还给学生。"专家用这一句句教育真言打动了我们的心，也为课改指明了方向。

笔者作为教学一线的高中生物教师，积极调整步伐，与学生一起舞出春天的华尔兹，画出春天的泼墨山水。笔者先后与高 2012 级、高 2015 级、初 2018 级、高 2018 级的学生一起分享着这种课堂魅力，同时对这四个环节也有了更深入的认识。在此提出几点体会与思考，与各位同行分享。

一、自我探索阶段——"小组备课，小组讲课"学习方式的利弊

2010 年 2 月 14 日到 3 月 14 日，是凤鸣山中学新课改课堂教学模式的探索阶段。在龚校长倡导的"先做正确的事，再正确地做事"的课改精神指引下，全校老师"八仙过海，各显神通"，通过学习—实践—归纳提升，再学习—再实践—再归纳提升，大家获得了前所未有的教学新体验，这无疑也是校长给各位老师提供的可贵的自主学习的时间和空间。在这一个月里，我在所教授的高二年级 3 个理科班中采用了"小组备课、小组讲课"学习方式，在实践中发现，这一学习方式利弊皆有，但弊大于利，在此提出，以作前车之鉴。

1.优势

这一方式适合于自学能力较强的学生，能分批分期地充分提高学生的整体策划能力和表达能力，充分提升小组合作能力，团结意识；宏志班，具备较强的合作能力和表达能力，准备工作也能积极到位，"遗传病与优生"一课知识难度不大，知识体系较简单，此类型的课，采用这种方法学习效果良好。

2.弊端

因为主讲的小组提前有充分的准备，并且占有课堂的时间较长，主讲同学及小组会成为课堂的亮点，而其他组的同学参与的时间相对不足，倾听的时间相对较长，因此有传统课堂的嫌疑，容易发生由老师灌变为由学生灌的问题。若其他组的同学课前的预习不能到位，再遇到准备不充分或表达能力较差的同学主讲，学习效果会大打折扣。

二、新模式体会阶段——"'四环两型'问题导学式魅力课堂"的实践及思考

3月14日,"'四环两型'问题导学式魅力课堂"开始在全校运行。这种课堂学习模式的"四环"为:第一环节——情境自学·雏凤清声;第二环节——合作互学·群凤和鸣;第三环节——展评激学·凤举鸾翔;第四环节——提升领学·凤翔九天。前两个环节可以形成"自学—合作课型",后两个环节可以形成"展示—提升课型"。据不同的内容,两课型可有机组合。第一环节是基础,第三环节是核心,在实践中对这两个环节也有更多的分析和思考。

(一)情境自学·雏凤清声——国画的留白

1.案例

4月7日,下午第三节,高2012级(正值高二)10班(理科平行班)。染色体变异第二课时。这是我第一次采用典型的"四环两型"模式进行的尝试课。我采用任务引导、学生自主学习的方式。

①情境自学环节:8分钟,同时,教师布置任务:a.分析多倍体形成的原因及方法;b.叙述无子西瓜培育的过程;c.发现单倍体育种的优势。

②合作互学环节:5分钟,群策群慧寻找答案,分配任务。

③展评激学环节,由小组自由选择需要展示解决的问题。

④教师穿插其中,及时引领提升。

2.思考

(1)班级评分体制,有效调动学习热情。先锋班在课堂模式探索初期,各学科教师通过各自的加分标准积极鼓励学生发言,但因未形成班级的评分机制,学生合作、展示的积极性一直不高。4月开始,加分制度在各班纷纷启动,学生的积极性彻底被激发了起来。为了小组加分,为了小组的荣誉,不同层次的学生都敞开了自己的心扉,打开了自己的话匣子,积极地自主学习,大胆地展示自己。"'四环两型'问题导学式魅力课堂"在各班开始扎根。

(2)问题式的任务,引导学生高效自学。任务可以带动学生看书,可以为学生指明阅读的方向。任务可如该案例所示,用陈述的方式,也可以问题的方式,后者更常见。我在探索阶段采用的"小组备课—小组主讲"方式中,我的提问只起反馈检测作用。学生仍处于被动状态——被检测。通过与娄世强、郭自林等有丰富教学经验的教师共同探讨后,我更清晰地认识到了问题引导的重要性,开始积极地设计问题。通过易错问题、重点知识问题的引入进行任务引导,帮助学生在自己构建知识的同时,明确辨析概念的实质、知识的核心,以及常考的角度,真正提高了课堂的有效性。想要强调的是:有效的问题带动积极的思考,过于简单的、臃肿的问题可能会把学生变成在课本上寻找答案的机器。

（3）充分的时间，保证高效的合作与展示。自主学习如国画中的留白，似空气、似白云、似泉水，是大自然的灵与气。留白不足，则画面显得拥挤而令人窒息。留白充足，空灵之感油然而生。学生有充分的自主学习时间是后面环节的有效保障。开学初，我采用"小组备课，小组讲课"学习方式，采用课前自学，效果不理想，也反证了充分自主学习的重要性。

（二）合作互学·群凤和鸣——笔墨纸砚的配合

合作探究从心理学来说可以满足人渴望交流、好为人师的天性，满教室都是小老师。同龄人思维的相似性又使讲解、切入更容易。给出时间是为合作探究形式提供基本保障，否则，合作只是口号，小组展示将演变成个人英雄的独角戏。科学的同质分组、异质合作是合作探究质量的基本保障，否则将是形不散而神散。

（三）展评激学·凤举鸾翔——泼墨山水的重彩

1.案例

4月18日，下午第二节，高二年级12班，"'四环两型'问题导学式魅力课堂"的尝试课。

（1）情境自学环节：15分钟，同时，老师布置任务：①判断海拔高度是不是生态因素。②简述非生物因素对生物的影响并举例证明。③辨别课时作业11-1第八题所示的四种种间关系。

（2）合作互学环节：5分钟，各组同学共同寻找答案，分配任务。

（3）展评激学、提升领学环节，由小组自由选择需要展示解决的问题。教师及时归纳、总结。这节课完成计划的两个问题的展示，学生都表现得非常出色，将学生展示实录如下。

解决第一个问题的展示实录。

第5小组杨钦鹏同学：海拔高度属于生态因素，理由为海拔高度影响了生物的分布，如低海拔地区为阔叶林，较高海拔地区为针叶林。

第3小组江明皓同学：海拔高度属于生态因素，因为海拔高度包含温度、光照、水分的差异，而后三个都属于生态因素。

第9小组张洪福同学（立即起立反对）：海拔高度不属于生态因素，理由是，据生态因素的定义及举例可看出，生态因素指的是具体的某一种影响生物形态、生理及分布的因素，而海拔高度包含了一系列因素，如刚才江明皓说的温度、光照、水分，还有氧含量、气压等，是指具有综合生态因素的环境。

教师请其他同学判断支持哪一方，学生各有支持，教师充分肯定了张洪福同学的答案，并给第9小组加2分，其他两个小组各加1分。三个小组的同学很好地解决了第一个问题。

解决典型习题的展示实录。"我国从东到西,森林覆盖率逐渐降低,起主导作用的生态因素是什么? A.水;B.温度;C.阳光;D.大气。"(组内讨论两分钟后,共有五个小组的代表发言,展示用时不到两分钟,节奏快速,争论激烈,非常精彩)

第四组陈禹彬:A,水。水是限制陆生生物分布的主要因素,东部邻海,水多,西部远离海洋,水少。

第五组杨钦鹏:西部是很多河流的发源地,如长江、黄河的发源地就在青藏高原,难道水还少吗?

第九组张洪福:虽然如此,但源头只是冰山,雪融化后,水只是流过西部,而且河有海大吗?

第六组李陵川:我国东部沿海海岸线较长,气候温暖,降水量大,西部深入大陆,气候为温带大陆性气候,干燥、少雨、寒冷,因此不如东部适合植被生长。

第一组孙浩伦:我们组也选择的是A,水。我国东部处于亚热带季风气候带,降水量大于蒸发量,因此森林覆盖率大,往西走,海拔逐渐增高,气压逐渐降低,气候越来越干燥,降水量越来越小。而从东到西,纬度相同,故温度、光照基本一致,故排除B、C,大气不是生态因素,也可排除。

老师充分肯定了学生的辩论精神,给第一组和第四组各加2分,其他组各加1分。

2.反思

小组展示中,其他组学生常常不能耐心倾听,教师要引领学生学会倾听,如倡导质疑、发现错误、补充不足,并给予加分。学生在激烈的讨论中,教师不能急于加分点评,要留给学生充分展示和质疑的时间和机会。双方如若争执不下,无法说服对方时,教师再给予帮助,并进行点评、加分。

(四)提升领学·凤翔九天——画龙点睛之笔

学生通过情境自学能自己解决50%～60%的问题,通过合作互学、展评激学能内化80%～90%的内容。教师通过传授"庖丁解牛"的技巧,帮助学生拨开迷雾,点拨最后10%左右的问题。学生真正成为学习的主体,教师也要真正成为学习的引领者。针对学生知识梳理常较散乱的问题,教师应及时板书归纳,将颗颗"珍珠"穿起,帮助学生构建较完整的知识体系。针对学生问题思考较浅的现象,教师可以通过提问的方式将问题深入。针对高二学生要提升应试能力的目标,教师应通过习题检测,及时掌握学生是否已经理解、掌握重难点知识。

1.新模式感悟阶段——培养学生自主发现问题能力的思考

"情境自学·雏凤清声"环节,一般采用教师给出问题,引导学生看书的方式,在下面这两堂实验理论课的课堂上,我尝试鼓励学生自主发现问题。目的在于充分解放学生的思想,培养学生从被动的学习者变为主动的思考者。

2.案例

案例一:4月11日,下午第一节课,高二年级8班,"DNA的粗提取与鉴定"实验理论课（由于材料和时间限制，该实验一直采用的是理论分析的方式进行突破），在完成自主学习前，我要求学生从出题者的角度发现实验的可能考查点，也可以提出自己无法解决的问题。合作互学时组内整合问题，展评环节由学生展示产生的或发现的问题，尝试自己解决或请其他组解决。8 班共提出并解决 4 个问题。

案例二：4 月 11 日下午第二节课，高二年级 12 班，同样是"DNA 的粗提取与鉴定"实验理论课，同样的环节设计，同样的要求，展示时学生提出并解决了 8 个问题。

3.反思

"情境自学·雏凤清声"环节，学生自主发现问题，这无疑是给学生提出了更高的要求。要求学生能以学者的态度去学习，能以出题者的角度去审视，能以科学家的精神去发现。平行班相比宏志班而言，提出问题的数量和质量明显还有较大差距，但学生的可塑性很强，高要求，他们的成长才能更出色。教师不仅要引领学生成为问题的解决者，更要引领学生成为问题的发现者。

通过实践，我体会到"'四环两型'问题导学式魅力课堂"模式是科学的课堂学习模式。情境自学环节放在课堂上进行，不仅减轻了学生的学业负担，而且切实提高了自学效率；合作互学环节充分发挥了优势互补的效应，学生在互助中共同提高；展评激学环节不仅加深了学生对重难点知识的印象，而且提高了学生的表达能力，锻炼了学生敢于发表自己见解的胆量与勇气；提升领学环节灵活地穿插在展评激学环节中，帮助学生解决不能解决的问题，实现学习的深化和升华。学生在新课堂培养起来的自主学习和积极思考的精神将贯穿一生，永不枯竭，这才是课堂应有的魅力。

学生积极反思、善良诚信、自信担当、勇于坚持、敢于不从众等优秀的心理品质在潜移默化中形成。

生长的力量
——重庆市高中优质课大赛一等奖获奖课例及执教感言

语文组　陈　馨

摘　要："'动'辄传神"一课主要从"精准摹状""分解放慢""夸张变形"三个方面，充分放手学生、调动学生，引领他们进行了一堂立竿见影的精准课堂写作实践，获得了优异的赛课成绩。教师在"执教感言"中对"唤醒""生长""情智"等核心素养进行了深刻的反思。

关键词：传神　精准摹状　分解放慢　夸张变形　高效　沸腾　核心素养

第一板块【荣誉档案】

"'动'辄传神——动作描写传神三步"于 2014 年 3 月 12 日，在"重庆市第四届中学语文中青年教师优质课大赛高中组决赛"中获得高中组一等奖(第一名)。

第二板块【获奖课例】

【获奖课例之课堂实录】

"动"辄传神——动作描写传神三步

【教学目标】

1.以修改文段为依托,指导学生学习人物动作描写的方法,提升学生把人物写得传神的能力。

2.启发学生调动心灵的感受,雕琢文字,传达神韵。

【课例实录】

一、导入

师:人的内心是看不见、摸不着的,只有动作才是真实可靠的。德国哲学家黑格尔就曾经说过,人最深刻的方面只有通过动作才见诸现实。可见,动作是透视人物心理的多棱镜,是人物传达情感、展现内心、突显性格的重要手段,而成功的动作描写最能体现人物的内心世界和神韵气质,正可谓"'动'辄传神"啊!【板书课题】

今天,我想和同学们一起,从动作描写入手,去探索如何将人物写得传神。【投影展示:"动"辄传神——动作描写传神三步】

二、技法指导

(一)初试身手

师:首先我们一起来观看一段视频。

【视频展示:公益广告《打包》】

师:画面虽已定格,内心却难以平复。视频让我不由得想起那首由叶芝的诗改编,唱到每个人心底的歌曲——《当你老了》:"当你老了,头发白了,睡意昏沉,当你老了,炉火旁打盹,回忆青春",是啊,"父爱是一部震撼心灵的巨著,读懂了它,你也就读懂了整个人生!"(高尔基)画面中失智老父亲的形象让我们印象深刻,心情沉重,尤其是他"打包"饺子的动作触及了为人子女内心最柔软之处,让我们感受到了那份执着而深沉的父爱。

同学们,"笔乃心灵之舌",请拿起你手中的笔,将心中的这份感动化作文字,描写老父亲在餐桌上的习惯性动作,以传达出那份深沉的父爱!

【投影展示:初试身手,用一段文字描写老父亲在餐桌上的习惯性动作】

【学生写作,配轻音乐】

师:好,大部分同学已书写完毕,请同学上台展示一下书写的片段。

【投影展示，学生习作】

生1：父亲呆滞地坐在餐桌前，一言不发，当那一盘饺子端上桌，他迅速地抽出他的手，将饺子放进了自己的衣袋。眼里泛出淡淡的光，当我责问父亲时，他喃喃地说道：这是给我儿子的，他最爱吃这个。

师：请其他同学点评一下他的这个片段。

生2：首先，他没审题，老师的要求是描写老父亲在餐桌上的动作，但他不仅写了动作，还描写了人物的语言、神态等；其次，他的动作描写太简略甚至粗糙，一点不传神。

（生笑）

师：没错，你很敏锐，点评也很犀利。人物描写传神的方法有很多，但今天我们的着力点是在人物的动作上，成功的动作描写往往胜过千言万语的表白哟！而且，老父亲的那个习惯性动作描写也不够到位，就像老舍先生所说，人物没有"站立"起来。再请一位同学，展示一下吧。

【投影展示，学生习作】

生3：老父亲眼神迷离地坐在椅子上，突然，他伸出一双布满皱纹的手，抓起一个饺子，放进了衣袋。

师：他的这个片段，你们觉得写得如何呢？

生4：他注意了描写动作，但总觉得他笔下的老父亲不像视频中的老父亲。

师：是啊，集中描写了动作，但人物却并不传神。那怎样才能使描写的动作传达出人物的神韵呢？

（二）技法一　精准摹状

1.示例

师：我们来看这样几个句子。

【投影展示：（孔乙己）便排出了九文大洋。

他从破衣袋里摸出了四文大洋。

——《孔乙己》

葛朗台一见金匣，就像一只老虎扑向一个睡着的婴儿一样……

——《守财奴》】

师：这些都是我们非常熟悉的经典作品中的句子，在这些句子中，你认为哪些词语特别传神？

生："排""摸""扑"。

师：大家都不约而同地将目光聚焦到了这几个动词上？为什么？

生1：传神地写出了孔乙己当时的得意穷酸，刻画出孔乙己冒充斯文和阔绰的一种酸腐相。

生2：腿被打折以后，生活窘迫，已到了欲充斯文而不能的地步，"摸"字则将人物此时潦倒悲惨形象生动地展现出来，充分刻画了孔乙己精神被彻底摧毁的悲惨境遇。

生3：生动地写出了葛朗台对金钱的极度渴望，写出了他的贪婪。

师：你们分析得真好。的确，这些动词准确地将人物的形象、性格鲜活地呈现在我们面前。尤其是"排"与"摸"，同是描写孔乙己在咸亨酒店付酒钱的动作，却入木三分地反映出他处境的变化。虽一字之差，却一针见血地指出小说主人公前后遭际命运之别，用词之精辟，不由得令人击节赞叹。

何为精准，这就是精准，就像十九世纪法国著名的小说家福楼拜曾对他的学生莫泊桑说过："我们不论描写什么事物，要表现它，唯有一个名词；要赋予它运动，唯有一个动词；要得到它的性贡，唯有一个形容词。"

【投影展示：我们不论描写什么事物，要表现它，唯有一个名词；要赋予它运动，唯有一个动词；要得到它的性质，唯有一个形容词。——福楼拜】

他们如此苦苦追求那个"唯一"，其实就是选用准确的词语，精准摹状，以传达出人物的风貌神韵。（板书展示：精准摹状）我们在描写人物动作时，也应如此，选用最准确的词语，精准摹状。

【投影展示：第一步，精准摹状】

比如，同样是"看"，却有不同的看法，它可能是司马迁笔下"相如持璧睨柱"的斜视，也可能是《荆轲刺秦王》中瞪大眼睛的"士皆瞋目"，还可能是葛朗台弥留时的"盯"。再比如，同样是"走"，却有不同的走法，它可能是刘姥姥进大观园时小心谨慎地"溜"，也可能是《雨巷》里寂寥彷徨地"彳亍"，还可能是《背影》中老父亲走到铁道的"蹒跚"。

2.技法操作

师：同学们，请审视一下你的习作，你找到那个最准确的词语了吗？你精准描摹出老父亲在餐桌上的那个动作了吗？好文章都是改出来的，请你针对老父亲的动作，重新措词设语，通过同桌互改的方式，修改习作。

【投影展示，文段第一改。重新措词设语，使用常用的修改符号，相互修改，精准描摹老父亲在餐桌上的习惯性动作。】

【学生写作，播放轻音乐】

师：音乐停止了，我们一起来看看你们做了哪些修改？

【投影展示，学生习作】

生1：老父亲汪视着盘中仅剩的两个饺子，颤颤巍巍地探出了手，捏起其中一个，小心翼翼地装进了上衣口袋中。

师：能谈谈你前后修改的想法吗？

生1：我只修改了两个字，但却琢磨了很久。（生纷纷会心一笑）最开始，我用的"伸出了手"，但后来我觉得，"伸"字太平淡、太普通，没有情感，任何人的动作都可以用"伸"，它不符合老父亲年迈、失智的实际，而且也体现不出老父亲对饺子的关注与珍视，所以我改为了"探"，"探"既能表现老父亲动作的迟缓，也能传神地写出老父亲对饺子的珍视。同样地，我把"抓"改为了"捏"，更能体现老父亲的小心翼翼，对饺子的珍视。

（全场掌声）

师:真棒!"两句三年得,一吟双泪流",虽然只有短短几分钟,虽然也只是两个字的变动,但老父亲的形象却瞬间生动化、人情化了,这就是选用准确的词语,精准摹状的效果啊! 好,还有想展示的吗?

【投影展示,学生习作】

生2:他盯着盘中的饺子,探出了一只满是皱纹的手,捏起一个饺子,拉开上衣口袋,将饺子藏了进去。

我也修改了关键的两个动词,一个是将之前"伸"出手改为了"探",一个也是将"拿"起饺子,改为了"捏"起饺子,前面已经说明理由,我就不再赘述,但我还修改了一处,就是"装"饺子,我改为了"将饺子藏了进去",我也试着改为了"放""揣",但比较一番,我觉得还是"藏"更好,因为这才能充分表现老父亲对饺子的珍视。

(全场掌声)

师:我很欣赏你的修改,古人强调炼字,讲求"平字见奇,常字见险,陈字见新,普字见色",常常是"吟安一个字,捻断数茎须",看得出,你也在苦苦追求!

(三)技法二　分解放慢

1.示例

师:阿尔卑斯山谷旁有一条著名的标语:"慢慢走,欣赏啊!"动作描写也是如此,我们要有"放慢脚步的勇气",抓住人物动作中的某一点,分解放慢,细化延长,呈现出一个动态过程,而非固态、静止,以给人留下深刻的印象。

【投影展示:第二步,分解放慢】

朱自清在《背影》中,有一段描写父亲买橘的经典语段。

【投影展示:我看见他戴着黑布小帽,穿着黑布大马褂,深青布棉袍,蹒跚地走到铁道边,慢慢探身下去,尚不大难。可是他穿过铁道,要爬上那边月台,就不容易了。

他用两手攀着上面,两脚再向上缩;他肥胖的身子向左微倾,显出努力的样子,这时我看见他的背影,我的泪很快地流下来了。】

师:在这两段文字中,朱自清先生用了哪些动词描写父亲的动作行为?

生:"走""探""穿""爬""攀""缩""倾"。

师:第一自然段是对哪个行为动作的分解?

生:越过铁道。

师:那第二自然段又是对哪个动作的分解?

生:爬上月台。

师:这样的分解有怎样的效果呢?

生:作者把父亲越过铁道这个行为动作,分解放慢成了走—探两个部分,而对于爬上月台这个看似简单平常的动作又细致分解成了攀—缩—倾三步,让我们看到了一个家道中落、行动不便却深爱儿子的老父亲形象,使这个简单平常甚至很容易被忽视的动作,具有了如此强大的感人力量。

2.技法操作

师:那让我们再次聚焦老父亲在餐桌上习惯性动作,试着对其进行分解放慢,凸显老父亲对儿子深沉的爱。

【投影展示,文段第二改。老父亲伸手拿饺子、装饺子,聚焦老父亲"打包"饺子的动作,分解放慢。】

【学生写作,播放轻音乐】

师:我已经迫不及待地想读到你们的文字了。

【投影展示,学生习作】

生1:修改后:老父亲伸出一只手一寸一寸地探向盘子,微合着三根手指,捏起盘中的一个饺子,小心翼翼地缩回来,又用另一只手拨开上衣口袋,将饺子轻轻地放进去。

修改前:只见老父亲缓慢地将手探向饺子,捏起盘中的一个饺子,小心翼翼地放进了上衣口袋。

生1:我最初只描写了探—捏—放三个动作,按照老师的提示,我又将整个动作做了更细致地一个分解,将拿起饺子的动作分解成了合—捏,放饺子的动作放慢为缩—拨—放,我觉得这样一分解,老父亲年迈的形象,珍视饺子就像珍爱儿子一样的形象一下就鲜活了。

(全场掌声)

师:是啊,我也觉得像特写镜头一样,让我们如临其境,如见其人呢!

【投影展示,学生习作】

生2:修改后:只见他身子微微向左倾着,艰难地抬起手臂,一点一点地探向饺子,他张开手指,小心翼翼地捏起一只饺子,慢慢缩回来,又用左手的两个手指缓缓拉开口袋,将饺子放进去。

修改前:他缓慢地探出了他本就有失灵活的手,轻轻地捏起了盘子中剩下的饺子,又缓慢地将其放进了上衣的口袋。

生2:我修改的幅度比较大,将探—捏—放分解成了倾—抬—探—张—捏—缩—拉—放这一系列动作,我觉得分解后,不单单知道老父亲做了什么事,而且怎么做,为什么这样做都传达了。

师:通过他的文字,你们知道老父亲为什么这样做了吗?

众:因为他对儿子的爱。

生3:因为他的年迈,因为他行动不便。

师:就像恩格斯说过:人物的性格不仅表现在他做什么,而且表现在他怎么做。而你把怎么做呈现得如此生动传神。为你点个赞!

(四)技法三　夸张变形

1.下水文示例

师:如果说精准摹状是对人物动作精准塑形的过程,那么分解放慢则是从形准到神传的过程,而要让人物气韵生动,我们还可以强化人物动作中的某个点,综合运用多种艺术手法,如夸张、比喻等,使这个动作更加突出、立体,从而表现人物的个性神韵。

【投影展示:第三步,夸张变形】

师:今年春节,我陪外婆到开县老家。在那座因三峡工程水淹而整体搬迁的城市里,外婆的言与行,让我明白了什么叫作故土,什么叫作"根"!

(日记:)外婆轻轻走着,缓缓地行着,是怕惊扰了那悠长幽深的梦?把手浸入江中,慢慢地搅动着,搅出了日历的褶皱,却搅不动岁月的浓酽。临别时,她一寸一寸地往后退,一分一分地往后挪。这一退一挪间,似经千里,历万年。眼睛定格在江面,是想把那云盖水遮望穿?突然,外婆幽幽地一声叹息:"回不去了,真的回——不——去了!"这一声叹息,使夕阳倏然而隐,天地苍茫。

【教师朗读下水文】

【投影展示:外婆轻轻走着,缓缓地行着,是怕惊扰了那悠长幽深的梦?把手浸入江中,慢慢地搅动着,搅出了日历的褶皱,却搅不动岁月的浓酽。临别时,她一寸一寸地往后退,一分一分地往后挪。这一退一挪间,似经千里,历万年。眼睛定格在江面,是想把那云盖水遮望穿?突然,外婆幽幽地一声叹息:"回不去了,真的回——不——去了!"这一声叹息,使夕阳倏然而隐,天地苍茫。(摘自陈馨日记)】

2.技法操作

师:看似简单,实则韵味深长;看似平常,却深沉有张力。视频中老父亲打包饺子的动作也是如此,请抓住老父亲动作中最有神韵的那个点,夸张变形,写下最意气骏爽的文字。

【投影展示,文段第三改。对老父亲"打包"饺子的动作,进行适当的夸张、变形,从而表现人物的个性神韵。】

师:同学们,让我们一起分享你们最后修改后的文字吧。

【投影展示,学生习作】

生1:突然,他探出了一只手,颤颤巍巍地伸向那盘饺子,用三根手指轻轻捏起一个,缓缓地往回缩,另一只手拨开上衣口袋,将饺子慢慢地放进去,再用手满满地捂着,仿佛里面装的就是他的整个世界!

师:质朴但深沉,你笔下的老父亲感人至深。

生2:老父亲木讷地坐着,突然,他像发现了珍宝一般,艰难地抬起手臂,迟缓但执着地探向了那盘饺子,伸出三根手指,微微合拢,轻轻地捏起其中一个,缓缓地缩回来,仿佛他捏起的不是饺子,而是薄如蝉翼的一羽翅膀,滴落人间的一滴甘露,一点一点,一寸一寸,轻轻地藏进了他的衣袋。

(全场掌声)

师:细腻的文笔,让我们沉浸其中。薄如蝉翼、轻如水滴、点滴方寸间,却为我们诠释了什么是深沉而厚重的父爱。老舍先生是塑造人物的高手,今天你也让我们记住了你的精彩。

三、课堂总结

师:"文章不厌百回改,璞玉雕琢方器成",今天,我们从动作描写入手,通过精准摹状—分解放慢—夸张变形这三步,层层推进,不断雕琢文字,传达神韵,书写精神。

英国诗人蒲柏有这样一句话:"感受最深的人才会有传神的笔调。"

这,是一个写作者的信仰。

而我们,如若也能唤醒自己的内心,感知生命的鲜活,赋予文字以灵性,亦能从笔端流淌出生命的神韵!

【投影展示:感受最深的人才会有传神的笔调。——蒲柏】

【获奖课例之执教感言】

生长的力量

杜威说"教育即生长",学生与教师的成长如此,语文课堂亦是如此,让我们的课堂成为教师和学生生长的"场",培养学生的核心素养,而这正是学生最基础,最具生长性的关键素养!

唤醒种子

我们的作文教学,不应该是强加于人的绳索,而应该是一种唤醒的艺术。所谓"唤醒",就是在教学中想方设法地启悟思考,激发冲动。当视频中失智老父亲的举动打动学生的那一刻,学生写作的欲望被激发,课堂生长的种子悄然植根入土,只等春风化雨。经典熟悉的课例刺激着种子的萌发,学生在零障碍的感知中尝试着破土与抽芽。叶圣陶先生说:"要是老师自己经常动笔,就能更有效地指导和帮助学生。"敢于示范,也许应该是语文教师当有的气魄,当我将自己的下水文声情并茂地呈现于前时,生长的力量也震撼了我,他们努力向上,尽情生长,抽出的新芽翠绿而有生机。教育是一颗心对另一颗心的唤醒,而他们的苏醒,又何尝不是对我的另一种催发?

逐节拔生

一堂作文课,四次练笔,三次修改,回避泛华、粗糙的浮光掠影,回归具体而微、逐层推进的方法指导,通过精准摹状—分解放慢—夸张变形这三步层层推进,雕琢文字,传达神韵。我希翼在三步的指导中,让学生步步提升,逐节生长。不让写作起于冲动,止于启悟,而有了一步一个脚印,抽节发芽的痕迹。作文课堂的生长本就该如此,既有仰望蓝天的梦想,又有脚踏实地的厚实。学生在反复的雕琢中自我审视,又欣赏别人,写作的激情一直在路上!

情智蓝天

"感受最深的人才会有传神的笔调",这是写作者的信仰,也是我对这堂作文课至高的追求。在听说读写的训练中,遣词造句,语修罗文,不仅教给方法,启悟智慧,更是情智的萌发、倾泻与奔涌。一个词能长出情智之根,一句话能长出情智之叶,一段文字能开出情智之花。作文的教学就是情智生长的天地,她植根于工具语文的沃土,但大树的理想是蓝天。心中有情,目中有人,脑中有智,手中有法,这样的作文课堂才是未成曲调先有情,道是无情却有情;这样的课堂才是既见老师,也见学生,更见生命!

从植根破土,到心向蓝天,生长,我一直在路上!

"四环节·问题导学式魅力课堂"教学模式在化学教学中的运用

化学组　付元兴

摘　要:"四环导学魅力课堂"教学模式,体现了以学生为本,把课堂还给学生,学生是主体,教师起主导。用具体案例介绍了"四环导学魅力课堂"教学模式实施的过程与方法,结合自己的教学实践,对"四环导学魅力课堂"教学模式的实施要点进行了评析。

关键词:四环两型　高效课堂　生本

古语云"授人以鱼不如授人以渔",说的是传授给人既有知识,不如传授给人学习知识的方法。在中国,从幼儿园到小学,再到中学,乃至大学,教学模式大多都只注重对学生知识的传授,很少要求学生自主地钻研和探索。即便是课堂教学中对学生进行了提问,那也不过是教师用来检验教学效果的一种手段,按教师既定的问题走,这就禁锢了学生的思维。

去年我把头一次接触"生本教育""以生为本"的生本理念带进了我的课堂,把课堂还给学生。学生主体,教师主导,先学后教的新模式掀起了我校课堂改革的浪潮。"四环导学魅力课堂"更是我校的特色。

一、"四环导学魅力课堂"教学模式的介绍

1."情境自学——雏凤清声"环节

此环节教师首先可以抛出几个问题,让学生带着问题来自主学习。或者从生活中选取一些题材,引发学生的认知冲突,激发学生的学习热情。学生则是独立学习,独立思考,不交流,不讨论,教师则不断地巡视,查看学生的自学情况,时间一般是 5~10 分钟。

2."合作互学——群凤和鸣"环节

经历了自主学习环节之后,学生解决了一部分较简单的问题,更深层次的题目就需要小组共同解决,所以这时候组员之间可以进行"对学"。对面的两人可以展开交流和讨论,如果是不能解决的,小组可以进一步展开讨论,即所谓群学。教师呢,则不断地巡视,适时给予个别小组指导和点拨,顺便把不能解决的共性问题收集起来,以便重点讲解以求突破,时间持续 5~8 分钟。

3."展评激学——凤举鸾翔"环节

展评环节也是核心环节,这个环节主要是各小组上台进行展示,可以是一个人,也可以是几个或者小组全体。展示的时候态度要积极,语言要规范,声音要洪亮,条理要清晰,他人发言时要注意倾听,做好记录。补充、质疑要等他人表达完毕后,不随意打断他人的发言。展示的要进行加分,质疑和补充的加双倍的分,教师则适时地现身给予点拨,时间一般是 15~20 分钟。

4."提升领学——凤翔九天"环节

此环节可以是教师进行本课所学知识小结,便于形成知识体系,也可以学以致用,做练习题和解决生活问题。

当然,四个环节也不是一成不变的,可以相互穿插,灵活运用,同时,也不是说一节课都要用到四个环节,从而也就产生了两种课型,即一二环节合起来的自学互学课型,三四环节合起来的展评提升课型。

二、"四环导学魅力课堂"教学模式的案例介绍与评析

以高中化学必修二第二章第二节"化学能与电能(第一课时)"为例,摘录了一位教师用"四环导学魅力课堂"教学模式进行课堂教学的过程。

1."情境自学"环节

[片段一]教师展示一张圣诞电子贺卡,让学生听。

[师]呃,怎么没有声音呢?

[生]没电。

[师]哎呀,这电池没电拉!

[PPT展示]给出了一张对音乐贺卡的诊断书。

[师]不过,不用着急啊!老师有一个好办法。

边介绍边拿出了一个橘子、连有导线的碳棒和连有导线的铁钉。

[师]现在把碳棒和铁钉插入到橘子里面,然后来连接一下这张电子贺卡,大家闭上眼睛,仔细地听,看看能感受到什么。

……一阵美妙的音乐声……

[师]听到没?

[生]听到了(齐声回答)。

[师]为什么这个橘子它可以发电呢?

[师]这就是今天这节课我们要学习的内容。

[板书]第二章第二节"化学能与电能"。

[师]好了,首先呢,我们先通过一些实验来向大家展示一下原电池的工作原理,请大家仔细地观察。

[录像]铜片和锌片用导线连接,伸入稀硫酸中。

[师]好了,这个视频就看到这里,它没有电流表,这里我连通电流表,把铜片和锌片都插入稀硫酸中,大家仔细地看。

[师]再拿出来,插进去……(反复演示了几次)。看到了什么?

[生]指针偏转了。

[师]说明……?

[生]产生了电流。

[师]好,现在请同学们根据你所观察到的,完成导学案上的两个实验题,一会儿我们请小组的同学来前面给大家展示。

学生自主学习,自主完成,老师不断地巡视,适时对某些小组给以点拨。

2.“合作互学”阶段

[片段二]

[师]那同学们思考一下,为什么我们只是在刚才实验一这个图和实验二这个图中间连了一根导线,加了一个电流表而已,现象就有如此大的不同呢?

[师]请同学们先独立思考,完成思考探究二上面的四个问题,给大家4~5分钟的时间。

学生都安静地自主学习,老师不断地巡视。

[师]好了,那么现在小组成员间相互帮助,把刚才你独立思考没有解决掉的问题跟小组一起来探讨,讨论完成以后,每个小组推选一位代表上前面来给大家展示。

[生]积极地交流讨论,教室一阵热闹……

[师]不断地巡视,适时地给予个别小组适当的点拨。

[片段三]探究活动:构成原电池的条件?

[师]我相信大家现在对桌上的实验器材跃跃欲试,知道了原电池怎么工作的,下面我们来探究一下它的构成要素,利用桌上仅有的实验器材,完成实验。

表1　分组对比实验

小　组	实验器材	现　象	结　论
第一组	铁钉、铜片、电流表、导线、稀硫酸		
第二组	锌片、碳棒、电流表、导线、稀硫酸		
第三组	锌片(两)、电流表、导线、稀硫酸		
第四组	锌片、铜片、电流表、导线、蔗糖溶液		
第五组	锌片、铜片、电流表、导线、酒精		
第六组	电流表、导线、稀硫酸、铜片和锌片(分插两烧杯)		
第七组	铜片、碳棒、电流表、导线、稀硫酸		

[生]各小组开始动手操作,组装实验。

每个小组提供的材料不一样,探究不同条件下构成原电池的条件(对比实验)。

3."展评激学"阶段

[片段四]

[师]好了,我们就先讨论到这里,第一个问题,哪一个小组愿意来跟大家分享一下?

一个学生举手示意,走上讲台开始展示。

[生]展示,……电子由导线进入了铜片。

[师]这个地方,同学们有没有对他质疑的,这是否说明铜把电子给了氢离子? 大家同意他的看法吗?

[生]不同意。

[师]谁来补充一下? 铜能失电子吗?

[生]不能。

[师]因为铜……所以不能。

[师生]跟稀硫酸反应。

[师]好,继续!

[生]继续展示……别的同学不断地质疑。

[师]两位同学都请坐,都非常地好,第一位同学讲得很好,给他加一分,第二位同学质疑了,而且提出了自己正确的观点,我们给他加两分。

[师]哪一个小组?

[生]七组。

[师]两位同学表现得非常地棒,七组的现在领先了,其他的小组要抓紧后面的机会。

[问题二]

[问题三]

……

4."提升领学"阶段

[师]好了,这节课我们的主要内容就讲到这里,实际上,这节课我们总共学习了几个内容?

[师生]三个:一是原电池的概念;二是原电池的工作原理;三是原电池的构成条件(PPT对应地显示出来)。

[师]那么现在回到我们刚开始的问题,这个橘子为什么能发电呢? 现在能不能解释了? 哪一位同学来回答一下?

[生]橘子能导电,形成了原电池。

[师]很好,橘子里面有果酸,实际上就是有了电解质,插入铁钉和碳棒,用导线连起来,就形成了什么?

[师生]闭合回路,也就构成了原电池,当然也就能使卡片发声了。

[师]好。化学来自于生活,用于生活,那同学们能不能利用今天所学的知识来解释

一个医学上的问题呢?

　　[PPT展示]格林太太头疼的问题(学以致用)。

　　[师]想一想,可以讨论一下,你能不能帮她找出问题所在?

　　[生]两颗假牙正好构成两个电极,当吃水果的时候就有果酸,于是形成了原电池。

　　[师]这位同学的解释非常到位,好了,这就是我们这堂课的内容。

　　此时,音乐响起,“梦想就在前方……”

　　[PPT展示]学习的道路上不要轻言放弃,希望就在前方(共勉)。

　　谢谢各位同学配合,谢谢各位老师指教!

三、“四环导学魅力课堂”教学模式的实施要点

　　1.教师要学会放手,角色由主讲转变为主导

　　“四环导学魅力课堂”旨在把课堂还给学生,让学生自己来讲,先学后讲,教师适时地现身给予指导和点拨,学生自己能够看懂的坚决不讲,一般性的问题可以小组互帮,交流讨论解决,教师要讲的是学生不能解决的共性问题,重锤敲击,最后攻克。所以教师一定要转变角色,一定要少讲,但是并不代表教师的地位就削弱了,相反,变得更加重要,教师要及时地现身,适时地引导和点拨,帮助个别的小组,对展示的同学和小组进行评价和补充。同时要时刻掌控课堂的局面,该活则活,该静则静,太活跃了,可以适当地压一压;太闷了,可以适当地活跃一下,这就要求教师拿捏好分寸,这样的课堂才是最理想、最有生命力的课堂。

　　2.设计的问题要有梯度,以满足不同层次的学生

　　在设计问题时要考虑各个层次的学生,太简单了,没有探究和讨论的价值;太难了,学生会失去兴趣,最好的就是“跳一跳,够得着的那种”。或者分层次,简单、适中和困难都有涉及,以满足不同层次学生的要求,让后进生“吃得着”“吃得了”,优等生“吃得好”“吃得饱”,这样才能调动学生的积极性和激发他们内在的求知欲。

　　3.教师要提前认真备好课,且具有深厚的学科知识

　　备好课是教师上课前所必需的,同时也不能简单备课,还要备学生。假想你就是他们中的一员,换做是你,你会怎么问? 怎么思考的? 思维的程度有多深多广? 这些都是教师课前要去想的。另外,教师要有深厚的学科知识,这个是毋庸置疑的,只有做好了这两点,在课堂上你才会游刃有余,课堂是学生的,也在你的掌控之中,教学效果才会达到最佳。

　　最后,想谈谈我的一些体会:从实施“四环节·问题导学式魅力课堂”以来,学生确实有了很大的改变,特别是后进生,也积极地参与到课堂中来,主动发言、讨论,课堂较以前更有生命力,学生在轻松的环境下学习,教师在愉悦的氛围中教书育人,这也正是我们想看到的,把课堂还给学生,打造有魅力的课堂,追求有良知的教育……

本文参考文献

[1] 唐宗培.金属电化学腐蚀的实验探究[J].化学教育,2004(8):50-51.
[2] 王后雄.高中化学新课程教学案例研究[M].北京:高等教育出版社,2008.
[3] 冯长宏."轻负高效"敢问路在何方[J].中小学教师培训,2007(9):60-62.
[4] 孙菊如,等.课堂教学艺术[M].北京:北京大学出版社,2006.
[5] 徐世贵.新课程实施难点与教学策略[M].北京:开明出版社,2003.

"问题导学"引领信息技术课堂

信息技术组　苟建军

摘　要:新一轮高中新课程教学改革如火如荼,在我校深入推进的"'四环两型'问题导学式高效魅力课堂"(以下简称"'四环导学'魅力课堂")教学改革中,"问题导学"可谓独具特色,呈现出精彩的课堂魅力。本文以信息技术学科为例,阐述"问题导学"在课堂中的全程引领作用。

关键词:问题导学　引领　课堂

一、"问题导学"的由来

2010年盛夏,中国第八次高中新课程改革之风吹临山城重庆。我校龚雄飞校长亲临教学一线,历经数月考察、调研,首创"'四环导学'魅力课堂"教学模式,在这一模式中,明确提出了"先学后教,学生主教;先练后讲,学生主讲"的指导思想和操作程序,直击传统教育理念,打破陈规陋俗,充分体现了学生在教学活动过程中的主体性。那么,学生从何学起呢? ——问题,即导学问题的设计。一个好的导学方案、导学问题,能贯穿始终,引领学生循序渐进,继而顺利开展教学实践,达成学习目标,起到事半功倍的效果。

在此,笔者把这一过程中导学问题的设置及其牵引功能称为"问题导学"。

二、"问题导学"的渐进曲线示意图

在下图中,我们可以看到,学生问题的出发点并不是零。华南师范大学郭思乐教授生本教育理论提出:"人的智慧的发展延续着亿万年生命发展的过程,人的起点非零。教育应该在此基础上进行,充分尊重和依循生命的本质,教育才可能是'人的教育'"。我们正是以此为基点,设置相应的、有层次的导学问题 Q,让学生随着时间 T 的推进,从思考、讨论、探索中获得进步。从而进阶高一级问题,再思考、讨论、探索,获得进步,继续进阶更深层次的问题。由此周而复始,在阶梯式问题导学指引下,最终获得学习的进步。更为重要的是,在这样的过程中,教师从"拉动学生的纤夫"转变为"生命的牧者"(郭思乐语),学生也从"被动的学习者"变成"生命的主人"。

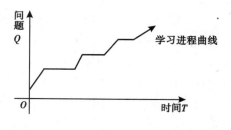

三、"问题导学"的课堂实践

以下是高 2014 级粤教版《信息与信息技术(必修)》第一章第一节教学实例:

同学们好,非常高兴能和大家共同度过愉快的一学年! 作为信息技术老师,我希望给你们带来的是快乐与幸福! 现在,我们一起来看几个简单的问题,请大家看投影! (展现问题):

1.请您谈一谈以前学习"计算机课"的收获。

2.您知道"计算机课"和"信息技术"有什么区别吗? 如果不清楚,您想知道吗?

3.您知道我们信息技术课要学习哪些内容吗?

问题一抛出,学生们立刻热烈讨论起来。在 1 分钟左右的简单准备之后,我开始提醒学生,"现在,请同学们积极、主动举手回答老师的问题!"

一开始,没有学生举手,大家相互看看,个别同学欲言又止。

我继续开导:"大家都勇敢一点,大胆说出你的想法,来,看看谁能做第一个'信息技术勇士'!"

终于,我看见一名同学缓缓地、怯怯地、矮矮地举起了右手,是一名女生!

"好! 这位同学,请你说一说,你对老师提出的问题有什么看法! 我们大家先给她鼓鼓掌!"教室里顿时响起了热烈的掌声,真诚而给力。

这名女生开始慢慢道来,"我认为……",最后,我给这位开山派的同学加了 2 分,以鼓励她为全班所作的积极表率!

有了第一位学生的带动,接着,第二位、第三位、第四位同学勇敢地、大胆地站起来,说出了自己对问题的看法,都得到了大家的激励。

对于第一个问题,学生的回答几乎一致:不记得了! 我明确告诉学生"你们是没有问题的",借此拉近了师生距离,取得同学们信任。

对于第二个问题,部分学生能够说出一点点区别,但无法掌握问题的本质。"如果不清楚,您想知道吗?"从而激起学生的好奇心、好胜心。

对于第三个问题,学生们一脸疑惑:信息技术课其实就是以前计算机课的"昵称",难道还能搞出什么花样来不成?

此时,教师在黑板上书写课题:信息与信息技术。

继续追问:同学们,你们认为什么是信息?——学生阅读教材、思考问题,不讨论(情境自学——雏凤清声,锻炼学生独立思考能力)。

(过程描述:这一阶段,学生看书、独立思考;教师巡视课堂,检视学生有无看书,对开小差的学生和蔼地、小声地警示,对进行讨论的学生也进行必要的、适度的告诫。)

5分钟后,教师提醒学生,自学过程暂停,开始回答问题。学生们积极、主动、踊跃举手回答问题,其余学生认真听、仔细想,做好补充的准备。

有了第一阶段的示范,学生们从不够积极,变得开始主动了。

最后,有3名学生给出了自己的答案,教师分别予以加分鼓励。第一位学生认为"相对接受者来说,收到的新的东西就是信息";第二位学生回答"能消除不确定性的就是信息,比如说,我买彩票中奖了,这就是一个信息";第三位同学说"不是物质,也不是能量,是第三类资源"。

教师明确表态,"刚才三位同学回答得非常不错。大家已经看到了,在我们课堂上,老师是不会随意批评某个同学是否错误的,只要你积极思考了,积极回答了,你就是好样的! 你就是最棒的! 你就有希望成为明日之星!"

一位学生站起来问"老师,这么多答案,究竟哪一个是对的呢?"

教师说:"这位同学问得好! 加1分!"

教师接着说:"我们已经看到了,关于信息的描述很多,说明简单的一句话是比较难阐述的,如果能抓住信息的基本特征,那是不是就能更好描述了呢?"

"下面,请大家一起来看看,信息有些什么样的基本特征呢?"

(过程描述同上)

5分钟后,教师继续提问,"谁来举例说明信息的基本特征?"这一下,举手的学生开始多了,大家争先恐后地举例回答。

一位学生说:"我们坐在家里就能看到北京奥运会实况转播,说明信息具有传递性。"

一位学生说:"我们每个同学,在各自的家里,同一时间都能看到西班牙足球甲级联赛,这说明信息具有共享性。"

一位学生说:"我们大家看了同一个节目,比如《非诚勿扰》,对于同一个主持人、同一期节目、同一个嘉宾,大家的看法会不同,说明信息具有可处理性。"

一位学生说:"比如,报纸报道,今天股市猛涨,这个消息对正在炒股的爸爸来说,就很有用,对不太懂股票的我来讲,基本上没有什么用,这说明信息具有价值相对性。"

一位学生说:"我上个月收到一条短信,大意是说那个周末沙坪坝新世纪百货黄金每克省60元,我当时忘了告诉妈妈,结果,这个周末我妈妈想去买黄金首饰,又没有搞活动了,我想这说明信息具有时效性。"

一位学生说:"我经常收到手机短信,说我中了什么大奖,有的说我中了高级轿车,有的说我中了几十万的现金,让我先把10%的中奖税邮寄过去,一看就是骗人的把戏,这说明信息具有真伪性。"

还有几位同学也说出了自己的具体案例来证明信息的基本特征。教师对这些学生分别进行了加分激励。

通过一个个实例, 让学生们了解到信息的基本特征, 也就解决了信息的定义问题, 同时, 也学会了描述问题的多种方法。

完成了对信息含义的理解, 教师接着追问: "现在, 请大家思考: 什么是信息技术?"

(过程描述同上)

3 分钟后, 教师提示开始回答问题。此时, 一名学生主动站起来回答: "利用信息的技术就是信息技术"。

教师评价: "还有什么比这更好的回答呢, 简洁明了, 一语中的!"教室里立刻响起激励的掌声。

接下来, 教师请学生回顾本堂课, 总结自己学到的内容。学生们基本上都能描述本课知识点: 信息的基本含义; 信息的基本特征; 信息技术的含义。

四、"问题导学"的功效反思

长期以来, 我们努力探索, 希望找到一种好的方式, 能有效解决理论与实践结合这一问题。经过一年多的教学改革探索, 从"'四环导学'魅力课堂"中我们似乎找到了答案——"问题导学"。

《普通高中信息技术课程标准》明确提出: 提高学生信息素养, 培养信息时代的合格公民。高中信息技术核心素养之一, 就是培养学生的信息意识, 即让学生能够根据解决问题的需要, 自觉、主动地寻求恰当的方式获取与处理信息; 在合作解决问题的过程中, 能与团队成员共享信息, 实现信息的最大价值。我们看到, 在"问题导学"式"魅力课堂"实例中, 学生正是沿着一个个问题的指引, 积极思考, 主动探索, 层层推进, 通过与同伴的合作, 最终掌握了信息的特征, 顺利完成了课程的学习。在这一过程中, 学生信息意识得到提升。

(一)以"问题导学"激情激趣——激发学生积极思考

每一堂课精心设计、巧妙构思, 让学生从无趣变为有趣, 激发学生真正对信息技术的热爱。

回顾前面案例中的第一次设问:

1.请您谈一谈以前学习"计算机课"的收获。

2.您知道"计算机课"和"信息技术"有什么区别吗? 如果不清楚, 您想知道吗?

3.您知道我们信息技术课要学习哪些内容吗?

第一个问题, 是为了让学生温习已学知识; 第二个问题, 是为了启发学生调动知识储备、激发学生思维去探究问题, 且刺激学生对未知领域的求知欲; 第三个问题, 既是对第二个问题的延伸, 更是为了进一步强化学生求知欲, 以利于教学活动的开展。

问题不在多, 更不在难, 能激发学生情趣、调动学生思维的就是好问题!

（二）以"问题导学"引领前行——引领学生学会思考

经过了第一阶段的激学，学生的情绪高涨了，精神头上来了，兴奋了，学习状态也就好了，自然就能集中思想和精力了。

继续追问："同学们，你们认为什么是信息?"——学生阅读教材、思考问题，不讨论（情境自学——雏凤清声，锻炼学生独立思考能力）。

这一问题，看似简单，实际颇费思量。学生习惯了回答定式的问题，以为所有问题的答案都是固定的，更认为教材中应该有详细的说明。结果，完全出乎预料。首先是教材上根本没有确定的、唯一的答案，而是不同的人从不同的角度给出的参考。这就自然会引发学生的思考，怎么会出现这样的问题呢? 该怎样来回答这样的问题呢? 结论只有一个——自己想办法解决，综合自己已学知识、所见所闻以及教材资源进行思考、归纳、提炼，形成自己个性特征的结论。无疑，这是对学生扩散性思维的训练，也是对学生提炼知识、整合信息等能力的考验。

在此提升过程中，学生很可能会出现各种失误甚至错误。此时，激励最为重要。要明确地、正面地提出表扬，教师也可在关键时刻适当地予以提示，对意识到位但表述欠缺的予以补充，并以加分等形式给以表彰，让学生树立敢想、敢思、敢说的作风，让学生确立"有问题就思考，有想法就表达，说了不怕错，错了知道改"的习惯，让学生明确，只有放开手脚、放下包袱，才能在未来的学习之路上一往无前，学有所获。

（三）以"问题导学" 提升领学——引领学生善于思考

在学生对信息的概念模模糊糊、似是而非的情况下，老师进一步提出导向性问题，自然引出本课题的重点内容——信息的基本特征。如果学生抓住了信息的基本特征，其他的问题就迎刃而解。

在问题引领下，学生会自然地查看教材中的描述，并总结出自己生活中的实际案例，从而，将理论与实践自然地联系起来。

完成了对信息特征的理解，接着追问："你认为什么是信息技术?"

经过前面的学习，同学们开始习惯思考了。故而，学生能回答出"利用信息的技术就是信息技术"。非常自然，非常朴实，自信而确定。

至此，学生就已经顺利地完成了课程的内容。整个过程轻松、愉悦。

（四）以"问题导学"贯穿始终——引领学生习惯思考

教学活动的目的是发现问题、探究问题直至解决问题。那么，"谁"去发现、去探究、去解决问题呢? 其主体自然是学生。所以，我们希望，一切问题从学生中来，最终回归到学生中去。

生成问题的是学生。但是，学生很难用准确的语言来表达自己提出的问题，这就需要教师的引领。针对在教师引领下学生所生成的基本问题，通过探究、讨论、交流，解决其中的一部分。同时，在这一过程中，又会生成新的问题，再经过探究、讨论、交流，又解决一部分，然后，再生成新的问题……这样循环往复，不断发现问题、探究问题、解决问题、生成新问题，再探究新问题、解决新问题、生成更新的问题，培养学生发现、探究、交流、讨论、解决问题的思维习惯，最终轻松地、顺利地达成教学目标。

由此可见，"问题导学"贯穿于教学活动的整个过程。

五、"问题导学"总述

问题导学，不是一般意义上的师生之间的一问一答，而是循序渐进的、阶梯式的、呈螺旋上升态的学习模式。循序渐进，从吸引学生入手，让学生从不感兴趣，到慢慢上路，再到稳步上路，逐渐被问题吸引；从不愿意思考，到习惯思考，再到积极主动思考；从简单问题，到深层问题；从个别现象，到归纳普遍问题。这些，都是循序渐进的体现，都是从问题牵引而来。问题，是迷茫中的线索，是无序中的线头，是黑暗中的启明星，更是蹒跚学步的孩子眼中大人的一个小指头，不是遥不可及，却总是需要往前一步，才能够得着！阶梯式，是人最习惯的模式，路途远，远到十万八千里的西天取真经，依然是一步步前行，路途高，高到九千九百九十步的泰山之巅，依然得一脚脚登攀。我们不能一蹴而就，也无须望洋兴叹，我们可以且走且行，我们也可以前眺高处、回望来路。我们可以回旋于上下之间，可以舞步于阶梯，可以休憩于阶梯，可以往复于阶梯，乐在其中，学在其中。最后，这是一种呈上升的模式，无论如何，我们总的趋势是在上升的，这是"问题导学"模式最终的落脚点，是我们希望看到的，也是我们最终可以达到的。

由此，我们可以肯定，"问题导学"是有效的！

因为，学生的积极性得到了很大提高。以前，在以教师讲授为主的模式下，学生没有兴趣，时常借故作业做不完，宁愿闷在教室做作业，也不愿意到机房；现在，只要是信息技术课，学生飞一样就到计算机房了，那种急切的心情，完全溢于言表。

由此，我们可以肯定，"问题导学"是高效的！

学生由被动学习者，变成学习的主人，积极参与其间，效率自然提高了！我们有一大批学生来自区县，在初中阶段，为了片面追求升学，个别学校，基本就没有让学生见过计算机。但是，到了我们这里，在问题导学的指引下，他们迅速跟了上来，并顺利摆脱了不自信的阴影，学习非常有劲。在乐中学，在学中乐，很快就掌握了基本要领，从而融入我们这个大家庭。

由此，我们可以肯定，"问题导学"是有魅力的！

学生的兴趣被真正激发出来了，干什么都有劲了，不再扭着老师开网络，不再偷偷摸摸打游戏，不再兴趣索然去聊天。就是真的开放网络，开放游戏，开放聊天室，他们也会习惯地思考问题、讨论问题、解决问题。因为，他们在"问题导学"中找到了前进的方向，找到了快乐，找到了天堂，这就是"问题导学"的魅力！

本文参考文献

［1］郭思乐.教育走向生本［M］.北京：人民教育出版社，2001.
［2］郭思乐.谛听教育的春天——郭思乐生本教育思想随笔［M］.合肥：安徽教育出版社，2008.

对"正切函数的图像和性质"的教学思考

数学组　何　娅

随着国际课程改革的兴起,教育部于 2014 年 3 月 30 日正式印发《教育部关于全面深化课程改革,落实立德树人根本任务的意见》,该文件正式将培养学生的核心素养作为教育的根本目标,提出中国学生在数学学习中应培养好数学抽象、逻辑推理、数学建模、数学运算、直观想象、数据分析六大核心素养.转眼之间,学校"四环导学魅力课堂"改革已经实施了近五年,在实施改革的过程中,我们更要以提升学生的数学科学素养为宗旨,为满足学生的需求、拓展学生的视野,更好地提升学生的数学科学素养.问题是"四环导学魅力课堂"的四个教学环节情境自学、合作互学、展评激学、提升领学的核心,在"魅力课堂"中,我们通过创设特定的问题情境,将知识目标化、目标问题化、问题思维化、思维层次化,让问题成为学生强大的"引擎",引导学生在解决学习问题中,主动获取和运用知识,发展其学习的主动性和自主学习能力."问题导学"以优质的问题作为导学的纽带,引导学生自主参与,主动获取知识,是构建凤中数学魅力课堂的重要策略.

近期,沙坪区高中数学"学本式卓越课堂"展评课如火如荼地在我校展开,我校青年教师薛靖以一堂"正切函数的图像和性质"参赛.本节课是学生学习正弦、余弦函数图像与性质后,又一具体的三角函数,它前承正、余弦函数,后启第五章直线的斜率问题,研究正切函数的图像和性质的过程不仅是正、余弦曲线研讨方法的再现,更是一种提升,更为后续的学习奠定了基石.

本文以指导"正切函数的图像和性质"教学设计的前后为对比,谈一谈在"四环导学魅力课堂"中对"问题导学"的思考.

案例（一）

【原始设计】问题1：①$\tan(x+\pi)=$？　②$\tan(-x)=$？　③$\tan x$ 的定义域是什么？

【改进设计】

问题1：你能结合所学的正切函数知识,类比正、余弦函数的性质,找出正切函数所具备的一些性质吗？

【教学反思】原始设计过于忠实教材,显得照本宣科,因循守旧.在课堂上未能激起学生探索、求知的欲望,更没能在课堂上组织起有效的小组讨论和交流.改进后的设计则大胆打破常规,调整课本顺序,为学生大胆提出问题、解决问题构建了一个探索、实践的平台.问题提出后学生经过分组讨论,自己提出问题:正切函数的定义域、奇偶性、周期性、值域、对称性、单调性是怎样的? 为什么会有这样的性质? 他们整合加工所学知识,结果发现定义域、奇偶性、周期性经过自己论证后轻易可得,值域、对称性、单调性等问题有待解决.改进后的设计激发了学生的探索函数图像的好奇心和热情,很快掀起了本节课的第一轮高潮.

爱因斯坦说过:"提出一个问题,往往比解决一个问题更重要,因为解决问题也许仅仅是一个数学上或实验上的技能而已,而提出新的问题、新的可能性,从新的角度去看旧的问题,却需要有创造力和想象力."在问题设置的过程中,我们应尽量考虑让问题富有一定启发性,让学生通过主动的探索、发现和体验,逐渐学会独立分析和思考,有效提升发现问题、提出问题、解决问题的能力.

波利亚说过,学习任何知识的最佳途径是由自己去发现,因为这种发现理解最深,也最容易理解其中的内在规律、性质和联系.在教学中,我们要十分重视学生发现问题和提出问题能力的培养,要尽可能地给学生提供发现和提出问题的机会,鼓励学生说出自己的想法,通过"问题导学"做好学习新知的准备和思维方法的铺垫,找准学习的"最近发展区",给学生提供充分的感知素材,引发学生的认知冲突,提出讨论的问题,提高学生的问题意识,促进学生数学素养的提升.

案例(二)

【原始设计】

问题2:请利用正切线画出 $y = \tan x, x \in \left(-\dfrac{\pi}{2}, \dfrac{\pi}{2}\right)$ 的图像:

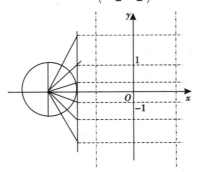

问题3:根据诱导公式 $\tan(x+\pi) = \tan x$,请在下图中把上述图像向左、右扩展,得到正切函数 $y = \tan x, x \in \mathbf{R}$ 且 $x \neq \dfrac{\pi}{2} + k\pi (k \in \mathbf{Z})$ 的图像,称"正切曲线".

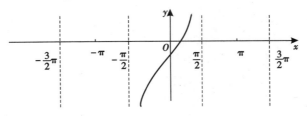

【改进设计】

问题4:你能利用以前学过的知识作出$y = \tan x$的图像吗?

【教学反思】

原始设计仅仅是课本知识的重复和罗列,并未教会学生如何思考问题、解决问题.在改进后的设计下,学生需要自己思考、分析,提出问题:作正弦、余弦函数图像都学了哪些方法? 如何用这些方法类比得出正切函数的图像? 经小组讨论、交流后,有的小组同学类比正弦、余弦函数图像的五点作图法作图,有的小组同学类比正弦函数图像的做法——单位圆的正切线作图,有的小组同学作出了正切函数在$x \in \left(-\dfrac{\pi}{2}, \dfrac{\pi}{2} \right)$的图像,还有其他小组用平移作出了其他部分的图像······在教师精心设计、指导下,课堂呈现出百花齐放的效果.

心理学家布鲁姆说过"教会学生独立思考,我们就给了他们自我教育的能力,要使学生敢于在课堂上阐述自己的观点,我们不能要求学生放弃一切活跃的思考盲目地相信某种结论."在教学中,对于要解决的问题,我们应设法不直接讲述给学生,而是先把前提条件交代给学生,然后提出疑问,由学生自己开动脑筋,经过思考,追根问底,最后得出结论.

苏霍姆林斯基曾说:"在人的心灵深处,都有一个根深蒂固的需要,那就是希望感到自己是一个发现者、研究者和探索者."由此可见,教师在课堂上应注意唤醒学生的问题意识,引导学生敢于挑战或否定权威的信心和勇气,培养学生有强烈的好奇心和探索精神,鼓励学生有不同于别人、不同于常规的做法和想法等,同时通过积极的课堂评价让学生乐于提问、敢于提问、善于提问,促进学生数学素养的提升.

案例(三)

【原始设计】

问题5:观察图像,得出正切函数的性质,填下表:

	定义域	周期性	奇偶性	单调性	值域
$y = \tan x$					

【改进设计】

观察图像,你能进一步研究正切函数的其他性质吗?

【教学反思】

原始设计对于基础知识点显得面面俱到、平均用力.改进设计后,因问题设置更有针对性,函数的基本性质仅仅在交流时得以回顾,而对于有点难度或难以理解的知识点,如正切函数的不连续性、对称性,则集中引导学生分析、讨论,有效突破难点.

英国科学家波普尔说"科学知识的增长永远始于问题,终于问题——越来越深化的问题."我们上课前一定要对问题的设置进行周密策划和统筹考虑,要对教学内容了然于心,并对学生情况进行充分了解.不仅要对教学的整体布局反复思考,而且对每一个具体环节也要反复斟酌.要针对学生的实际情况设计问题,对学生学习中可能遇到的困难,可能做出的反应,要有充分的估计,并事先设计好应对策略,这样整堂课才会显得张弛有度,重难点突出.

学生数学素养的形成是一个长期的、不断体验的、慢慢积淀的过程.我们教师在做教学设计时,应更多地关注如何挖掘数学知识本身的内涵,设计富有逻辑性的数学活动引领学生层层深入;在课堂教学中,应给学生提供足够的思维时间和空间,让学生自主建构数学知识或解决数学问题;在这个过程中,形成问题意识,学会数学思维,领悟数学精神,体验数学价值,只有将数学素养的形成真正落实到课堂教学并有效地融入学生的学习过程中,持之以恒,学生的数学素养才能真正得到培养和提升.

拨云见日　陌上花开
——"友谊相伴"课堂教学实录

政治组　苏小燕

2015年七年级下册的思想品德新增了"友谊相伴"这一课,其目的是想突出青春期友谊对于青春期孩子的重要性,引导学生们正确把握交友原则,找到珍贵的友谊,使友谊成为自己人生路途上的正能量,也有利于培养同学们的核心素养,例如身心健康、诚信友善以及人文情怀。

根据我校"四环节·问题导学魅力课堂"的教学理念和模式,我针对"友谊相伴"做了下面的教学设计和实践。

一、导学部分　视频图文导兴趣

激趣导入:播放一分钟的视频和文字资料,内容是关于孤独的。

视频和文字资料的主要内容是阐述在各个年龄段的人群都不同程度的存在孤独,随着年龄的增长孤独感增强。文化水平低的地区和人群孤独感更加明显,孤独给人们的健康带来很大的伤害,明显地影响着人们的健康状态。

看完之后,学生们唏嘘不已、议论纷纷。孤独的普遍性以及孤独的可怕性、危害性,真的震撼到了学生们。

这段视频、文字资料是想在视觉上、心理上对学生们进行冲击,从而知道:建立友谊是摆脱孤独、健康幸福、发展快乐的好办法之一,也是建立良好人际关系,对他人可以进行人文关怀的一种途径。

我立即展开了对学生们的全面调查,结果显示:一般情况下,每个班级有四分之三的学生是独生子女,孤独感是普遍存在的。为此,我进一步调查了学生们摆脱孤独的好办法。学生们七嘴八舌了:有的说是找亲人、朋友、父母聊天;有的说是去运动、散步、旅游;有的说是看书、学习、做作业;有的说是玩计算机、打游戏、网上聊天;等等。于是,我借用名人名言:西塞图说,世界上没有比友谊更美好、更令人愉快的东西了;没有友谊,世界仿佛失去了太阳。

于是,顺利地点出主题:没有真挚朋友的人,是真正孤独的人! 我们要寻找朋友、建立友谊,让友谊作为人生的财富伴随我们一生。

二、自学与互学　　文本学习与交流

文本学习:请同学们带着问题进入文本——"学海导航"部分的阅读。

我给学生们呈现了以下四个问题:

1.友谊的伟大意义是什么?

2.青春的友谊有什么特点?

3.选择朋友的恰当标准和原则是什么?

4.朋友之间应该如何相处?

学会学习是中学生的核心素养之一,所以学习新知、学习文本是学生进行人文积淀的方式之一。以上问题是根据课本提出的几个比较简单的问题,是关于交友和建立友谊的基本态度和常识,是作为青少年交友的必备知识。

所以,我个人认为七年级的学生在思想品德课的学习中,也有必要建立相应的知识结构,了解关于心理学的一些知识。

学生们阅读完之后,在小组内进行交流,看自己对于问题阅读、思考的结果和别人有什么不同,再请一位学生在全班进行一个交流展示。于是关于文本的阅读和知识的了解就告一个段落。这其中,如果有疑问的地方,可以提出来,师生共同解决。自学与互学环节告一段落。

三、展学与领学(一)　　"朋友名称" PK 赛

"朋友名称"PK 赛:看谁知道得多。

活动要求:全班任意挑选两个小组进行 PK 赛,两个小组发言代表依次轮流说出关于"朋友"类型,例如网友、笔友等,不重复。多番 PK,词穷者即输,另一位即赢,两个小组相应得到 1 分、3 分的加分奖励;本小组的成员可以小声地提供帮助;其他小组安静观看。

该活动的目的是增加学生们对"朋友"的认识,朋友是广泛地存在于我们生活的各个场景、人生各个阶段、各个人群中的。"四海之内皆兄弟","海内存知己,天涯若比邻"。鼓励学生们找到人生各个不同阶段的更多的朋友。

活动进行得很激烈、很热闹、很开心。学生们找到了很多朋友,如室友、队友等与学生们生活很近的;找到了战友、茶友、驴友等离生活较远的;找到了密友、挚友、难友等比较抽象的;找到了 Q 友、聊友等比较时尚的。在小组学生的协助下,学生们的表现,大放异彩,超出我的想象。我趁热打铁,又给学生们用 PPT 展示了我国自古以来对于朋友、对于交友的各种美称。

1.忘年交——打破年龄、辈分的差异而结为好朋友。

2.忘形交——不拘形迹的缺欠或丑陋,结成不分你我的朋友。

3.君子交——指道义之交,即在道义上互相支持的朋友。

4.莫逆交——指彼此心意相通,无所违逆的朋友。

5.刎颈交——指友谊深挚,可以同生死、共患难的朋友。

6.贫贱交——贫困潦倒时结交的朋友。

7.至　交——友谊最深,不猜不疑的朋友。

8.世　交——又称世谊、世好。指两家世代交情。

9.故　交——历称故旧、旧交、故人。泛指有交情的老朋友。

10.一面之交——仅仅相识,但不甚了解。

总共达到了 30 多个。最后,师生一起感悟到:"只要你愿意,朋友遍天下""朋友自远方来,不亦乐乎""朋友,就在你的身边"。

四、展学与领学(二)　理想中的友谊与交友原则

随机调查活动:你理想中的友谊是怎样的? 不喜欢与怎样的人做朋友?

我的目的是想了解学生们的交友标准与原则,借此进行人文积淀的核心素养的引导和培养。因为"近朱者赤、近墨者黑"。我们要"善交益友、不交损友、乐交净友"。

活动中,学生们都纷纷说出了自己的理想友谊和交友标准,都愿意选择诚实型、友善类、进取的人做朋友。我夸奖了他们。肯定了他们的择友标准是可取的,没有学生向往功利型、利益型、玩世不恭型的友谊,体现了青春年少那种纯洁的、真挚的、健康向上的友谊。我和学生们一起总结了交友的重要标准和原则:

1.交友首先看对方的人品。

2.志同道合的友谊才持久。

3.朋友可以超越"五湖四海"。

4.交友要积极主动、热情;等等。

特别指出,"物以类聚,人以群分",看你的朋友,就知道你的人品。所以,"君子与君子以同道为朋,小人与小人以同利为朋"——(宋)欧阳修。学生们都愿意多交良师益友,不交狐朋狗友。

五、展学与领学(三)　班级风景解困惑

活动名称:班级风景解困惑,寻找交友之道。

我请学生们把交友中的困惑、问题都纷纷说出来,然后整理出比较有代表性的两个,让大家深入分析、讨论,得出我们需要的那个答案。

活动目的:交友是人生一个永远的话题、重要的课题。尤其是正处于青春期的少年,

常常有一些幼稚的、冲动的言行;喜欢"八卦";有点爱"吃醋";偶尔会拉帮结派;甚至结怨结仇;互不理睬甚至"绝交";有的怨气冲天,自己的小秘密又被朋友"出卖"了;等等。诸如此类的小问题很多,看似小,但是在学生们的心目中,这也是生活中的大事之一,非常影响心情和学习。

因此,我们只有尽早地掌握自己的交友原则与标准,建立交友的良好心态,才能找到适合自己的友谊,从而使自己健康、快乐、幸福,实现我们情感态度、价值观的建立与升华。

经过大家的讨论,我们整理出比较有代表性的两个话题:

1.哥们儿义气是真正的朋友情吗?

2.如何面对朋友的误会与伤害?

我们一起分小组,进行了小型的辩论,在思想的碰撞中,在争执与讨论中,我们明白了许多朋友的相处之道:

①朋友之间要平等相待;

②朋友之间要尊重与信任;

③朋友之间要关心与帮助;

④朋友之间要宽容与谅解;

⑤朋友之间要真诚与坦率;

⑥要讲原则,有限度,不超越道德与法律的界限。

接着,许多学生又补充:

⑦倾听朋友的诉说;

⑧朋友也要分亲疏;

⑨在朋友最需要时到场;

⑩交际往来要有度;

⑪不要将朋友理想化;

⑫朋友之间也要说不;

⑬不要单纯追求功利性朋友。

学生们的认识与理念超乎我的想象。我们师生一起,实现了情感、态度、价值观的升华。

六、领学与升华　歌声当中道心声

活动名称:人生乐在相知心,说出你的心里话。

在"友谊地久天长"的乐曲中,学生们自愿地说出了对朋友的真心话、大实话,可以道歉,可以鼓励,可以提意见。

活动目的:鼓励学生真诚地面对自己的内心世界,建立友谊的真善美。让更多的学生了解自己,交到更多的朋友;学会表现自己,学会伸出友谊的"橄榄枝"。

屏幕上,名言设置:

①"投我以木瓜,报之以琼琚。匪报也,永以为好也。"

②"友谊永远是一种甜蜜的责任,从来不是一种机会。"

③"不要靠馈赠去获得朋友。你须贡献你诚挚的爱,学会怎样用正当的方法来赢得一个人的心。"

学生们在优美的乐曲中,在贴切的名言中,发自肺腑地道出了自己的心里话。气氛很温馨,发言很踊跃,情感很真挚!

我想,这节课对学生们是有益的,在他们的心里,一定扎下了友谊很美好的根,经过学生们自己的用心浇灌,一定会开出友谊的花,结出友谊的果,友谊一定会成为他们人生的一笔宝贵财富,尤其是青春年少时的友谊!

第三章　抱团发展,共同提高

第一节　"雏凤共同体"的意义

改变课堂学习方式,建设学生共同体是新一轮课程改革的主要潮流。"四环节·问题导学式魅力课堂"以"雏凤共同体"为课堂基本组织形式。"雏凤共同体"既是凤中学子课堂学习的共同体,更是他们成长和发展的共同体。

传统的"教师伫立三尺讲台、学生'插秧式'安排座位的课堂"主要采用的个体化的学习方式。课堂上,教师讲授,学生听;教师板书,学生记;教师命题,学生考;教师讲评,学生纠错……这些教学活动,致使每名学生几乎都是在教师的指导下进行独立学习。这种个体化的学习方式,其弊端之一就是强调师生互动,而忽略了学生在学习过程中的主体性,处于被动地位的学生难以发挥其自觉性与主动性开展创造性的学习,仅成为装知识的容器。课堂上教师很难照顾到每一位学生的学习状况,往往只能以绝大部分学生的学习与表现,以及任务需要来决定自身的教学设计并开展教学活动。这势必导致两方面的结果:一是就学生而言,成绩、表现、能力等分化日益严重,课堂缺乏生机、活力,效率极低。二是就教师而言,为提高学习成绩、教学质量,不得不进行"培优"与"辅差",增加了教师的工作量,显得"很累"。

"魅力课堂"则采取一种新型的群体性学习方式——"雏凤共同体"合作学习。共同体合作学习是一种创新型的学习方式。根据一定的原则将班级学生划分为若干个学习共同体,教师通过创设一定的课堂情境,组织学生围绕学习目标及其导学问题开展自学、互学、探究、展评、提升和检测等系列教学活动。这种"群体性学习方式",既能发挥教师点拨、激励、启发等引领功能,实现师生互动,又能让学生开展独立自学活动,促进每名学生在原有基础上实现成绩进步和能力提升,还要求不同层次学生之间的相互帮助,以培育良好的合作意识,这样每名学生都能够实现"三助"(自助、师助、生助)式学习。这种学习方式,减轻了教师的教学负担,还原了学生的主体地位,激发了学生自主学习的热情与潜能,尊重了不同学生主体客观存在的差异。在互助学习中既提高了自身素质和学习能力,也在给予他人帮助中满足其心理需要,体现自身存在的意义和价值。

共同体合作学习具有五大特点：一是全员互动。即师生、生生等所有学习活动参与者之间的互动。二是彰显个性。它尊重每一个个体，让每一名参与者都能在合作互学中找到自身定位，发挥自身特长，在相互交流、合作探究中彰显个性。三是凝聚众智。它让学习不再像过去那样"单打独斗"，而是依靠团队的力量（共同体甚至是全班）和集体的智慧，共同完成相关问题的探究，达成学习目标。四是共同进步。共同体合作学习，提升了课堂学习活动个体的参与度，让每一名学习者都能在其原有的认识水平、能力素质基础上有所斩获，从而有所进步、有所提高、有所发展。五是全面发展。学生在共同体合作学习的各项活动中，不仅可以增长自己的知识，还可以培养和提升自己的交往意识、表达能力、团队精神、合作意识等。

共同体合作学习改变了传统的班级管理模式，它将班级管理化整为零，将班级事务分散到各个共同体，并最终通过共同体的有效自治来实现对班级的有效管理。更重要的是，共同体的优势在于赋予成员共同的发展目标，由"目标"而促使共同体形成一个"利益共同体"，这样，共同体内的每个成员都会有一种"荣辱与共""休戚相关"的集体意识，增强学生为捍卫集体荣誉而努力的强烈动机。同时，在管理的过程中，人人都是小组的主人，个个都是管理的主体，在合作的过程中，每个人都会在发挥自己特长的同时，通过本共同体成员通力合作，来争取小组的优胜。由此，共同体内形成一个良好的合作氛围，这种意识在教师引导下自然地迁移到班集体的建设上，会极大地增强班集体的凝聚力和竞争力，使班主任从繁杂的班务中解放出来，大大减轻了工作负担，也大大提高了班级管理的活力和效率。它还用共同体围坐的形式保障了学生的自主合作探究学习。

共同体合作学习有助于学生自治精神的培养。自治精神的核心是自我负责、自我治理、自我担当。这个"自"既指个体的人，也指个体所在的团队。自治精神是现代文明的基石。它的核心是不等、不靠、不怨、不悔，是一事当前，自我负责：自我构建组织，自我制订规则，自我担当责任，自我实现目标。学校教育的使命之一就是让学生学会自治。共同体的出现为教育带来了希望，为新型社会的建设带来了希望。自主、探究、合作是新课改的核心。以自主为首，有自主才有探究，才有合作。自主是一种权利，指学生所应有的选择学习内容、学习方式的权利，学生参与制订与自己相关的规则的权利，学生在学习的各个环节做出决策的权利。还权利于学生的过程，也就是赋责任于学生的过程。没有权利，就无从谈责任。自治是一种精神，也是一种能力。然而，这种能力一旦写进教材，一旦成为教师讲授的内容，就只能培养学生考场答题的技能，而不是自治能力。培养自治能力的唯一办法就是让学生自治，而共同体是成本最低、操作最易、效果最好的途径：让学生去选举，让学生去制订学习方案，让学生去组织活动，让学生去自我评价。

共同体合作学习有助于学生团队精神的培养。传统模式下的学习形式主要有两种：一是个体的自学，一是班内的群体学习。前者无从谈团队精神，完全是个体的单打独斗行为。后者以安静地听课、安静地做题为主，也没有真正意义上的团队合作，因而很难培养团队精神。共同体合作学习之于团队精神，其意义在于：一是建立一种意识和能力，构建自己的组织，确立自己的任务、目标。二是组织好、管理好我们的组织。在组织中学会提出想法,学会说服团队成员,学会影响他人,学会在有不同意见的情况下使用票决机制,等等。三是学会相互关心,相互帮扶,珍爱团队荣誉。四是学会退让,学会放弃,学会服从。当自己的观点、想法正确时,学会做领袖;否则,学会做配角。团队精神首先是一种担当意识、领导意识、创新意识,其次才是合作意识、退让意识、服从意识。

　　共同体合作学习有助于学生归属感的培养。共同体是学生自己的组织,在新模式下,学生在校的大部分时间都是在共同体中度过的。共同体的存在为每个成员带来了追求和体验集体荣誉的机会,使每个成员在精神和情感上有某种安全感、归属感。成就有人分享,挫折有人分担,走进共同体,犹如走进了自己的家。共同体完全可以由校内学习延伸到校外学习,甚至是毕业以后的学习。

附　录

教育也需"润物无声"

语文组　杨春芳

经过一个漫长的暑假,学生脸上带着休整之后的灿烂笑容回到学校,身份也从初一的新生变成了熟知学校掌故的"老手"。看着眼前一群生机勃勃的孩子,我的心中也似乎一下子升起了一些豪气——相信我一定能带着这群孩子在学习和品德成长之路上书写出美丽的画卷。

可是,事情的发展却让我有些"英雄气短"。

不到半个月,我和几个科任教师交流时获知,班上同学的学习劲头不足,尤其有几个平时感觉不错的学生居然有抄作业的现象。听到这样的消息,我很是吃惊:初一时我们班都没有出现的问题竟然在初二这样一个关键的时期出现了,而且当事人还是我们班的干部,是老师心中的好学生,到底是什么原因让他们萌生了抄作业的想法呢? 究竟只是偶然一次还是经常如此?

事不宜迟,我当天下午就找来几位当事人了解情况。

"我是因为……那天家中突然有事情,来了很多人,我忙着和爸爸妈妈一起做事,结果……就有点晚了,没能完成,第二天早上……为了把作业交上去,所以我就抄了。"A同学给出了一个看似能原谅的理由。

"我……我是因为……刚开学,感觉……精力还没有调整回来,上课的时候……总是有想……打瞌睡的感觉,所以感觉……有些没听懂,有些题……做不来,为了……不留空白,所以……就……抄……了。"B同学有点心虚地嗫嚅道。

"我……我是因为……做作业的速度……有点慢,到了11:00……都还没做完,又困了,所以……不知不觉……就睡着了,早上来的时候……组长提醒我……必须要按时交作业,我就……顺便抄了……同桌同学的作业。"C同学的语气里似乎有点无可奈何。

……

看着眼前这几个还很稚气的孩子,听着他们各自的理由,我的心慢慢地平静了下来。的确如此,刚刚开学,连很多教师都还没有将状态从假期中调整过来,更别说这些十几岁的孩子。他们盼了那么久的暑假当然会尽情地玩耍,而这必然会导致开学初期的不适应,只要他们能认识到自己的错误,并切实地去改就行了。

我心中有了决定,但面上还是很严肃地听完了孩子们各种各样的解释。沉默了两分钟,给了他们足够的忐忑时间,慢慢用平静地语气问道:"如此说来,你们抄作业都是迫不得已而为之的,老师相信你们在学习过程中一定还会有很多的迫不得已,那你们准备用这些理由抄多久的作业,甚至是做其他的不应该做的事情呢?"

"老师,我们知道我们抄作业是不对的,我们保证下次绝对不会再抄作业了,也不会做其他不应该做的事情,请老师原谅我们这一次犯的错。"几个孩子中最机灵的 A 同学赶紧信誓旦旦地保证,并配合上了另外两个孩子的齐声保证。"老师,我们知道我们这次犯了很严重的错误,我们明白学生就应该独立自主地完成作业。这既是自己对所学知识的巩固,也是为了让老师了解学生学习状况的途径,我们这样弄虚作假,既蒙骗了自己,也蒙骗了老师,而且带坏了班级的风气,影响很坏,我们愿意接受班规的惩罚。"A 同学继续诚恳地表达出自己的悔改之意。

听着他们的铮铮誓言,我心中慢慢笑了,暗暗得意:"看来我平时的教育没有白费,他们对是与非的认识度还蛮高的,认错态度也还不错,相信他们经过这一次反省后,会改掉自己的坏毛病吧!"

"好,老师相信你们几个同学都是说到就能做到的孩子,也相信你们对自己的要求不仅仅只是会抄作业而已。今天的错误老师可以原谅,但你们必须就此深刻反省自己的错误,严格督促自己,并提醒身边的同学正确对待自己作业中的问题,带领同学们共同营造良好的学习环境。"我带点总结性地发了言。

似乎感觉到警报即将解除,几个孩子的脸上都有松了一口气的感觉,虽然头还是垂着的,但回话的声音却明显轻松了一些。"好,老师,我们一定说到做到"。

于是,按照班规,几个孩子在被扣个人操行分的基础上,又向全班同学道了歉,然后事情就告一段落了。

但是好景不长,一个星期后,我再次和科任教师交流学生的情况时,教师反映问题是有所好转,但并没有杜绝,还是有抄作业的现象,只是变得更隐蔽,学习的热情也还是不够高,而且刚刚进行的一次考试中 A 同学的成绩下滑了很多。

我感觉头顶似乎被浇下了一桶凉水,心中更升起了一些愤怒:这帮熊孩子,怎么能将我对他们的信任踩在脚底呢?

不过,作为一个有着十多年班主任经历的"老板凳",我没有急于去质问学生,而是先在心中开始了反思:他们的誓言为什么没有兑现? 他们对自己的要求为什么还是这么缺乏高度? 究竟要怎么样才能让他们从内心真正意识到自己行为的错误,自觉地改正自己的缺点? 一连串的问题使得我情绪低落,但问题却还是没找到答案。

晚上使用计算机时,我无意中点开了 2011 年感动中国人物的视频,"信义兄弟——孙水林、孙东林"两兄弟的故事进入了我的视线。

2010 年 2 月 9 日,腊月二十六,在北京做建筑工程的孙水林回到天津,原定与暂住在天津的家人和弟弟孙东林聚一天再回武汉,但他查看天气预报时了解到,此后几天,天津至武汉沿线的高速公路,部分地区可能因雨雪要封路。他决定在封路前,赶回武汉,给先期回武汉的民工发放工钱——春节前发放工钱,是他对民工的承诺。

当晚,孙水林提取了 26 万元现金,带着妻子和三个儿女出发了。次日凌晨,他驾车驶至南兰高速开封县陇海铁路桥段时,由于路面结冰,发生重大车祸,20多辆车连环追尾,孙水林一家五口全部遇难。

弟弟孙东林为了完成哥哥的遗愿,在大年三十前一天,来不及安慰年迈的父母,将工钱送到了农民工的手中。因为哥哥离世后,账单多已不在,孙东林让民工们凭着良心领工钱,大家说多少钱,就给多少钱。钱不够,孙东林就贴上了自己的6.6万元和母亲的1万元。就这样,在新年来临之前,60多名民工都如愿领到工钱,孙东林如释重负。"新年不欠旧年账,今生不欠来生债"。孙水林、孙东林兄弟20年坚守承诺,被人们赞为"信义兄弟"。2010年9月,孙水林、孙东林兄弟入选"中国好人榜"。

正为班级的问题而发愁的我突然感觉眼前一亮,有这么好的教育范例我为什么不用呢?

第二天读报课,正是我们班的"美德故事"专题,于是我亲自上阵,将讲述"孙东林"兄弟二人事迹的视频播放给全班学生观看。在讲述者低沉的声音中,孙东林兄弟二人的故事在学生们眼前缓缓展开,教室里一片寂静,静默中,我似乎看到了有的学生眼睛开始闪烁着泪花。

故事看完,打开电灯,学生们的脸上一片凝重。

"同学们,今天我给大家介绍的美德故事的主角是孙水林、孙东林这两位重视诚信的兄弟,他们一诺千金,他们言行一致。诚信本是我们每一个人都应该坚守的美德,对父母诚信、对老师诚信、对同学诚信,更重要的是对自己诚信。但我们有多少人做到了诚信呢?今天看了这两位兄弟的故事,我想问问大家,你们在学习和生活中做到了诚信吗?"

教室里又是一片沉寂。

几分钟后,班长率先站了起来。"老师,我觉得我们班同学确实应该学学故事中的两兄弟,好好思考一下自己的诚信问题了。其实我们很多人都读过《木偶奇遇记》,也都听过《狼来了》的故事,诚信的重要性每个同学都懂。但是现在我们班有的同学就喜欢作假,比如抄作业,还有的同学放学后老爱在外面玩,回家晚了就撒谎说在学校做清洁。我觉得这样的一些行为既损伤了自己的诚信品质,又影响了自己的学习,还有可能带来安全上的隐患。"

"刚刚班长提出了抄作业的问题,据我的了解,我们班确实有同学曾经喜欢抄作业,但是不知道现在还有没有人抄。今天我就想问问大家,你们对抄作业这个现象是怎么认识的呢?"抓紧机会,我赶紧接着班长的话将话题引到了班级的现实问题上来。

各小组立即展开了讨论。几分钟后,学生们开始了交流。

"我们小组认为抄作业现象是我们班这学期来的一个大问题,对我们班的班风影响很坏,应该严厉地进行惩罚。"

"我们小组认为不仅要惩罚这些同学,还应该请家长到学校,请他们严格教育孩子,并在家中做好督促的工作。"

"我们小组认为必须刹住这股抄作业的歪风。因为我们在学习中都会遇到困难,这时谁都想偷懒,看到他们可以轻松完成,也会有其他怕困难的人模仿,这样下来,我们就完了,我们班也完了。"

......

七嘴八舌的发言,义愤填膺的声讨,我注意到几个抄作业的同学慢慢坐不住了,脸上布满了羞愧的红霞。

"A同学,你来说一说呢?"突然,我点到了聪明伶俐的当事人之一。

"……老师……我……老师,其实我想先对你说对不起。上次我抄作业被老师发现,我说家中来客人,因为时间太晚才没完成其实是谎话。事实是因为我自己偷懒,不想去思考,所以就依赖别人了。因为看老师也没有狠批我们,我们也就没有引起多大重视,想到只要不让老师发现就行了,所以老师我想向你坦白,最近我还是有抄同学的作业。前两天的数学考试成绩出来,我居然没有及格,我自己都懵了,正在愁怎么回去跟爸爸妈妈说。我知道抄作业是很不好的习惯,不仅让自己在学习上留下疑惑,而且践踏了自己的信用,更辜负了老师你对我们的信任。但今天我想向老师保证,我不是一个不值得信任的人,从今天起我绝不再抄作业,请全班同学监督我。"一开始,A同学还有点犹豫,但在我期待的眼神中,他慢慢变得坚定起来。

"错误每个人都会犯,关键在于犯错后要能够改错。A同学认识自己错误的态度值得我们所有同学学习,我也相信他确实是一个值得信任的人,我更相信我们班的同学都能像他一样严格要求自己,诚实面对自己的学习与生活,与抄作业现象说再见,与懒惰说再见,与弄虚作假说再见。"说完我就带头为A同学鼓起了掌。

很快地,教室里响起了热烈的掌声。

之后,抄作业的现象终于在我的班级中绝迹了。

反思:

马克思曾经说过:"只有完善的集体,才能造就完善的个人。"毫无疑问,我们的班级就是一个集体,班主任是这个集体的主要领导者、组织者、实施者,更肩负着培养祖国接班人的重任。一个班级的班风和学风是否端正、向上,与班主任的管理能力、管理技巧有着密切的关系。

无数教育界专家都认为,随着时代的发展,教育的功能已经由"知识核心时代"逐渐走向了"核心素养时代",学校的任务绝不再是"灌输"知识,而是给学生的未来发展提供核心素养。这里所说的核心素养超越了学科的界限,更多的指的是学生的品德素养和综合能力素养。就正如新的课程标准里边提到的,教师要引导学生学会学习、学会合作、学会生存、学会做人。使学生具有社会责任感、健全人格、创新精神和实践能力,具有终身学习的愿望和能力,以及良好的信息素养和环境意识等。但作为班主任,我们清醒地意识到今天我们面临的学生,已不再是唯唯诺诺,任凭教师揉圆捏扁的逆来顺受型,而是在知识上可能已经"博古通今",熟知"公民的权利归所与公平原则";在情感上敏感细腻,善于准确抓住教师的情绪波动;态度上不再畏畏缩缩,而是大方交流,遇到问题甚至能据理力争……事实证明,在这样一群新时代的中学生面前,传统的高压式控制性教育手段已经不再灵验,原本的一元化封闭式教育方式必须被打破。

随着我校"魅力课堂"改革的不断深入,我在教育、教学工作中不断更新理念,调整自己的工作方式。牢记"教育要以人为本、以学生为本"的宗旨,尊重学生的人格,重视学生基本素质的养成教育,学会利用小组合作共同体的力量来实现班级的和谐管理。此次在我班所出现的抄作业现象就是班级班风、学风出现问题的一个表象。作为班主任,如果我忽略了这个问题,势必会让这种现象蔓延,直到最后毁掉整个班级。如果我在处理时,没有及时调整策略,从学生的内心出发,利用集体的力量,也许达到的效果也不会这么好。

迸发智慧的光辉
——浅谈小组建设的得与失

英语组 刘必兰 杨恩思(重庆市66中)

学习小组是"'四环两型'问题导学式魅力课堂"的基本组织形式,是凤中学子自主管理,构建成长共同体的关键,这也是社会主义核心价值观的体现。平等、自由、友善是核心价值观的重要内容。学习小组的建设也就是要培养学生平等、友善的学习氛围和处事态度。随着课改的逐步推进和深入,作为一名班主任,我班的小组建设从大胆尝试到有序运作,从注重形式到讲求实效,几乎渗透到班级管理的各个环节,使学生的行为、认识、情感能够真正地融小组合作中。经过师生共同的努力,我班的小组建设取得了较为显著的成效。

一、课堂上思维火花的碰撞，呈现出新型的课堂形式

打破原来单一的"插秧式"的授课方式是新一轮基础教育的核心,而合作学习是课改倡导的重要学习方式之一。课堂上学生在教师设问引导下以小组形式进行讨论与合作,积极发言,表达本组的观点和看法。"你方唱罢我登场",每个小组通过组内的合作来发现问题和解决问题,对于同一个问题经常会迸发出各种新颖而独到的见解,让教师也拍案叫绝。课堂上思维火花的碰撞,充分发挥了学生的想象力和创造力,让学生认识事物更深刻、更全面、更立体。

在历史、地理等学科的课堂上,教师经常让学生以小组形式给其他同学讲授知识,这就要求小组组员在课前必须做好预习工作,在网络上查阅相关的资料,并且做好课件。学生自主讲授的形式往往不拘泥于传统的教学形式,更能够拓展学生的知识面,挖掘学生的潜能,提高课堂的活跃度。学生之间、小组之间智慧火花的碰撞,让师生都能有新的收获和体会。同时也增加了学生展示的机会,增强了学生的自信心,特别是后进生参与

课堂展示的机会更多了。

小组建设是新型课堂的重要保障，系统利用教学中动态因素之间的互动，能促进学生的学习，把课堂充分地还给学生，体现了"以生为本"的理念。

二、学习成绩有质的飞跃

这学期开学以来，数学进入几何阶段的学习，学生们感觉到比较困难，就主动要求以小组形式每天自主出一道数学题，通过数学教师的审核后，粘贴在教室后墙上让其他小组成员完成。每天在读报课之前10分钟由学生自己讲评题目，对命题的小组和提供新颖解题方法的小组进行加分。班上的学生对数学学科的热衷程度越来越大，解题思维也越来越开阔。临近考试，各小组分配不同的章节，做好课件，在数学课上和大家一起分享复习数学的经验与方法。

通过半学期的努力和坚持，我班数学成绩在本学期期中考试进步显著。数学成绩优秀率排名从上学期期末考试的年级第6名提升到第2名；数学单科成绩在年级前240名的人数也有所增加（见表1）；单科成绩排名靠后的学生也在不断进步。说明我班数学成绩在小组建设的管理模式下有了质的飞跃。

表1

数　　学	优秀率年级排名	单科分数排名在年级1~240名的人数	单科分数排名在年级240名以后的人数
2013—2014学年上学期期末考试	6	27	9
2013—2014学年下学期期中考试	2	31	5

小组建设提高了学生主动学习的能力，让学生在学习过程中以主人翁的姿态参与到教育教学的各个环节，对知识的理解得以巩固和深化。

三、携手并进，增强集体荣誉感

在我班的小组建设中，我们还专门建立了一个家长QQ交流群，每周五的下午我们会把一周分数最高和最低的小组集体照和学习生活情况分享到QQ交流群，家长可以及时了解自己孩子在学校各方面的表现。同时，家长们经常在QQ群里面交流心得和经验，为班级管理建设提出了很多宝贵的意见和建议。这样的网络反馈机制和小组建设相得益彰，学生在这个过程中表现得更积极上进，力争以分数最高的小组展示到QQ交流群里，谁也不愿意作为分数最低的小组让家长看到。进而使他们逐渐产生了强烈的集体荣誉感，真正地树立了"组强我荣，组弱我耻"的团队观念。

秉承着这样的团队观念，学生在学习过程中还学会了责任和宽容。在课堂上，有的学生不遵守课堂纪律，喜欢说话，小组长就根据本组的实际情况制订组规来约束他们。

当然，小组长必须是一个小组的领头羊，首先要以身作则，组员互相监督，明确各自的责任，管理好自己的同时，督促那些不遵守纪律的学生，从而维护课堂纪律。还有的学生学习成绩优异，思维活跃，但容不得其他同学犯错，每每有其他学生回答问题出现错误时，他们就会指责或嘲笑。这时小组内的其他组员会对他们进行帮助和劝诫，告知这类学生每个人都有自己的优缺点，要学会宽以待人，善于发现别人的优点，对待别人的缺点应该积极帮助，共同进步。

小组建设让学生在学习生活过程中培养了团结协作的集体主义精神，让学生更加明确自身的责任，更加辩证地认识自我。

四、小组建设下的班会活动

学校的教育除了知识教育以外，还要注重学生情感价值观的培养，"千学万学，学做真人"。我们还需要教会学生怎样在今后的人生中去做一个"真人"。为此，这学期班上开展了一系列相关主题的班会活动。

在"学会整理自己的衣柜"主题班会活动中，每个小组以照片的形式展示了衣柜整理情况，并评选出整理最优秀的小组。这样的主题班会活动教育了学生要注重生活细节，培养了学生的动手能力和独立生活能力，教会了学生应该懂得如何生活。在"感恩母亲节"主题班会活动中，我要求学生同家长一道观看关于剖宫产的视频，让学生感受到母亲的无私和伟大。并要求他们为自己的母亲做一件力所能及的事情，最后评选出最令人感动的小组。在期中家长会上，班上刘姿好同学的母亲声情并茂地朗诵了写给女儿的一封信，表达出母亲的幸福和感动，使在场的家长和师生潸然泪下。这样的主题班会活动不仅教会了学生感悟生活，更让他们学会了感恩父母和感恩他人。另外，我们班还开展了以"如何上好自习课"为主题的班会活动，各小组激烈地讨论，并将自习课上的各种情景以表演的方式展现得淋漓尽致。其中郑力晗同学和他们小组成员还自创了一首关于"如何上好自习课"的歌曲，歌词朗朗上口，诙谐幽默，一场生动有趣的班会活动使得学生对自习课有了更深的认识，也有利于提高学生自我管理、自我约束的能力。

小组建设下开展的各类班会活动，更能调动学生的积极性，把他们最亮丽的一面展示出来。这类活动，对学生的世界观、人生观和价值观也有着积极的引导意义。

学习小组建设虽取得一定成绩，但在实际教学和班级管理过程中我也产生了如下一些困惑，这些困惑可能会成为课改浪潮中的"绊脚石"，值得我们深思。

（1）"魅力课堂"以小组为基本单位，每组5~7人，这样的教室座位设置的确有利于学生的交流，但如果有学生不遵守课堂纪律且屡教不改，就容易影响组内其他学生的学习环境和学习效率，从而形成恶性循环。有的班级让这类学生独立成组，这样一方面违背了课改学习小组建设的初衷，另一方面还可能会伤害学生的自尊心。

（2）小组建设捆绑式的发展，让部分学生感到缺乏存在感或者容易受到组员的牵连。课堂上有的小组举手发言的同学总是那几个人，尽管有的小组制订了组员每周必须回答问题的分数,但有的学生参与感不强,回答问题也仅仅是为了"赚够"既定的分数,久而久之他们可能会对小组合作的课堂形式失去兴趣。还有的小组总体表现很优秀,但因个别组员违反组规、班规被扣分,这样使得他们觉得受到连累,长此以往不利于小组和班级的团结。

(3)小组建设的评价体系滋长了学生的功利心。有的学生过分看重小组建设中的量化评分,在学习和生活过程中逐渐产生了较强的功利心。为了把工作做好获得加分,有的小组长在任务分配上出现不公平的现象,总是让能力强的学生完成大部分工作,这让其他组员锻炼的机会大大减少,同时也会让能力强的学生心生抱怨。有的小组为了不被扣分,还出现了包庇的现象。比如,有的学生未完成作业,其他组员不想小组扣分,就"分工合作"帮他完成作业。还有的学生因违反日常行为规范害怕被扣分,要求组员帮其隐瞒实情。这样的功利心将对学生的心理健康和情感价值观带来严重的负面影响。

"魅力课堂"改革三年来风生水起,方兴未艾,对教师和学生都是一种挑战和突破。纵观课改建设的经验,从某种意义上来说,课改建设的成败关键在于小组建设,而其中班主任又是小组建设的"掌舵人"。班主任要充分重视小组建设中的每一个环节,要及时"点火",激起学生对小组合作课堂形式的热情。伴随着改革的不断推进和深化,班主任还要成为小组建设的"探路者"。只有善于发现潜在的问题,不断地总结经验,探寻更科学的解决方法,才能使我们的"魅力课堂"质量进一步提高,班级管理更有成效,让改革发挥真正的功效,让核心价值观深入人心。

第二节 "雏凤共同体"的建设

"雏凤共同体"建设必须坚持"以学生学习为本，以发展学生核心素养为本"的指导思想，借助于外力驱动，不断丰富共同体的思想文化内涵，充分运用评价与激励机制，实现共同体成员自主学习、自主管理和自主发展的目标，具备学会认知、学会做事、学会共处、学会生存和学会创新等素质，进而发展自己的核心素养。

一、"雏凤共同体"的组建方法

1."雏凤共同体"的组建原则

班主任按照"组间同质、组内异质"的原则，广泛征求科任老师和学生的意见，充分考虑学生的成绩、性别、性格以及兴趣爱好等因素，将学生分成若干个共同体。

"组内异质"为共同体成员之间互相帮助提供了较大可能，"组间同质"为各共同体之间的公平竞争奠定了良好基础。

2."雏凤共同体"的组建规模

每个"雏凤共同体"由四名学生组成，分别赋予"召集人""记录人""发言人"和"助辩人"的角色。

3."雏凤共同体"的运行机制

（1）"雏凤共同体"实行组长负责制

全班设置一个由班长牵头的行政管理团队和一个由学习委员牵头的学习管理团队。每个共同体设置一名行政小组长和若干名学科召集人。组长的产生可以采取任命、竞选和推荐等形式。组长要能有效地带领团队不断进步，组长必须要有平等意识、民主意识、服务意识。组长的功能不是管，更多的是协调、指导和为大家服务。要引导组长通过履行职责，学会与人沟通，学会处理各种关系，解决各种问题，提升自己的综合素质与人格修养。

每名共同体成员至少要担任一个学科小组长。要求要形成"事事有人做，人人有事做"的局面。

（2）"雏凤共同体"内部建立互学帮扶机制

每个"雏凤共同体"内部成员两两结对帮扶，开展互学互助。

（3）"雏凤共同体"外部建立合作竞争机制

各个"雏凤共同体"之间组建对口共同体，开展合作竞争，形成比、学、赶、帮、超的学习氛围，以促进共同进步和共同提高。

4."雏凤共同体"的文化建设

每个共同体要树立"组强我荣、组弱我耻"的团队观念,确定一个积极向上、富有个性的组名;制订一条具有凝聚力、能激发进取心、反映共同体信条的组训;制作一个代表小组个性的组徽;制订一份严格仔细、切实可行,并具有约束力的"组规";确定一个共同体的发展目标。有共同目标的"雏凤共同体"将为身处其中的每个成员提供成长的动力,使他们做到:"互勉",愿意做任何促进小组成功的事;"互助",力促小组成功;"互爱",因为人都喜欢别人帮助自己达到目的,而合作最能增加组员之间的接触。

共同体文化由成员群策群力,自行协商,自行制订,自行实施。共同体成员要以目标为念,好好努力,为自己、为共同体争光。

二、"雏凤共同体"的成员职责

1.班长:协助班主任全面负责本班各项日常管理事宜

(1)协助班主任组建"雏凤共同体",做好共同体文化建设布置工作;

(2)协商拟定共同体行政小组长职责,并负责培训行政小组长;

(3)组织行政小组长形成班级的核心管理层,营造开展共同体之间的良性竞争与合作的氛围;

(4)每天督促行政小组长做好小组管理的过程记录并检查,每周组织召开"管—学"联席会,做好数据统计并报班主任及学校相关部门;

(5)组织班级各种级别的优秀管理小组及优秀个体评优工作,做好记录并报班主任及学校相关部门;

(6)不定期向各小组长收集"雏凤共同体"管理意见与建议,及时反馈给班主任;

(7)认真参加学校各级培训,做好班级其他事务。

2.行政小组长:全面负责本共同体的日常行为规范管理工作

(1)团结组员,民主协商制订本共同体组名、组训、组徽、组规以及发展目标等共同体文化建设的相关事宜;

(2)每天认真做好共同体常规管理过程评价的记录,并及时将本共同体管理情况及意见反馈给班主任;

(3)对本组成员的日常行为规范:如出勤(课堂和集会)、清洁(教室、寝室、公区)、仪容仪表、纪律(课堂、集会、自习、就寝、静校纪律)等进行全面管理;

(4)对违纪现象进行规劝阻止,对后进生进行帮扶,并做好相应记录,及时反馈给班长;

(5)每周整理收集好共同体的管理资料及反馈意见,重视并认真参加"管—学"联席会;

（6）做好本小组的评优统计及推荐工作；

（7）认真参加学校各级培训，做好笔记整理，做好班级其他事务。

3.学习委员：协助班主任全面做好"雏凤共同体"学习的管理工作

（1）协助班主任做好分组工作，做好本班共同体建设，营造浓厚的学习氛围；

（2）定时汇总各个共同体的学习情况，做好统计记录并报班主任及学校相关部门；

（3）每周组织各科代表开好"管—学"联席会，如实填写学生评教信息反馈表并报班主任及学校相关部门；

（4）负责向科代表收集学生对各学科的学习意见和建议，及时反馈给班主任及科任教师；

（5）定期召开科代表会议，组织做好全班各层级的学习小组及个人评优工作；

（6）考试成绩公布后，联系班长、行政组长做好各共同体成绩的整体统计评分工作并报班主任；

（7）认真参加学校各级培训，做好班级其他事务。

4.学科长：协助学科教师，全面负责本学科共同体的学习与管理

（1）负责布置学科的预习任务，收交作业，检查各学科小组长的学习情况；

（2）每周负责汇总各共同体的课堂学习情况，记录各共同体在课堂上的发言情况，及时反馈给学科教师；

（3）负责汇总各共同体在学习中生成的问题，组织学生合作解决，或反馈给科任教师，配合好科任教师做好本学科共同体的评优工作；

（4）每周认真参加"管—学"联席会，收集学生对本学科的意见和建议，做好学生评教工作，并及时将意见反馈给科任教师；

（5）定期召开学科小组长会议，对班级本学科的学习进行阶段性研讨；

（6）考试成绩公布后，组织学科小组长统计班级学科成绩的各项数据并呈报给科任教师；

（7）认真参加学校各级培训，做好班级其他事务。

5.学科召集人：全面负责小组本学科的学习与管理

（1）组建共同体内的学科学习"对子"，对共同体内学困生给予适当的帮扶；

（2）组织共同体成员自学时独立思考，独立完成学习任务，注意提醒组员保持安静；

（3）组织共同体成员进行"对子"互学，完成共同体内合作学习，注意提醒组员集中精力，不转移话题，控制音量，以不影响其他共同体的学习；

（4）选派共同体成员参加班级展示，并组织其他成员给予帮助、补充，出现冷场时，要带头发言；

（5）协助科代表收交、检查共同体成员学科作业，做好登记，及时汇总共同体课堂生成的新问题，反馈给科代表或科任教师；

（6）定期召开共同体成员会,对共同体本学科的学习进行阶段性总结,考试成绩公布后,统计共同体的各项数据上交科代表;

（7）积极参加并组织好学校的评教、班级的共同体评优工作,认真参加学校各级培训。

6.学科记录人

在本学科的课堂上,做好共同体内部互学中各成员的成果记录,梳理本共同体关于所学问题的主要观点或主要困惑,为学科发言人提供展评的要点。

7.学科发言人

在本学科的课堂上,负责本共同体关于学习问题的观点阐述和困惑陈述,负责对其他共同体的展示进行评价。

8.学科助辩人

在本学科的课堂上,协助学科发言人做好观点阐述或困惑陈述,对学科发言人的阐述或陈述进行及时的补充和完善。

三、“雏凤共同体”建设需注意的问题

1.班主任管理要出于真情,更要有教育情怀

真情是一种内在的真心实意,是不掺杂功利的真性情、真感情;而情怀则是一种胸襟与视野。教师要从“育人”的教育本真价值出发,淡化小组合作中的功利性,以集体的培育为载体,描绘人的成长轨迹。班主任除了关注公平、培养学生能力外,更要引领学生形成良好的公民素质。毕竟班级工作除了管理,还有育人,引导班级对“弱势”群体进行帮扶,这在一定程度上体现了公民教育的内涵。要让班级“弱势”学生感觉自己对班级、对共同体有用,而不是所谓的“多余人”。毕竟无论多么“弱势”的学生身上总有一两个“闪光点”。只有成员之间互相帮助,大家才能共同进步。“老大难”同学不是不愿意改变,实际上,他们也迫切渴望得到改变和进步,但他们的进步和改变需要更多的时间。

2.不要让共同体评价和竞争背离了共同体合作的真正目标

共同体合作的目的在于使共同体成员在集体生活中学习共同生活,在共同生活中收获成长和进步。也就是说,既要通过一定的评价和竞争方式培养共同体的归属感和凝聚力,又不能把共同体成员的注意力全部引导到和其他共同体的竞争中。

3.要引导共同体成员合理使用约束方式

集体的约束力量可能是理性的,也可能是被某种情感控制,这种被情感控制的非理性的集体约束可能成为“多数人的暴政”。因此,班主任要注意引导共同体成员讨论共同生活的规则,这样的规则既要有利于构建集体主义,也要有利于接纳个人主义,并对以共

同体名义对成员行为的粗暴约束有所规避。

4.要引导共同体成员参与小组管理，并培养全体成员参与小组管理的能力

从维持较高水平的共同体合作和减轻班主任管理负担的角度看，培养一位能干的小组长可能是一个更有效的选择。但从教育价值看，则应该让共同体所有成员都能参与小组管理，使小组更好地发展成为自治组织。

5.共同体管理的目的不是压制驯服学生，而是为了学生的自主发展和自我实现

要用集体的力量，将学生对自身的关注置放于与他人、小组、班级的有机联系中，在集体中促成学生个性的张扬、品质和能力的生长。"雏凤共同体"要以成员之间渴望共同发展的"共情"为基础，进而以同学情谊和共进责任（即共同的责任，包含对自身发展的责任和对集体发展的责任）为支撑，实现小组合作从感情联络到理性发展，从而保障小组合作的有效与可持续。

附　录

高中班主任德育案例
——小组式班级管理

地理组　王双涛

一、背景

　　重庆市凤鸣山中学本着以"从事有道德的教育,打造有魅力的课堂,追求有良知的高效,创建有文化的校园"的信念,推行了"魅力课堂"模式,其中的小组合作为我们班主任的德育工作提供了良好的平台。我们的德育工作更加重视学生关键品格和能力的培养,重视学生个人发展的需要,以学生自主发展、个性发展为主体的核心素养体系,培养学生创新精神和实践能力。

　　我所担任的是高三年级15班班主任,班级共52人,我们班的特点是:女生比男生多,但男生思想活跃者居多,易于接受新生事物,对教师提出的问题,回答积极。女生话较多,问题也较多,纪律散漫,这无疑加大了班级管理的难度。另外,我教的班级是学校平行班,班里基本上没有尖子生,差生倒不少,这也加大了成绩提高的难度。在班级管理的过程中,我很明确的一点是,学生既是管理的对象,也是管理的主体,教育的过程是师生之间不断交流的过程,既有各种信息的发出和反馈,又有情感的相互交流。凤鸣山中学的小组合作学习,以学习小组为单位实行捆绑式管理评价,构建"成长共同体",各小组之间相互管理、相互竞争,小组内部成员之间相互帮助,共同管理、共同提高。我深深明白,教育学生的前提是理解学生,理解学生的前提是了解学生。所以,一切当从"了解"开始。如果教师不能了解、贴近学生的内心世界,就会增加施教的难度。无数成功的经验告诉我们,创设一种和谐的师生关系或教育氛围,是使德育"入心""入脑"的基本前提,对于每一个小组,我都会用心为学生撑起一片天空。

二、研修学习

　　我曾经参加了由北京师范大学继续教育与教师培训学院举办的"全国中小学(含中职)班主任综合能力素养提升与班级管理创新高级研修班"的学习。

　　研修班的讲座"今天怎样管理班级"由南京市优秀班主任陈宇主讲。陈宇,以"老板老班"和"非典型性""个性班主任"享誉网络,被评为《班主任》杂志封面人物、南京市优秀班主任。正如在他的教育博客中所述:一名从教近 20 年的普通教师,担任班主任的时间几乎与教龄相等,至今仍在做班主任,利用小小的班级进行着伟大的教育实践和探索。该讲座深入浅出,理论结合当下实际,发人深省,他以风趣睿智的语言介绍班主任管理的自主化、民主化、科学化,班级教育活动方案设计与活动形式的创新,赢得现场所有班主任的热烈回应。

另外一个讲座由全国优秀班主任山西太原杏花岭六中王文英老师主讲,题为《酸甜苦辣咸——五把利刃直入心扉》。多才多艺的王老师现身说法,以她和学生相处的一个个感人至深的场景和案例形象、直观、生动地说明了教育具有的神奇力量。她的班级管理很有方法,概括起来那就是:①做一名优秀的教师需要有坚忍顽强的毅力;②要想走进学生的世界,先给他一个喜欢你的理由;③要把阳光洒进学生的心田;④用学生的思维去教育感化学生;⑤制订合理有效的班规;⑥用自身独特的魅力影响学生。她说,教育是一门艺术,班主任要善于抓住每一个教育契机来影响学生、点化学生,她让我们看到一个个凤凰涅槃、破茧成蝶的华丽转身背后的教育的智慧、教育的温暖!

通过班主任高级研修班的学习,我受益匪浅,学到了很多班主任管理的宝贵经验和技巧,深受启发,同时也更加注重学生个性的发展,培养良好的品格。

三、案例描述

我在推行凤鸣山中学"魅力课堂"模式中,结合"全国中小学(含中职)班主任综合能力素养提升与班级管理创新高级研修班"学习所得,以如下方式进行管理。

首先是小组建设,对于小组的建设,第一个月的小组分组,主要考虑的是小组成员的性别、性格、兴趣爱好等,共分了八个小组。按照小组模式,试行了一个月。第一次考试后,在充分考虑小组成绩的基础上进行了重新分组。小组自行制订组名、组训、合作公约、奋斗目标,严格执行小组达成的共识,各小组之间相互合作、相互竞争、共同提高。对于小组长的选举,由于学生之间已经熟悉了一个月,由民主选举产生。

在平时的管理中,行政小组长负责本小组的日常行为规范和学习管理工作。小组长对小组的出勤、清洁、仪容仪表、纪律方面进行督察。对于出勤,包括早晚自习、课间以及各种集会。我们重点注意的是早上迟到现象,这个也是学生最容易犯的。班级公约中对有成员早上迟到的小组扣 2 分,在中午读报课表演一个节目,接下来则由小组具体对迟到的人员进行处理。清洁中,每个小组做一天清洁,具体清洁的维持则由小组长安排成员每节课后维持。扣班级分的则扣小组分 2 分,第二天继续做清洁一天。如发现小组的座位下有垃圾,则当天清扫整个教室,并加入星期五的大扫除队伍中。纪律方面,如果眼保健操中有人没有做,则扣小组分 1 分。课堂纪律中,在课堂上不做与学习无关的事情,包括吃零食、玩手机、看课外书、睡觉等,服从教师管理,不顶撞教师和小组长,违者一人扣小组 1 分,情节严重的扣 3 分。对于不爱学习的,就让他们学做班级的后勤工作,促进他们其他方面的发展。对于班规,我引用了王文英老师的班规,非常有创意。

（1）我长大了，我懂事了，我自觉了。

（2）我是一个独特的、自信的人。我有自信，我有自尊，我有完美的人格。我力求做到：不让老师批评，不让同学责难，不给别人添麻烦。

（3）我有一颗善良的心，更有一个积极向上的愿望——每天都要得到收获、进步和成功。

（4）我喜欢生活，喜欢别人和自己。我要为别人着想，显示我活得高尚；为自己而活，显示我活得潇洒。

（5）我要让集体因为有了我而光荣；我要让同学因为有了我而自豪；我要让老师因为有了我而欣慰；我要让父母因为有了我而骄傲。

（6）我要学，我要会学。我要靠自己，踏踏实实地学。

（7）我的生活是充实的，因为我生活在爱、友谊、理解和宽容的集体中。无论何时，我都要体现我的爱、友谊、理解和宽容的高贵品质。

（8）我会力求把每一件事情做得完美，体现我的价值、我的创新和我的与众不同。

（9）我会自觉，我会自立，我会自强，因为我长大了，我会为我的今后打下良好的基础，创造我辉煌的人生，我相信我能做到我所承诺的一切，我坚信我一定会成功！

在学生学习中，小组内设置若干学科小组长，每人至少担任一科科代表。每个小组由两名成绩优秀的学生负责帮扶本小组的学习。学科小组长负责作业的收发并配合科代表的工作。未交作业者每人扣小组分5分。我们班由副班长负责统计分数，每天总分公布于黑板的小组分数栏目里，一周之内进行累加，以便激发学生的斗志。每周得分最低的一个小组负责周五的大扫除，得分前三位的进行物质奖励，在换位置的时候按照总分由高到低自行选择位置，让小组之间充满合作与竞争。

我们班第六小组由三名男生和三名女生组成，其中有一名学生早上经常迟到，上课也爱睡觉，作业很难按时完成。通过第六小组其他五位成员的帮助，现在他各方面表现都很优秀，并且被评为校级"书香少年"。第六小组多次被评为校级"优秀管理小组""优秀学习小组"，为班级其他小组作了很好的表率，不断完善了学生的品行，培养了学生良好的人生观和价值观。

四、案例分析及反思

陈宇、王文英老师用自身从教生涯的亲身经历和一个个生动的案例，与大家交流了自己对班主任工作的见解，深入浅出，发人深省。他们在讲座中讲述的"我的班级管理之道""问题学生的教育""用心改变学生"等话题，引起了在场教师的共鸣。其实每一个学生都有闪光点，关键是看我们教师怎样去发现、去挖掘、去培养，使闪光点发扬光大，变消极因素为积极因素，让每一个学生都能成才。

陈宇老师说道："很多事情在刚开始做的时候不一定很清晰地知道其意义何在、能做多久、能走多远。但是在做的过程中不断改进、修正，渐渐地由感性上升到理性的思考，再到有步骤、有规划地做，目标开始明确，计划性更强，效率也就更高"。全国优秀班主任王文英老师的经典语录"自信、阳光、智慧、成功"，也给了我很大的启示。结合凤鸣山中学"魅力课堂"的小组模式，特别是学习小组评价与管理时我们班主任的德育工作起到了推动作用。小组是班级的管理者，班级是学校管理的主要单位，学生核心素养可以通过小组内部也可以通过班级中师生互动得以落实。小组班级管理中我们重视学生个人发展的核心素养培养体系，注重学生自主发展、学生个性发展、课堂教学管理、小组合作学习、班级管理评价等方面对班级管理的促进，最终促进学生全面发展。

"作业公约"
——小组建设案例

英语组　邓少婷

作为一名一线的初中班主任，每天面对的是一群稚气未脱，但又自认为自己已经长大的十几岁的孩子。日复一日，却不能疏忽的常规管理：出勤、课堂纪律、仪表仪容、两操、清洁、课堂管理和教学记录……；随时关注思想品德和行为习惯的培养；面对孩子升学不得不重视的学习。这里我要讲的是每天孩子们都面对的作业问题。

一、事件经过

我所在的重庆市凤鸣山中学的班级普遍实施小组合作管理。我现在担任班主任的初 2014 级一班从七年级开始组建小组并实施小组管理制度。我们都希望通过学习小组自主、互助的形式，构建和谐班集体，提升班级凝聚力，促进学习效率的提升。整个班级在七年级一年的相处中培养了一批能干的组长，形成了各小组的风格和清晰有效的小组管理规则，七年级结束时我从内心为这个和谐的班级感到庆幸。

经过了愉快的暑假，全班 52 个孩子悉数回到班级，班长也开始全面实行班级管理。似乎日子就会如此幸福美好、风平浪静地度过。但是我的心里总觉得有什么不对！不对在哪里？开组长会，组长们如数汇报小组纪律、清洁和作业情况，形势也是一片大好。都知道初中的八年级是问题年级，孩子们最容易出问题。我想了个办法打开突破口，在每周孩子们单独写给我的周记里要求分析开学以来自己和所在小组的问题及改进建议。从不少孩子的周记上都看到他们有时遇到不会做的题问组长或其他同学，有的同学会直接把作业拿给他们看，慢慢地有些偷懒的孩子直接借组长的作业"借鉴"。了解到这一情况我心里很着急，但也知道要让孩子们发自内心认识到自己的错误并在班上形成良好的风气一定要想一个好办法。第二天一早我提前了半个小时到校，刚 7:00 的时候（平时7:40点名）我在教室后门一看，班上已经到了一半学生，都在"埋头苦干"。我酝酿了情绪,轻轻地走进教室,然后一脸惊讶地站在讲台上看着他们。孩子们发现了我,显得很尴尬。我点了班长和两个组长的名字,然后说:"我一直为我们这个团结的班级感到骄傲,结果你们是这样团结合作的,这无疑是一记响亮的耳光打在我的脸上,更打在我的心上!如果是没有学会,可以问老师,可以同学间讨论;如果是作业太多,可以告诉我这个班主任,我来协调减少。但你们骗取了老师和家长的信任,而且还有班长和两个组长在教室里,整个班级让我看不到真诚,看不到积极向上的阳光的班风!我作为班主任是失败的,是不称职的!"然后我第一次没有等着点名,眼中含着泪离开了教室,然后直接进了办公室。接着是无声的等待,我心里相信我接触了一年的孩子们能够醒悟,一定会做点儿什么。其他老师陆陆续续来了,很奇怪我怎么不在教室,我偷偷叫语文老师去看看。语文老师回来告诉我,她看到班长在讲台上讲话,每组组长都站着,全班在讨论。语文老师问孩子们他们怎么了,孩子们只是说他们犯了很严重的错误,正在想办法解决。接着又是等待,我有些担心孩子们能否想出有效的方法。十几分钟后,班长和另外八个组长每人拿着一张纸满脸愧疚地站在我的面前。班长先郑重地鞠躬说:"我没带好头,我对不起您的教诲!"然后给了我一张手写的《作业公约》并说:"这是经过全班讨论并通过的《作业公约》。"

作业公约

作业是学习的保障,对作业要有正确的态度。每天的作业都要按时完成、上交。

1.背书作业与书面作业同样重要,组长要认真检查并做好记录。(主科作业与副科作业同样重要)

2.交作业的时间在早读以前,值周小组要在维护清洁前上交作业。科代表负责把名单抄送给任课老师和班主任。

3.班上的安全管理员每天早晨7:20开门。(杜绝提前到校赶作业)

4.没有按时交作业扣2分。(除完成作业外,和组长一起抄写此条款两遍,要求字迹工整)

5.抄袭他人作业,或有意要他人抄袭作业的双方各扣5分(加罚背诵课文),全小组抄写此条款两遍,要求字迹工整。

《作业公约》有一些惩罚让我担心,但组长们一再强调是他们一致讨论的结果,每个组都由全组组员签字。看着组长们认真严肃的表情我心中窃喜,但仍一脸严肃地说:"关键在于以后你们的管理和全班同学的行动。"这时铃声响了,第一节课是我的英语课,我拿上书和组长们一起向教室走去。还没到教室就已经听到班上传来整齐的读书声,进了教室,科代表告诉我已经听写了,各小组已经交换批改并交给她了,有5人没有过关,大多数同学全对。接着的这节课各组积极参与学习、讨论和展示……

第二天一早我仍然很早到学校,孩子们都还没有到。7:20后,陆陆续续有孩子到了,到教室交作业读书,7:40各科科代表收作业,班长郑重地拿了一份打印的《初2014级一班作业公约》贴到班务栏里。一周过去了,一个月过去了,现在这个班级已经是九年级了,每次换了教室,班长都会郑重地贴上《初2014级一班作业公约》,这一年里偶尔会有个别孩子想"借鉴"别人的作业，同学们不仅会拒绝，还会很真诚地当着他的面告诉我："老师，今天某某差点儿借我的作业看，最后没有，我们不能让我们小组扣分。"有时真的为孩子们的坦诚和积极而感动。

二、指导

成长中的初中生难免会犯错误，关键是面对错误时我们如何引导和应对，如何激发学生们自己的改正和管理意识。我觉得这次事件能有效处理得益于组建班级以来扎扎实实的小组合作管理制度。其中，小组捆绑式的管理起到了很大的作用。随着小组管理的落实，组长们深知：要想小组优秀不仅是课堂积极展示、课后互帮互学，还需要督促并提高后进生的表现和成绩，才能让自己管理更轻松，小组更优秀，才能让整个小组加分获奖。

要注重对小组的整体性评价，而非对组员的个体评价。在高效课堂上，无论是学校管理，还是课堂管理，都应提倡这一点。学生要实现团结，组长要履行职责，学习要实现合作，就应该把一个小组当成一个整体。如果再把某一个学生仅仅当成个体来评价，就是越俎代庖，就是破坏学习小组的功能。对组员个体的评价，是组长的事，是小组的事。不管是组员在课堂上不在状态、违反纪律，还是对作业马虎，甚至不动脑筋地抄袭作业，首先应该是他的组长、他的师傅、他的对子的责任。他的小组对他进行扣分，进行批评，进行教育，比起教师当堂大发脾气、滔滔不绝地讲道理要好得多。学生应该是社会化的人，应该意识到自己的言行不仅仅影响个人，也影响家庭、朋友和自己所在的团队。试想，当今社会，如果我们哪个教师做了违背师德的行为，社会舆论仅指向他个人吗？不是，是指向所在的学校，乃至教师行业。有教师反映，加扣小组的分比起加扣他个人的分好上百倍，这不就是效果吗？当然，我们在捆绑式评价的时候，不能忽视对个体的教育。如果个别组员问题严重、思想不端正、心理有问题，那是不能仅仅通过捆绑评比来解决的，还得有课后的沟通、教育。

三、评价

还记得"生本教育"的提出者郭思乐教授经常讲："要相信学生！"龚雄飞校长在指导我们进行教学改革的时候也一再强调：当我们在教学和管理中遇到任何困难，向学生请教，他们会是我们的教师！在我们平时的教育教学之中我们会遇到很多问题，如何更好地处理并形成长效机制，要充分利用学生们的大脑，激发他们的智慧，也许最后会收到意想不到的效果。现在我经常在课间看到某个同学因为作业没有完成或者上课背不出某个历史事件，在那里接受小组的惩罚跳绳或者做下蹲（结合体育训练）；看到某个后进生的手被组长牵着高高举起来回答问题或展示练习；每个小组值周时全组积极有序、各就各位，不要教师提醒就能自觉维护全班的清洁。由这份《作业公约》我看到了学生自我管理的能力——我们要相信学生！

七班"家训"

——初2017级7班行为准则

语文组　郑明义

七班的气质：动有野狼般的迅捷，静有处子般的淡定

七班的班风：自立、自学、自信、自强

七班的学风：遇易不轻，逢难不避，放低身子，坚持到底

七班的精神：忠诚、荣誉、责任、坚韧

1.七班是你的家，在七班你永远不会感到孤独和寂寞。我们坚信六个字"不抛弃，不放弃"。

2.尊重父母给我们的生命，那种轻生或残害自己身体的行为是懦弱可耻的行为。

3.要走人行天桥或地下通道，过马路要走斑马线，要左看右看，千万不要上看下看。

4.人类已经经过了亿万次的实验证明，人体没有轮胎硬，所以你就不要再拿自己的身体去验证了。

5.按时回家，不让父母操心，这就是孝顺。那些连父母都不孝顺的人，还配有朋友？对这种人，你要远离他。

6.良好的人品和健康的身体比学习成绩更重要。

7.七班不搞阴谋，只搞阳谋，有问题、有意见，大家摆到桌面上说，不要掖着、藏着。

8.我为人人，人人为我，这是交情；人人为我，我为人人，这是交易。交情长久还是交易长久，你好好想想！

9.你可以不为别人锦上添花，但你一定要为别人雪中送炭。

10.情商比智商更重要，事实证明智商高的人往往替情商高的人打工。

11.感谢那些接受我们帮助的人，是他们让我们看到了自己作为人的价值。

12.红花需要绿叶衬托。没有绿叶的衬托，哪有红花的灿烂？一花独放不是春，万紫千红才是春。

13.一滴水的力量是极其渺小的，但它一旦汇入了大海，就能掀起滔天的巨浪、万丈的狂澜。

14.空气是有很多杂质的，但你会愚蠢到因为它有杂质，就拒绝你呼吸的权利吗？生活有许多不如意，但正是这些不如意使我们的生命变得厚重，让我们的生活有了斑斓。

15.不叹息、不气馁、不舍弃，静下心来，脚踏实地，走好自己的路。

16.男女同学之间要有距离，距离产生美。男生要学当绅士，女生要学当淑女。我们要学会矜持，同学之间要互敬。

17.要像爱护自己的眼睛那样爱护班级、学校的荣誉；要像爱护自己的家一样爱护教室的清洁。

18.教室不是食堂，请不要把食品带到教室里来。

19.痰和垃圾不落地。

20.相信自己，你就是一匹野狼，自己要去争、去"抢"。这个世界没有任何现成的东西留给你。

21.七班只尊重强者，绝不同情弱者。

22.强者是自己跌倒了，咬咬牙自己爬起来的人，这样的人值得我们去帮扶，值得我们去尊重。

23.遇到困难就逃避的人，我们要严重地鄙视他。

24.不要对别人说"随便"，"随便"既是对自己的不负责，也是对别人的不尊重。要敢于亮出自己的观点。

25.别人说你"不行"不可怕，就怕自己说自己"不行"。

26.遇到难题，你要大声说"让我试一试"。

27.学别人要虚心，答问题不心虚。

28.每天做好三件事：预习提疑—课堂解疑—课后归结。

29.学习就是重复、思考、归纳、运用的过程。

30.课堂上跟同学和老师是带着问题互动，而不是乱动。

31.好记性不如烂笔头。

32.做题之前要复习，磨刀不误砍柴工。

33."上课跟着老师走"——高考状元们都这么说，都这么做。

34.狂是一种心气儿，但狂妄就是一种愚蠢了。

35.老师没讲过的题，你做对了，那你是天才；老师讲过的题，你做对了，你就是人才。把简单的事做好，把会做的题做对。

36.凡事要学会自己思考，千万不要过分依赖别人。

37.我们不仅要学会当好主角，更要学会当好配角。

建构优秀的学习小组

英语组　甘玉如
（重庆市凤鸣山中学"魅力课堂"改革征文）

时代在发展，人们对教育的要求也在不断地发生着变化，从"传道授业解惑"到"素质教育"再到"培养学生的核心素养"，每一个话题都给教师们提出了明确的要求，为了培养出更多的能够适应未来社会的具有综合素养的人才，作为教师，我们必须与时俱进，更新自己的教育理念，改变自己的工作方式。合作学习是新课程标准要求学生学会的一种重要的学习方法，小组合作学习也就成为教学中的一个重要环节，对学生自主参与、乐于探究和创新能力的培养有着积极的促进作用。

一、学习小组的意义

　　首先,小组合作学习更能突出学生的主体地位,培养主动参与的意识,激发学生的求知欲。其次,小组合作学习的方式强化了学生对自己学习的责任感和对自己同伴学习进展的关心。这样的学习气氛显得轻松、活泼而又团结互助,有利于师生间的有效沟通,有利于学生相互帮助、相互鼓励,进而培养合作能力和团队精神。最后,小组合作学习为学生提供一个较为轻松、自主的学习环境,提高了学生创造性思考的能力。总之,在教学中采用小组合作学习的方式,形成了师生、生生之间的全方位、多层次、多角度的交流模式。使小组中每个人都有机会发表自己的观点,使学生感受到学习是一件愉快的事情,最终达到使学生学会、会学、乐学的目标,进而有效地提高教学质量。

　　教师要学会调整甚至改变教学方式。学生也应该努力转变学习方法,由被动听转为主动学,要多种器官综合使用,即耳、鼻、口手并用。综合考虑,个人认为小组学习可达到这种效果。由于小组合作学习有着重要的作用,所以班主任要积极地组建高效的合作学习小组。如何建构出学习效率高、自主学习能力和管理能力都强的小组,我们得好好动动心思。

二、小组的构建原则

1.同组异质,异组同质

　　为了实现公平的小组竞争,刺激学生良性发展,分组的时候务必做到小组和小组之间的整体能力必须一样或者接近。如果差异太大,容易引起差的小组自暴自弃,从而破坏小组间的公平竞争。初一刚入学,可把全班分成 8 个小组。成绩好、中、差都搭配一下,尽可能让每一小组成绩差异缩到最小。我班 47 人,我把学生按照成绩排名,平均分成 6 组,每一组 8 人。第一组分成顺数 A,B,C,D,E,F,G,H 共 8 人。第二组是倒数 H,G,F,E,D,C,B,A 共 8 人。第三组是顺数 A,B,C,D,E,F,G,H 共 8 人,以此类推。最后,全部 A 在一组,全部 B 在一组,全部 C 在一组,全部 D 在一组,全部 E 在一组,全部 F 在一组,全部 G 在一组,全部 H 在一组。在熟悉学生后,还可适当调整,保证每一组都有活跃分子,让每一组的小组合作都有声有色。

2.组内双向选择

　　在教师把组长选定之后,让组长和组员之间进行双向选择,从而使合作更默契,同时,融洽的感情增强了合作小组学习的效能,也会大大提高学生自主参与学习的能动性。在相处一段时间后,对于自主选择的组合,如果发现问题或者发现确实不适合组对时,一定要及时换对子或者调整座位。

三、制订班级管理细则的原则

1.严格和全面原则

对于班级的管理,班主任和班干部一起或全班同学一起制订适合且全面的班级管理细则。这些细则应该包括班级生活的方方面面。比如课堂上,小组参与合作学习的程度的评价,如何加分、如何扣分等。有一些是死的,比如迟到、抄作业等,要制订出严格的扣分细则。

2.制订出有弹性的管理细则

学生学习的每一个阶段表现出的问题都不一样,所以教师就应该因人而异改变管理细则,从而促进班集体小组更有活力地发展。

四、班级管理的原则

1.严

一旦制订出班级管理的细则,就一定要严格地实施,严格按照班集体管理细则加分、扣分。对于对扣分多的或者无所谓的,该请家长配合教育的就一定要言出必行。

2.柔

班级的管理也要体现一定的人性化,可以给一定的机会,但不能太过分,给每一个小组成员一定的改正空间。一个良性发展的班级可能就慢慢诞生了。比如单词听写,没有过关的,就要扣分。可以原谅一两次没有过关,给机会重新听写,没有过关的同学会自惭形秽,回家后会努力去学习、去记背。

3.严柔共济,恩威并重

一个班集体光有严厉或严格,是不行的;光有柔也是不行的。一个良好的班集体,班主任在管理的过程中,应该是严柔相间,恩威并重。比如一个学生犯了错误,我们在批评他或她前,可以先点评其优点,然后再谈其不足,这样可以让其觉得自己不是一无是处,通过努力也是可以达到教师要求的,也是可以进步的,这样学生才会朝着教师期望的方向发展。

五、评价每一个小组

能够严格并正确地评价一个小组(这个评价就是按照班级细则扣分、加分等),是班级良性竞争和良性发展的重要支撑,所以教师在教育教学过程中一定要把好关。

①班长负责登记每一天每一个小组的得分,以表格的形式记录下来。

②两周的总分要排名。两周后的周五下午公布小组得分和排名。

③和班干部一起商量出有激励性的奖励措施。比如第一名可以优先选择小组的座

位,第二名就第二个选择,以此类推。如果这一阶段这项举措不得力,教师要尽快和学生们一起寻找更有激励性的奖励举措,比如现金奖励或者物质奖励等。

④对于连续四周,也就是连续两次选座都是倒数第一的,要制订出足以让学生立马整改的措施出来。比如让家长参与到这一组的小组管理中来,让这一组学生当着教师、家长的面拿出整改意见和态度并作出承诺:下一次的小组竞争绝不会是倒数第一了,要达到班级的第几名等。

⑤对于班集体内屡次不守规矩的学生,教师一定要想出办法使其遵守规范,这样才能给其他学生起到警示作用,也给其他学生创造良好的学习氛围。

综上所述,一个班级分成八个小单位,教师的工作将会更简捷,班集体有异动,就找组长,让组长去管理。小组的合作学习和管理将会更有序,更有活力,更有持久性,更有竞争性。

核心素养背景下小组合作学习的思考
——小组长的选拔与培养

数学组　张　浩

摘　要:学生发展核心素养,是指学生应具备的、能够适应终身发展和社会发展需要的必备品格和关键能力。构建学生发展核心素养体系对提升人才培养质量、增强国家核心竞争力至关重要,是国际教育发展和变革的趋势。"中国学生发展核心素养"明确提出要让学生学会学习,培养学生积极的学习态度和浓厚的学习兴趣,能自主学习,注重合作。现如今,全国许多中学均采用小组合作学习模式来进行课堂教学。本文针对小组合作学习中小组长的选拔与培养这一重要方面进行研究,总结出小组长选拔过程中的常见误区以及培养过程中的具体措施,探索出适应实践操作的具体方法,让学生既能自主学习,又能合作学习,更加有利于培养中学生的核心素养。

关键词:核心素养　小组合作　小组长的选拔与培养

核心素养是新课标的来源,也是确保课程改革万变不离其宗的"DNA"。重庆市凤鸣山中学顺应全市高中新课程改革趋势进行了课堂教学改革,我校的课堂教学模式发生了很大的变化,由以前的"秧田式"变成了小组合作学习模式。随着教学模式的变化,我们的班级管理模式也必须要作出相应的变革,现在进行班级管理更多的是以学习小组为单位,很显然,学习小组的建设就成为了班级管理中的重要组成部分,而小组长又是小组的管理核心,因此,如何选拔和培养小组长就成为了重中之重的工作。经过一段时间的实践,在关于小组长的选拔和培养方面,我遇到过一些挑战,也有一些感悟和收获。

一、小组长在管理中出现的问题

我所带的班级是一个理科平行班,班级总人数是 55 人,我分成了 9 个学习小组。班里的学生成绩跨度比较大,我们班由年级 50 多名到 450 多名的都有,我在分小组的时候着重考虑的是成绩的因素,使得各个小组的平均成绩差距很小,然后尽量兼顾到其他的因素。其实在分小组的时候,我心里面已经有了小组长的大致人选,分好小组后,小组长由我确定出来。我在实行一段时间的小组管理之后,很快就发现小组长在小组管理上面都存在一定的问题:

①小组长处理问题的时候优柔寡断,缺乏魄力;

②小组长顾及同学的情面,对犯错误的学生不能够作出公正、严格的处理;

③小组长的主人翁意识不够强,缺乏集体观念,不能在小组里面、班集体中起到模范带头作用;

④各个小组长之间、与班干部之间、与老师之间的沟通不到位,导致处理问题时都是单打独斗,没有明确的指向性,进而导致处理结果不理想。

二、对于小组长选拔误区的思考

以上这些都是我在班级管理中,小组长所暴露出来的主要问题。小组长是一个小组的领导者,小组长配备适当对于整个小组的发展是十分有帮助的;相反若是小组长配备不合适,那么对于整个小组的发展也是很不利的。最初的时候,我选定小组长主要参考的是学习成绩。所以,在全班 9 个小组里面,有 6 个小组我都是选择的小组第一名担任的小组长。结果就导致了下面的局面出现。

案例:我们班的第四组小组长杨磊同学成绩非常优秀,不仅仅是他们小组的第一名,而且还是我们班的第一名,也是平行班里面的最高分,期中考试排在年级第 52 名。虽然他的个人成绩很好,但是小组管理方面确是不尽如人意,使得整个第四小组显得非常松散,没有能够营造出一种学习的氛围,使得组员们没有学习的劲头,自己也显得有些懒散,整个小组没有能够团结在一起,感觉就像是"做一天和尚撞一天钟",所以在第一次月考和半期考试中考得都不是很理想,都处在 9 个小组的中下游水平。

就在我们班上与第四小组形成鲜明对比的是第五小组,第五小组的小组长邓杨丽同学,其实她的成绩并不优秀,在年级里面也就排在 320 多名,在他们小组 7 名同学里面排在第 5 名。但是,她的组织能力很强,在组员之间具有很强的号召力,虽然成绩不算太好,但是组员都很服气。而且,她自己本身也很用心在为他们的小组服务,第五小组在她的领导下很快制订了自己完善的组规、组训,每个星期整个小组都会找时间开一次小组会议,进行一周的学习总结并制订一周的计划,自然在期末考试中第五小组考得非常出色,名列 9 个小组中的第一名。

其实在配备小组长的时候,我们很容易走入一个误区。就是我们通常会认为那些成绩比较好的学生综合素质就比较高,综合能力也会比较强。而当好一个小组长需要的是综合素质,而不仅仅局限于成绩优秀。所以,我们在选择小组长的合适人选时,更要注重学生的综合能力。尤其对于整个小组的管理需要的是全方位、多方面的能力,而不仅仅局限于考试分数。我们班的第五小组就是一个很鲜明的例子。

三、小组长培养的具体措施

小组长的成长离不开教师的点拨,出现状况,教师就要进行一些干预和引导,实际上也是培养小组长能力的一个很好的机会。在我们班里,也不只是第四小组的组长存在这样的问题,管理能力缺乏也同时体现在其他小组长身上。所以,对小组长管理能力的培养和提高就势在必行了,在接下来的近一个月时间里我就有针对性地采取措施对小组长进行重点培养。

1.给小组长搭建交流平台

我在和小组长的交流中发现了这样一个问题,就是各个小组长管理方面的方式方法都有不同,而且面对不同的学生也确实需要采用不同的方式方法。所以,在了解这个情况以后,我就让班长作为负责人,每个星期找一个时间,让所有的小组长聚在一起,对本周各个小组的情况进行交流。不管是每个小组在近期采用的什么好的做法,还是小组里所暴露出来的一些不好的苗头,大家能够有一个畅所欲言的平台。这样既可以做到信息的共享,又能增进各个小组之间的了解,更重要的是能够通过这种方式发现一些小组管理的有效方法。一些好的方法其他小组可以有针对性地复制,当然对于某个小组所出现的问题大家也可以集体出谋划策,很多好的解决方法都是通过这个平台被发掘出来的。

2.为小组长创造更多的锻炼机会

能力是在实践中锻炼出来的,所以在平时的班级事务中更多地让小组长参与其中,从而锻炼他们的能力。比如:在我校举行的第53届校运会中,我们班在没有一个体育生的情况下夺得了第二名的好成绩,而且也获得了"体育道德风尚奖"。但当我回想起整个运动会筹备过程,感觉自己就像一个观众一样,自己参与筹备得很少,基本上都是让班长带领小组长在进行组织和筹备,我也只是偶尔过问一下,然后向他们传达一下我的思路和想法。虽然少了我的指导,但最后的结果却让我很满意,班级的凝聚力增强了,小组长也感到很有成就感,能力也得到了很大的提高。又如:这学期的"建党九十周年"的合唱比赛;再如:大课间的"诵读讲传"活动等,我都放手让小组长参与组织和管理。

3.提高小组长的自身素质,争当表率

我们选定的小组长其实本身也是小组的成员之一,要管理好整个小组,必须先把小组长管理好,让他们起到模范带头作用。但是小组长毕竟也是学生,他们处理起问题来会存在一些不恰当的地方,有时不但没有解决问题,反而让问题变得更复杂。所以规范小组长的管理方式在小组建设之初就是一件重中之重的事情,关系到整个小组的发展。当我在刚刚选定好小组长的时候,也就开始着手规范他们管理的方式方法。我主要采用的方式就是:"随时、随地的教育",出现一个什么状况或者不好的苗头都要对他们进行教育,所以我对小组长的教育是不限时间、不限地点的。比如:课间的时候,要给小组长强调维护好本小组区域的清洁卫生;课间操时要让小组长组织好组员快速、整齐地集合完毕;自习课要维持好本小组的纪律等。

核心素养强调的不是知识和技能,而是获取知识的能力。核心素养教育模式取代知识传授体系,这将是素质教育发展历程中的一个重要节点,意义深远。核心素养需要更加注重合作参与,小组合作学习就是行之有效的途径。通过一段时间的实践和以上这些方法的培养,我们班级的小组长处理起问题来显得不再那么稚嫩,要成熟得多,也更加游刃有余。在小组合作学习模式下利用好小组长会使得班级管理更加有序和高效。

小组建设在班级管理中的运用

化学组　付元兴

摘　要:小组是实施小班化策略的有效途径,便于班级的精细化管理;详细阐述建立小组的原则及激励措施;以实例介绍小组发展和完善的过程。

关键词:小组合作　自主式　高效

现代教育理论指出:"教学过程是师生交往、生生交往、积极互动、共同发展的过程、没有交往,没有互动,就不存在或未发生教学。"而在目前的班级授课体制下,大班制是无法实现这种效果的,只有采取小组合作学习的形式,才是积极和行之有效的办法。在此背景下,我校积极推行课堂教学改革,改的是理念,改的是教学方式。要稳步推动课堂改革,调动学生的学习热情,就必然要做好小组的建设,充分发挥小组的力量。

小组建设先要把班级几十人化整为零地分成几个小组,让学生自主学习、自主管理,这样也减轻了班主任的管理负担!由之前的一对几十变成了一对几,同时还可激发学生的竞争意识。为了最大化地发挥小组的优势,结合学校的小组管理措施以及班级特点,我班制订了一系列的激励措施,并在实施过程中不断完善小组的建设。

一、小组组建的原则

要最大化地发挥小组的优势,分好组就显得尤为重要,结合我班的自身特点,具体操作如下:

①将全班36人按照6人一组正好分成了6组,在人员上组与组相当,六人一个小组是最佳搭配。人员太多,显得有点拥挤,对角线上的同学隔得较远,不方便交流和讨论,

靠边的同学有点被"边缘化"的感觉;人员太少了,小组显得过于单薄,团队小了,不利于发挥小集体优势。

②结合学生的性格特点,文化成绩和美术成绩的差异,考虑性别比例,综合搭配,确保各小组间的均衡,有利于组间的良性竞争。这点很重要,当各小组实力相当才会在良性的竞争中发展,而不至于出现某些小组优秀,某些小组薄弱;同时组内每位同学都有自己的优势科目,碰到一些简单的问题,小组内部通过交流互学就可以消化解决掉。

③选择有组织和领导能力的同学担任一组之长,全面负责组内的事务,这直接关系到小组建设的质量,至关重要。组长不需要成绩有多么优秀,但是一定要认真负责,有威信和领导能力,在平日的管理中我将权力下放给小组长,出了问题我只问责组长。

④座位采用围坐式(见下图),这样方便交流和讨论,有利于互学、群学,座位一周一轮换,表现好的小组优先选择位置,至于组内座位,遵从自愿原则,自行协商。

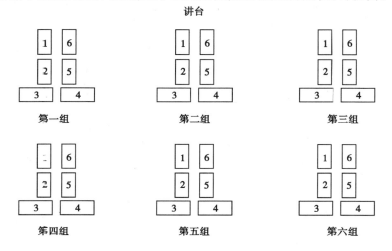

二、小组的奖惩措施

组建小组只是第一步,要让小组高效率地运转,就必须配套一系列的激励措施。为此,学校配套有一系列的激励措施。比如,小组加分,评选年级、校级优秀小组,很大程度上调动了学生的热情。在此基础上,我又融入了一些班级自己的东西,班级所有的考核都以小组为单位,而非个人。座位跟小组考核挂钩,分数高的小组拥有优先选择座位的权利;一个学期下来,最优秀的小组可以拥有一项特权,比如少做清洁三次。当然,还有一些其他的措施,其目的就是刺激学生,激发学生的学习热情,培养团队意识,进行自主式管理。

三、小组建设的完善

为了更好地发挥小组小团体的优势,本学期初我将小组作了一些调整。把权力下放给组长,由组长选择组员,组建自己的小团队,组长全权负责小组,出了什么问题我只问责组长。这样可以减轻我的一些工作压力,效果非常不错,班级运转良好。后半期会考之后又出现了一些状况,由于我班人数比较少,教室又特别大,学生们对于座位的一周一轮换失去了兴趣。给出的理由就是懒得换，反正也就 6 个组，前后都一样，又不影响看黑板。这样就会带来一些弊端，学生们逐渐失去争取加分的兴趣，积极性大打折扣。另外，长期背对黑板的学生意见很大，加上小组内部学生混熟了后开始有些喜欢讲笑话和打闹，而学生又拿捏不好度，所以在我脑海中就萌生出调组的想法。经过斟酌后，将原来的 6 个组调整为了 9 个组，每组 4 人，把教室两侧每小组背对黑板的两个座位拿掉，中间的小组抽掉 1 号、6 号座位。经过调整后，每个位置的同学都可以很方便地看黑板，同时，由之前的 6 个组变成 9 个组，也使偌大的教室显得不至于太空旷（座位如下图）。

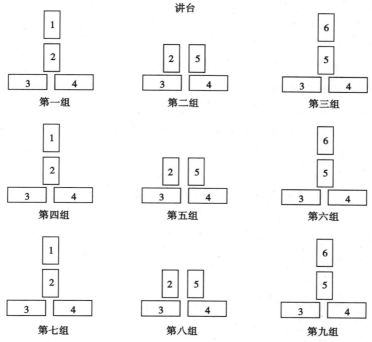

调整之后的小组显得更精简，更灵活，工作效率更高，也解决了部分同学不便看黑板的问题。每个小组内都有一名文化成绩优异，一名画画突出的同学，分别负责指导小组同学的文化和画画，当然最重要的还是行政小组长，其负责统筹小组内所有事务。

当然，小组建设也并非一成不变，班主任可以根据班级实际情况适时调整，寻求最佳的适合本班的策略，这才是最有效的，才能最大化地发挥小组的能量。在新的课堂改革背景下，抓好小组建设对于班级的管理非常有帮助，既减轻了管理上的难度，解放了班主任，又给了学生锻炼的机会，为班级注入了一股活力，可以充分发挥学生的主观能动性，进行自主管理，这也正是目前所提倡和推崇的班级管理理念。

本文参考文献

［1］王坦.合作学习的理念与实施［M］.北京：中国人事出版社，2002.

［2］靳玉乐.合作学习［M］.成都：四川教育出版社，2005.

［3］董晓.在小组合作学习中培养大学生自主学习能力的研究［D］.扬州：扬州大学，2009.

第三节　"雏凤共同体"的评价

一、"雏凤共同体"的管理

1."雏凤共同体"班级管理模式既是一种管理方式,也是一种教育方式

这为班主任探索和实施有效的共同体合作制提供了两个鲜明的维度:其一是成事;其二是育人。既要利用学生在"雏凤共同体"中的集体荣誉感和集体驱动力,激活他们主动参与班级管理工作的能动性和创造性,为班级建设注入可持续的活力;也要着眼于"雏凤共同体"的育人价值,将班级管理中的事务性工作转化为真切、鲜活的教育资源,让学生在丰富的竞争实践和交流共生中,培育出协作、民主和竞争意识,锻炼沟通、创新、组织能力等。

"成事"和"育人"一体两面,其最终的目标是要实现学生的自主管理和自主发展,从而实现核心素养的形成。这就要求班主任在推行"雏凤共同体"建设时,既要彰显控制力,基于班级管理的实际需要和学生不同年龄段的成长需求,设计"雏凤共同体"的组织构架和评价激励机制,并在"雏凤共同体"合作出现问题时给予及时、有效的指导和调整,同时又要充分发挥学生的主体性,在"雏凤共同体"运行过程中适时退场,充分给予他们自主管理的空间,甚至是在犯错误中成长的权利,放手让更多的学生得到展现自我、锻炼自我的机会。在"成事"的过程中"育人",在"有为"和"无为"之间取得一种动态的平衡。

2.班主任对"雏凤共同体"实行"两条线"的管理模式:行为规范管理——管理联席会,学习过程管理——学习联席会

(1)行为规范管理——思想文化建设、日常行为规范、大型结队集会、文明礼仪……

行政小组长每天参照评价细则,管理共同体成员,如实做好记录。

班长定期收集、整理各共同体行为规范管理记录,及时公示,并上报给班主任与校学生处。每周组织召开管理联席会议,总结本周各共同体管理情况,及时向班主任汇报并在班会上向全班学生通报。每月组织召开一次全班会议,根据过程表现评优,将结果交班主任审查后报校相关主管部门审核。

(2)学习过程管理——课堂共同体整体表现、课后作业、辅导、考试……

学科小组长每节课负责组织好共同体的学科学习,并做好情况记录。

学科科代表每节课根据课堂教学老师评价情况,参照评价细则,如实做好记录。

学习委员每周收集、整理共同体学习过程记录表,如实做好记录。每月完成一次共同体学习情况统计,在班级公示并上报校课程中心。每周组织召开一次科代表会议,总结本周各共同体的学习情况,分析问题,提出措施,汇报班主任并利用班会课通报全班。

每月组织一次对学科教师的评价，做好记录并上报校课程中心。每月组织召开一次全班会议，根据过程表现评优，将结果交班主任审查后报校课程中心审核。

二、"雏凤共同体"的评价

（一）"雏凤共同体"的评价原则

1.公平性原则

对"雏凤共同体"的评价应充分体现学生发展的特点，将个性评价、过程性评价与结果性评价相结合；平等地对待每名学生，为每一名学生提供表现的机会，把希望带给每一名学生。

2.差异性原则

在评价中，要承认学生原有的个体差异和发展中的差异，对不同的个体采取不同的教育方法和评价尺度，发挥学生最大潜能，力求使每一名学生都有不同进步。

3.公开性原则

一是评价标准公开，避免评价标准的随意性应用；二是以公示栏、表册张贴等方式适时公布评价结果，确保评价的公正、公开，让每一名学生适时掌握所在共同体的评价结果。

4.发展性原则

确立评价标准要以学生的发展为出发点和落脚点，以发展的眼光和尺度对每一个"雏凤共同体"进行评价。对一时起伏甚至暂时倒退等情形，应以适当批评的方式进行教育，而不纳入评价标准。

5.全面性原则

综合评价"雏凤共同体"在课堂学习中的各个方面，包括学习习惯、学习行为表现、团结互助精神、学习自觉性、学习环境维护、考试成绩等，以促进学生的全面发展。

6.赞许式原则

对学生的评价坚持以激励为主，实施赞许式评价，即尽可能以加分激励的方式进行评价（少数指标除外），善于发现学生的闪光点，强化学生良好行为的养成和保持。

（二）"雏凤共同体"的评价范围

学校对"雏凤共同体"的评价主要包括学习过程的评价、学习管理的评价和学习结果的评价。

1."雏凤共同体"合作学习过程的评价

学校为"魅力课堂"的每一个环节或步骤制订二级量化评价指标，再在这些二级评价指标中细分设置一些三级量化评价指标,根据这些评价指标对各"雏凤共同体"在"魅力课堂"上的具体表现进行量化评价。

2."雏凤共同体"合作学习管理的评价

"雏凤共同体"合作学习特别注重学生的自主学习、自主管理从而实现自我发展。这种管理重在纪律与常规,将学生的学习行为习惯养成、组织纪律观念、任务完成情况及其补救情况等纳入其评价范围。

3."雏凤共同体"合作学习结果的评价

这种能够以量的方式呈现出来的东西主要是指学生的学业成绩,因此,评价的指标内容主要是成绩。但对这种学业成绩应当实行有效性与增值性的评价,并且以共同体方式实施捆绑式的整体评价,以促进全面地进步与发展。

（三）"雏凤共同体"的评价细则

学校主要从"日常行为规范"和"学科学习"两部分对"雏凤共同体"实行捆绑式整体评价。

1."日常行为规范"方面

(1)出勤:包括早晚自习、课间以及各种集会(课间操、升旗仪式)。

分迟到、早退、旷课等三种情况。三次迟到或早退算一节旷课。

迟到、早退一人一节次扣1分,旷课一人一节次扣3分。

(2)清洁:包括清洁的完成情况和值日的保洁情况(教室和寝室)。

教室个人不做清洁、不维护清洁的扣1分。

寝室清洁评分和教室整体清洁评分以学生处的检查结果为依据。

(3)纪律:包括集会纪律、课堂纪律、归寝纪律、静校纪律。

集会纪律:两操(课间操、眼保健操)完成情况,大课间活动,升旗仪式,其他集会。无故不参加集会的,一人次扣2分。

课堂纪律:课堂包括所有自习课。在课堂上不做与学习无关的事情;服从教师和小组长管理,不顶撞教师或小组长。不做与学习无关的事情,违者一人次扣1分,情节恶劣的扣3分;自习课私自下位、换位、离开的,一人次扣1分;不服从管理的,顶撞小组长甚至教师,与同学发生冲突的一人次扣3分;小组长违反纪律的加倍扣分。

归寝纪律:以寝室生活老师和值班老师的检查结果为依据,一人次扣2分。

静校纪律:以值班老师的检查结果为依据,一人次扣2分。

严重违纪,受到学校行政处分的,按照学校违纪等级相应扣5~25分。

(4)仪容仪表:以学生处、学生会的检查结果为依据,一人次扣1分。

2."学科学习"方面

(1)课堂表现:以每堂课的评价结果为依据。

①"情境自学——雏凤清声"环节

独立思考,学习专注,高质量完成学习任务,不交流、不讨论,保持课堂安静,加1分。

此环节有交流、讨论的,一人次扣0.5分。未完成学习任务或完成情况非常糟糕、态度不端正的,一人次扣0.5分。小组长不组织、不督促、不规劝的扣0.5分。

②"合作互学——群凤和鸣"环节

共同体内成员热情互助,主动交流,发言有序,互学有效,共同体加1分。生成了新问题的视问题价值加1~3分。

有游离于合作互学之外的,一人次扣0.5分,小组长不组织、不督促、不规劝的扣0.5分。讨论音量过大,干扰其他共同体学习,不听规劝的扣0.5分。

③"展评激学——凤举鸾翔"环节

展示态度积极,语言规范,声音洪亮,条理清晰,板书工整的加1分;共同体准备充分,配合默契,积极提供帮助,补充及时的加1分;在其他共同体展示时,认真倾听、记笔记、被教师表扬的,加1分;学力较弱的组员展示加2分;思路拓展分享展示加2分;错误分享展示加2分;积极质疑的,一人次加1分;通过质疑生成了新的问题,视问题的价值加1~3分。

在本共同体展示时,不积极提供帮助、补充的,一人次扣0.5分;在其他共同体展示时,不认真倾听,不尊重人、起哄的一人次扣1分;小组长放纵组员违纪的扣1分;小组长带头违纪的扣2分。

④"提升领学——凤翔九天"环节

能归纳总结本课题所学知识,形成完整的知识体系的,加2分。

不认真倾听同学或教师的归纳总结,不做好记录的,一人次扣0.5分。

(2)学科作业:完成态度(是否及时完成,是否有抄袭现象),完成质量(科任教师的评价)。

不按时完成作业的,一人次扣1分;抄袭他人作业的,一人次扣2分,监督者所在小组加1分。

(3)考试成绩:以每次考试学科年级名次为依据,实施增值性评价。

单科排名年级前1/3者,每上升5名加0.5分;排名年级1/3至2/3者,每上升10名加0.5分;排名年级后1/3者,每上升15名加0.5分。(小组得分为成员得分总和)。

总分排名年级前1/3者,每上升5名加1分;排名年级1/3至2/3者,每上升10名加1分;排名年级后1/3者,每上升15名加1分。(小组得分为成员得分总和)。

单科成绩每增加一个有效人数,所在小组加2分;总分成绩每增加一个有效人数,所在小组加5分。

(四)"雏凤共同体"的评价工具

重庆市凤鸣山中学"魅力课堂"小组学习过程评价表如下。

表A　各共同体的课堂表现一周学习记录表(一个学科)

班级:_____　学科:_____　科代表:_____　　　　　　　第_____周

_____月_____日至_____月_____日

	周一 第___节	周二 第___节	周三 第___节	周四 第___节	周五 第___节	一周 合计	备注(作业 完成情况等)
1组							
2组							
3组							
4组							
5组							
6组							
7组							
8组							
9组							
科任教师签字							

注:此表由科代表(学科长)填写,每天根据上课的表现如实填写,统计分值参照《学习小组评价与管理意见》,并将每天学习情况反馈给科任教师,由科任教师签字确认。

表B　各共同体课堂表现一月学习统计表(所有学科)

班级:_____　学习委员:_____　　　　　　　第_____周至第_____周

_____月_____日至_____月_____日

	第___周	第___周	第___周	第___周	合　计	备注(注明作业完 成情况或考试情况)
1组						
2组						
3组						
4组						
5组						
6组						
7组						
8组						
9组						
班主任签字						

注:此表由学习委员填写,每周根据【表A(科代表填写)】如实汇总各个小组学习情况,每周五放学后统计,每周定时将学习情况反馈给班主任与科任教师。每四周组织科代表会议,根据各小组评分,征求科任教师意见和班主任意见,评出"最佳学习小组"等。

重庆市凤鸣山中学"魅力课堂"小组常规管理过程评价表

表A 各共同体成员一周日常行为管理过程记录表

班级：_____ 行政小组长：_____ 第_____小组 第_____周

_____月_____日至_____月_____日

	周一				周二				周三				周四				周五				一周合计				备注（其他管理情况）
	出勤	清洁	纪律	仪表	出勤	清洁	纪律	仪表	出勤	清洁	纪律	仪表	出勤	清洁	纪律	仪表	出勤	清洁	纪律	仪表	出勤	清洁	纪律	仪表	
张三																									
李四																									
王五																									
陈六																									
赵七																									
⋮																									
⋮																									
																	小组团体合计：								
班主任签字																									

注：此表由行政小组长每天如实填写，严格按照《学习小组评价与指导意见》来对本组成员进行管理并打分，每周五放学后统计，将结果交由纪律委员或班长，并负责向班主任反馈本组常规管理情况，每四周整理统计每位成员常规管理情况，以作评优凭据。

表B 各共同体一月日常行为规范管理过程记录表

班级：_____ 班长（纪律委员）：_____ 第_____周至第_____周

_____月_____日至_____月_____日

	第___周				第___周				第___周				第___周				合计				备注（其他管理情况）
	出勤	清洁	纪律	仪表	出勤	清洁	纪律	仪表	出勤	清洁	纪律	仪表	出勤	清洁	纪律	仪表	出勤	清洁	纪律	仪表	
1组																					
2组																					
3组																					
4组																					
5组																					
6组																					
7组																					
8组																					

续表

	第＿＿周				第＿＿周				第＿＿周				第＿＿周				合计				备注（其他管理情况）
	出勤	清洁	纪律	仪表	出勤	清洁	纪律	仪表	出勤	清洁	纪律	仪表	出勤	清洁	纪律	仪表	出勤	清洁	纪律	仪表	
9组																					
班主任签字																					

注:此表由纪律委员或班长填写,每周根据【表A(行政小组长填写)】如实汇总各小组日常行为规范管理情况,每周五放学后统计,每周末将学习情况反馈给班主任并请班主任签字。每四周组织行政小组长会议,根据评分,征求班主任意见,评出"最佳管理团队"等。

学校正在开发网络信息填报、评价工具,一旦投入使用,对每个"雏凤共同体"以及每个学生的评价将更加客观、更加准确。

（五）"雏凤共同体"的评价结果运用

①科任教师应对学生课堂评分每周进行一次统计,每月进行一次小结,每期(或每个模块学习结束)进行一次总结,其结果作为学生"学分认定"的基本依据和学生综合素质评价的相关依据。

②班主任根据各小组每周(或每月)的评价结果,组织班级核心管理层和科任教师评选班级每周(或每月)优秀小组和个人并上报年级和学校参加年级和校级优秀小组评选。

③学生处根据评价结果每月评选年级优秀管理小组和校级优秀管理小组;课程中心根据评价结果每月评选年级优秀学习小组和校级优秀学习小组。

④学期末,学生处组织班主任根据评价结果,评选优秀个人和优秀团队。

优秀个人奖项参考:智慧领学之星、学习进步之星、文明礼仪之星、纪律规范之星、健康运动之星、文体积极之星、最佳小组长等。

优秀团队奖项参考:最佳自学效果团队、最佳合作互学团队、最佳展示团队、最佳管理团队、最佳进步团队等。

附录：“雏凤共同体”建设案例

众人划桨开大船
——关于初三学生小组合作文化的建设案例

语文组 杨春芳

一、问题的发现

初一懵懂，初二叛逆，初三冷静。回首十多年的班主任历程，我给初中学生各阶段的特点作了一个总结，也总是提醒自己在班级管理及教育中注意配合不同的年级段，给予适当的教育，以帮助学生顺利度过人生中的一个重要成长阶段。

又是一届学生毕业时，眼看着一群不堪学业重负的孩子，顶着两轮黑眼圈，弓腰驼背地伏在书桌上，忙碌穿梭于各学科的题海之中，最终获得的学习成绩却是几家欢喜几家愁：善于学习的同学信心满满，理想高远；可学习困难的同学却颓丧、悲观，甚至会自暴自弃，放弃学习。这样的极端不仅会给班级的学习氛围带来负面影响，还会给班级管理带来许多不稳定的因素。我既感心疼，又觉着急。有什么办法能够在升学的大背景下促使学习轻松的同学主动关心学习困难的同学，并能适时地加以帮助、辅导，让所有同学都融入学习中来，从而使班级这条航船能劈波斩浪，扬帆远航？

二、问题的解决

面对问题，我想了许多办法，但实施起来都有一定困难。让老师盯紧这些学生，重点关照，可一是老师精力未必顾得过来，二是有的学生心理素质不好，惧怕老师，反而会增加其心理负担。指定学生一帮一，生生互助，但学生能自觉地做到什么程度又不得而知，而且学生自己的负担本来就重，也不太乐意接手这样的工作。联想到我校正在进行的"魅力课堂"教育改革，我决定结合小组合作的形式来进行尝试。

1.建立小组团队，明确发展目标，严明考核制度

首先，小组合作学习的前提是拥有相对独立的学习共同体——小组，因此，在学期初我的第一件事就是编排小组。为了让各个小组的实力相差不大，以便于公平竞争，最大限度地激发小组合作学习的积极性，分组的时候，我按照成绩对各个层次学生进行均衡分配，除小组长由班主任征求个人意见后指定外，副组长由小组长自己任命，组员由组长和副组长商量后在不同分数段中挑选。一旦小组成立，则由组长和副组长全权负责小组

的管理事宜,形成小组合作共同体。

其次,要想组成一个有合力、有竞争力的团队,必须有属于团队本身的文化,在这种文化的熏陶下,团队内的组员才能团结一心,共谋发展。因此,我要求小组长带领组员共同确立小组的内部文化和小组的发展目标。我利用一次班会课的时间,让各小组派代表介绍本组的组名、组训、组徽,让小组通过第一次的集体展示迅速形成自己小组的凝聚力,为小组之后的合作与发展奠定了一个基础。

再次,一项工作做得好与不好,都需要有评价,公正的评价既能警醒后进者,又能鼓励先进者,最终刺激大家参与活动的积极性。为了适时了解各个小组的学习效果、成长状况,也为了给小组的工作一个评价,我遵循公开、公平、公正的原则,制定了小组间的考评制度。

表一:小组常规考评

小组构想		第 周	第 周	第 周	第 周	第 周	第 周
组名		学习:	学习:	学习:	学习:	学习:	学习:
组训		纪律:	纪律:	纪律:	纪律:	纪律:	纪律:
组徽		卫生:	卫生:	卫生:	卫生:	卫生:	卫生:
		合计:	合计:	合计:	合计:	合计:	合计:
		排名:	排名:	排名:	排名:	排名:	排名:

表二:组内发展状况展示

组员	学 习						纪 律					合 计	备 注
	作业	发言	提问	听默	纠错	笔记	课堂	午休	自习	清洁	仪表	出勤	

表三:干部考核表(略)

表四:小组一帮一师徒结对展示

	姓 名		总 计					
	师傅	徒弟	语文	数学	英语	物理	化学	合计
一组								
二组								
⋮								

一系列的前期准备工作结束了，小组学习共同体的建立工作也算是告一段落了。但另一个急需解决的问题又摆在了面前——如何利用评价机制来激发小组合作学习的积极性，使小组的合作开展得更加有效？

2.制订奖惩制度，激发合作动力，激励抱团发展

汽车行驶需要动力，飞机航行更需要动力，小组的竞争发展也离不开动力。我清楚地知道：如果少了必要的奖惩措施，即使有了严明的制度，也只能约束学生，迫使学生不得不去做一件事。但短暂的新奇感过去后，疲惫的学生又会为了个人的理想目标专心致志于自己的学习，无暇顾及其他。如果这样，那我的改革无疑就是失败的，班级的学习又会回到以前的状态。于是，我出台了针对小组和个人的奖惩措施。

首先，对小组常规给予奖惩。

以表一为标准，每周对小组的发展状况进行一个小结，总分排名第一的小组给每位组员加上 6 分个人操行分，且免除一次班级清扫工作任务。排名第二的小组每位组员加4 分，排名第三的小组每位组员加 2 分。总分排名倒数第一的小组需要增加一次当周周五的班级大扫除工作，且在扫除工作结束后需要组织本组组员进行组内反思，给出一份不少于 600 字的反思材料，并拟订小组的整改计划。

每一个月对小组进行一次总结，总分排名第一有两次的小组，授予"优秀小组"称号，将小组照片公示在教室的公示栏上，给组内每位同学发放班级内自制的"奖励券"。然后结合表二，优秀小组推选出小组内的一名优秀组员，该组员个人额外加操行分 3 分，并将个人照片张贴在张贴栏里，由小组长配上相应的颁奖词。总分排名倒数第一连续两次的小组，周五时由班干部参与小组内部反思总结，帮助其寻找小组问题，并制订小组整改计划。连续三次倒数第一的小组，周五时邀请家长及班主任老师参与小组讨论，寻找原因，并制订整改计划。

其次，对小组学习进行调控。

构建和谐、有竞争力的小组是我的首要目标，因为达成这一目标会使我这个班主任的工作更加高效，无论是小组问题学生的管理、日常行为规范的督促还是位置的编排，都成为了小组内部解决的问题。但是，这并不是我的最终目标，面对怀揣成才梦想的学生，如何鼓励他们克服困难，坚持不懈，获得个人最理想的学习成果，是我一直渴望的最高境界。因此，我又继续思索：如何才能让小组内的学习气氛热烈，帮助组内的后进生们克服学习的困难，形成小组共同发展的良好局面呢？我又模仿小组常规管理的方式进行了安排。

紧抓课堂，促进小组的讨论与交流，鼓励人人发言、展示。结合我校的"魅力课堂"，我将小组在课堂上的表现所获得的分数归入学习得分，加入小组的考评中。由于这项评比的分值较高，差异较大，因此大大刺激了学生举手回答问题的欲望。不久，教师就惊喜地发现，这一届初三的学生不再稳重自持、沉默寡言。课堂上不再是教师滔滔不绝，学生埋首苦练书写速度的孤独景象，因为我们的眼前举起了森林般的渴望表露观点的手臂。实践证明，课堂活跃了，学生的热情高了，教师的心情好了，交流的能力强了，成绩也上升了。

盯住人头,明确责任,鼓励师徒抱团发展。由于是均衡分组,每个小组里都有学习优异的优等生,也有学习吃力的后进学生,我征求学生的意见,将小组内的6个人分成三个学习小组,由两个优等生作为两个后进生的老师,组成两个学习团队,两个中等生组成另外一个学习团队。师傅每天督查徒弟的作业改错情况,负责为徒弟解决学习过程中的疑难(为了落实这项工作,我会派科代表一周内不定时地抽查一两次,要求要看到师傅检查后的签字)。然后结合表四对每一次正规考试中师徒二人的情况进行综合评价。师徒二人同时进步的学生,将两人进步的名次乘以二加入小组总得分和个人操行分中,如果只有其中一人有进步,则将进步的名次乘以一加入小组总得分和个人操行分中,如果两个人均退步,则将退步的名次乘以一计入小组总得分和个人操行分中。

再次,对优差个人进行奖惩。

小组是团队,但并不是避难所。我们提倡小组抱团发展,并不是鼓励大家吃大锅饭,不求无功,但求无过。而是希望学生作为小组的成员,人人贡献力量,个个展现才华,而不是沾取别人的光彩,减少自我的压力。因此,对每一个学生个体的奖惩也是十分必要的。

为此,我制订了个人操行评分机制,对学生的个人表现加以评价。

表五:学生个人操行评分表

姓　　名	第　周	第　周	第　周	第　周	备　注
					每个学生每周操行分底分为80分,依据班级常规考评进行加减分。90分以上为优,75分以下为中,70分以下为差。

每一周下来,我会结合表五对操行评分得优的同学进行点名表扬,对操行评分在70分以下的同学会进行个别交谈,帮助他们形成日常规范,促使其成为一名合格的中学生。一个学期下来,我会结合学校的评比、小组考评和个人操行考评两个标准,推荐各个项目的优秀学生,让真正优秀的小组和个人得到应有的荣誉,以此刺激学生个人表现的欲望。

实行小组合作管理方案以来,我经常有感悟,不断有惊喜:班级的学习氛围浓了;学生之间的关系更加和谐了;干部的工作能力加强了;游离于学习队伍之外的学生消失了,即使是成绩最差的学生,也积极争取在力所能及的范围内为小组添砖加瓦,贡献力量。

三、问题的思考

我们都知道,现代教育是以培养学生的核心素养为目的的教育,所谓核心素养,就是指最关键、最必要的共同素养。杭州师范大学教育科学研究院院长张华教授就认为,核心素养并不是只适用于特定情境、特定学科或特定人群的特殊素养,而是适用于一切情境和所有人的普遍素养,这就是"核心"的含义。因此,核心素养应该是知识、能力、态度以及价值观等方面的融合，既包括问题解决、探究能力和批判性思维等"认知性素养"，又包括自我管理、组织能力、人际交往等"非认知性素养"。可是，在我们原有的教育理念中，评价一个教师是否优秀，就只看这个教师所带班级的成绩是否出众，因此，教师们长久以来确定了一个工作目标，那就是拼尽全力管好学生，帮助学生获得优异成绩。在教师们的用心栽培下，大多数学生都能够学有所成，让自己的认知性素养得到明显的提升，不过，说到学习以外的能力，就不容乐观了，更不要说因为教师的精力有限，学生的学习能力也有高下之分，慢慢地，班级里边那一些跟不上教师步调的学生就只有安静地做一朵"壁花"，默默地看着他人成长了。这无疑是与现代教育理念背道而驰的。

问题清楚了，但是怎样做才能真正有效地培养学生的核心素养呢？

我校的"魅力课堂"改革给困惑的我们打开了一扇窗户，小组合作学习模式也为我们指引了一条幽径，通过这种模式，小组成员间、学生之间形成了有利害关系的团队，每一个人都不会被忽视，即使是后进生，也能找到自己发光发热的地方，从而不再成为可有可无的角色，当然也就会重新燃起希望的火苗，自信心也会不断增强。这虽是一个小小的尝试，但却可能改变一个学生的未来。同时，我们的小组合作更强调小组的"自治"，小组作为一个发展共同体，荣辱与共、唇齿相依，领导团队在抓好自己学习的同时，还必须关注小组内需要帮助的同学，于是眼中、心中都得装着集体和大家，自然不能再以自我为中心了。而小组成员们当然也不愿老拖后腿，在领导团队的带领下，学会严格地自我管理，积极营造小组内成员间和谐的关系，进而营造小组积极进取、互帮互助的学习氛围，在这样的背景下，学生最终就有望实现认知性素养和非认知性素养的双丰收。

作为一名教师，我始终牢记：用一颗善良而热情的心去关爱每一个学生，做他们成长路上的引路者，做他们圆梦旅途中的陪伴者，尤其关注学生的长远发展，引导他们脚踏实地，真正成为一个全面发展、有素养的未来型人才。为了很好地完成这一项任务，我选择了小组合作管理与学习的方式，我相信：只要不放弃，每一个学生都会有"山花烂漫"时。

加强评价与管理，提升小组合作学习的有效性、持续性

政治组 熊元红

摘　要：课堂是学校一切教育活动的主要载体，是提高教学质量的主渠道。课堂教学改革已然成为新一轮基础教育改革的突破口。课堂教学改革打破了传统课堂上的个体化学习方式，实现向群体性学习方式的转变。这种创新型学习方式的出现，是对传统教学思想与观念的根本变革，只有提高认识、转变观念，加强对小组合作学习的评价与管理，才能提升其针对性、持续性和有效性，真正提高课堂学习效率，增强课改信念，促进教学改革的深化与发展。

关键词：评价　管理　提升合作学习　持续性　有效性

一、小组合作学习的认识

（一）学习方式的创新

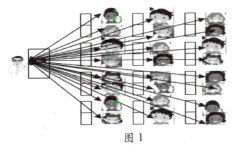

图 1

小组合作学习这种学习方式与 20 世纪 60—80 年代中期我国中小学普遍采用的课外学习小组有一定的相似之处，只是将其融入课堂教学与学习过程中，是一种创新型的学习方式。

1.传统课堂——个体化学习方式

数十年来形成了"教师伫立三尺讲台、学生'插秧式'安排座位的课堂"（俗称传统课堂）（见图 1）。课堂上，"教师讲授、学生听；教师板书、学生记；教师命题、学生考；教师讲评、学生纠错"等系列教学活动，致使每名学生几乎都是在老师的指导下进行独立的学习，我们称之为"个体化学习方式"。

这种学习方式的弊端在于：强调师生互动，而忽略学生在学习过程中的主体性，处于被动地位的学生难以发挥其自觉性并开展创造性的学习活动，成为吸收知识的容器。课堂上教师很难照顾到每一位学生的学习状况，往往只能以大部分学生的学习与表现以及任务需要来决定自身的教学设计、开展教学活动。这势必导致两方面的结果：一是就学生而言，成绩、表现、能力等分化日益严重，课堂缺乏生机、活力，效率极低。二是就教师而言，为提高学习成绩、教学质量，不得不进行"培优"与"辅差"，增加了教师工作量，显得"很累"。

2.课改课堂——群体性学习方式

课堂教学改革实施以后，根据一定原则将班级学生划分为若干学习小组，教师通过创设一定的情境，组织学生围绕学习目标及其问题开展自学、互学、探究、展示、提升、检测等系列教学活动（见图 2）。

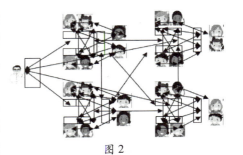

图 2

这种学习方式，既要求发挥教师的点拨、追问、激励等引领功能，实现师生互动，又要求学生开展独立自学活动，促进每名学生在原有基础上实现成绩进步和能力提升，同时还要求不同层次学生之间的互动，以培育合作意识和团队精神。这样每名学生都能实现"三助"式学习（即自助、师助、生助），我们称之为"群体性学习方式"。这种学习方式减轻了教师的教学负担，还原了学生的主体地位，尊重了不同学生之间的客观差异性，既在互助学习中增强了自身素质和能力，也在给予他人帮助中满足了自身心理需要，体现自身存在的意义和价值。

因此，从传统课堂的"个体化学习方式"到课改课堂的"群体性学习方式"的转变，不只是形式上的变化，也是一种学习方式的创新。

（二）小组合作学习的本质

简言之，小组合作学习的本质是：凸显生本理念，还课堂于学生。这可以理解为"教师主导，学生主体"，变"要我学"为"我要学"。在实践中，一是坚持以学生的学习为本、以学生的发展为本，学生才是教学活动的根本所在；二是要把课堂交还给学生，学生才是学习活动的主体。为什么是"教师主导，学生主体"而不是"双主体"呢？

1.由教育的本质决定

《中庸》曰："天命之谓性，率性之谓道，修道之谓教。"其意为：人性其实是天赋而就，顺乎人性发展，人类表现出来的素质就是合乎大道的，所以让人类自己去发展自己，这就是"教"的本义。"天命""率性""修道"的主体是谁？是学生而非教师！

2.由学生的主体地位决定

最早的教育产生于技艺的传承，因此已经达成一个共识，即没有受教育者，教育也就失去了存在的意义和价值。（俗话说：没有学生，教师就会失业。）因此，学生才是教育教学活动中最重要的主体。

3.由教育的目标决定

现代教育是为了"培养综合性的、复合型的，适应社会进步与发展所需要的高素质人才"（目标指向是学生而非教师）。

4.由教育教学质量评价的体制机制决定

衡量学校教育教学质量有一套系统且复杂的考核体系和评价指标，但学业成绩却占有相当高的比例。因此，评价学校教育教学质量高不高，看其中考、高考的成绩。评价一位老师教得好与不好，拿学生的学习成绩说话。教师的受教育水平、论文发表、课题研究、说赛评课获奖、案例设计、教学反思等都只能说明学校教师队伍的素质，学校的各种设施设备水平只体现办学的条件，都不能说明其学校的教育教学质量。

因此，课改课堂一般都要求遵循"六主"原则，即"学生主体、问题主导、思维主攻、自学主线、活动主轴、发展主动"，将学习目标转化为具体的问题，通过学生的自主学习与合作探究活动，培养学生的创新思维，促进学生的主动发展和全面发展。

（三）小组合作学习的特点

通过以上的分析与认识，我们可以提炼出小组合作学习的五大特点：

1.全员互动

师生之间、生生之间等所有学习活动参与者之间的互动。

2.彰显个性

尊重每一个个体，让每一名参与者都能在合作互学中找到自身的定位，发挥自身特长,在相互交流、合作探究中彰显个性。

3.凝聚众智

如今的学习不再像过去那样"单打独斗",而是依靠团队的力量(小组甚至是全班)和集体的智慧,共同完成相关问题的探究,达成学习目标。

4.共同进步

小组合作学习,提升了课堂学习活动个体的参与度,因此每一名学习者都能在其原有的认识水平、能力素质基础上有所进步、有所提高、有所发展。

5.全面发展

小组合作学习的各项学习活动中,不仅可以增长自己的知识,还可以培养、提升交往意识、表达能力、团队精神、合作意识等,促进学生的全面进步。

此刻,小组合作学习可以定义为:以合作学习小组为平台,将自学、互学、群学、展学、领学、检测、提升等诸多学习环节链接成的、相互交融且完整的学习过程,突出全员互动、彰显个性、凝聚众智、共同进步、全面发展等特质的创新型学习方式。

(四)认识的目的——促进三个观念的转变

1.教师教学观念的转变

教师不仅是学生知识的传授者,更应该是学生学习的促进者,是其生命的牧者。要以"相信学生、依靠学生、发展学生"思想为指导;关爱学生、亲近学生,树立"学生是解决教学困难和问题智慧之源"的教学观念;坚持"有问题,找学生"的工作原则,重新认识学生,重新思考教与学的关系;自觉把以教为主的教育转向主要依靠学生自主探索的教育,大胆践行"先学后教、不教而教"策略。

2.学生学习观念的转变

通过教师的教育和引导,让学生充分地认识到学习是自己的"本职",是今后立足社会、适应发展、建功立业的需要,不是为家长、为教师而学习,实现"要我学"向"我要学"的转变。

3.课堂评价观念的转变

以前的说课、评课、赛课更多的是关注教师的"教",譬如:重点的突出、难点的突破、驾驭课堂的能力技巧、突发事件的处置、各教学环节的衔接、教学目标的达成度等,很大程度上忽略了学生的学习因素。而课改课堂的评价则应更多关注学生的"学",应全员地(每一名学生)、全面地(分析与解决问题的能力、思维活跃度与创新意识的培养、学习目标的达成、良好学习习惯的养成、团队合作与互助精神、自我督促与控制能力、肢体语言与口头语言的表达能力等)进行增值性评价。

二、小组合作学习的评价

（一）评价原则

1.公平性原则

评价应体现学生发展的特点，将个性评价、过程性评价与结果性评价相结合。平等地对待每名学生，为每名学生提供表现的机会，把希望带给每位学生。

2.差异性原则

承认学生原有的个体差异和发展中的差异，对不同的个体采取不同的教育方法和评价尺度，发挥学生最大潜能，力求使每名学生都有不同进步。

3.公开性原则

一是评价标准公开，避免评价标准的随意性应用；二是以公示栏、表册张贴等方式适时公布评价结果，确保评价的公正、公开，让每一名学生适时掌握所在小组的评价结果。

4.发展性原则

确立评价标准应以学生的发展为出发点与落脚点，以发展的眼光和尺度对每一个合作学习小组进行评价。一时起伏甚至暂时倒退等情形应以适当批评的方式进行教育，而不纳入评价标准。

5.全面性原则

综合评价课堂学习的各个方面，包括学习习惯、学习行为表现、团结互助精神、学习自觉性、学习环境维护、考试成绩等，以促进学生的全面发展。

6.赞许式原则

对学生坚持以激励为主，实施赞许式评价，即尽可能以加分激励的方式进行评价（少数指标除外），善于发现学生的闪光点，强化学生良好行为的养成和保持。

（二）对小组合作学习的评价

对小组合作学习的评价包括学习过程的评价、学习管理的评价和学习结果的评价三方面。

1.小组合作学习过程的评价

在新课改背景下，不同的课堂教学模式其学习的过程划分为不一样的环节与步骤。因此，可根据学校的实际情况将每一个环节或步骤确定为二级评价指标，每一项二级评价指标中可根据这一环节或步骤的需要设置三级指标，进行量化评价。

2.小组合作学习管理的评价

小组合作学习特别注重学生的自主学习、自主管理从而实现自我发展。这种管理重在纪律与常规,将学生的学习行为习惯养成、组织纪律观念、任务完成情况及其补救等纳入其评价范围。

3.小组合作学习结果的评价

这种能够以量的方式呈现出来的结果主要是指学生的学业成绩,因此评价的指标内容主要是成绩。但对这种学业成绩应当实行有效性与增值性的评价,并且以小组方式实施捆绑式的整体评价,以促进全面进步与发展。

(三)对小组合作学习评价结果的运用

1.作为评选优秀集体的重要依据

校级、年级、班级等不同层面的优秀学习小组,以小组合作学习的得分高低进行评选和推荐。一方面体现评选活动的客观性、科学性和公开性;另一方面充分发挥其评价的激励性功能。

2.作为各类优秀学生评选的重要依据

不同学校根据学校的自身实际,经常评选三好学生、优秀学生干部、奖学金及各类星级学生等,这类评选活动应当将学生所在小组的评价结果纳入个人评选的标准体系当中,强调其在小组中的作用、贡献大小,培养学生的"组先我荣,组衰我耻"的集体荣誉感和责任意识。

三、小组合作学习的管理

这种创新型的学习方式凸显学生的主体地位,强调自我约束与自我管理。因此,在其管理层面上就应当实行分层次的管理模式,至少应当包括校级层面的管理和班级层面的管理。

(一)校级层面的管理

小组合作学习的特点之一是全员互动,要求课堂学习活动的所有人都参与其中。因此,每一位参与者都务必理解并掌握相关的规程与操作规范,校级管理部门应当在这一方面为师生提供必要的支撑与服务,譬如:教师的理论及其实践操作培训,学生干部自主管理的操作培训,相关评价内容、表册的顶层设计及其情况统计、通报,各类优秀评选活动的指导与表彰激励,破解评价与管理过程中存在的矛盾与困惑,等等。

(二)班级层面的管理

在班级管理教师(通常指班主任教师)的指导下,成立班级学生的自主管理机构(可称之为学习联席会、管理联席会等)。根据学生的统一要求进行分工,完成各环节或步骤的评价与考核及其情况统计。在评级公示栏内及时公示各小组的评价与考核结果，作为评级表彰以及向上级推荐各类优秀的重要标准和依据。

　　总之，课堂小组合作学习作为学生学习最核心的单位，是学生形成灵性知识与美好德行的沃土，在很大程度上决定着学生智慧和品格的未来走向。从这个意义上来说，课堂教学改革是新课程改革的核心。作为课堂学习之创新型学习方式的小组合作学习，无论其评价还是管理，都是一项系列的工程，十分复杂与烦琐。"路漫漫其修远兮，吾将上下而求索。"

本文参考文献

［1］马赫穆托夫.问题教学［M］.王义高，赵玮，周蕖，等，译.南昌：江西教育出版社，1994.

［2］郭思乐.教育激扬生命 再论教育走向生本［M］.北京：人民教育出版社，2007.

［3］从立新，陈荟.当前我国基础教育课程改革理论问题研究［M］.重庆：重庆大学出版社，2013.

［4］基础教育课程改革纲要（试行）［EB/OL］.中国教育和科研计算机网.

［5］叶澜.教师角色与教师发展新探［M］.北京：教育科研出版社，2001.

［6］亚伯拉罕·马斯洛.动机与人格［M］.马良诚，等，译.西安：陕西师范大学出版社，2010.

［7］龚雄飞.高中新课程教学改革问题与对策［M］.呼和浩特：内蒙古人民出版社，2009.

第四章 系统实施,整体推进

第一节 教育思想启蒙

富兰在《变革的力量:透视教育改革》一书中认为:学校改进的三个最基本的驱动力是,人们的道德目标、能量建构和对变革过程的理解。学者斯托尔也指出,内部能量是使教师热衷于学习的力量,是实现学校改进所需的一系列条件。

纵观古今中外,但凡改革,总是"前途光明,道路曲折"。课程改革体现了国家意志与时代需求,是大势所趋,但是,大势所趋的课程改革却不一定会人心所向。同时,一场有高度的教育改革必须要由一支有高度的教师队伍来实施。为了让"魅力课堂"改革从"大势所趋"变成"人心所向",学校决定对全校教师进行教育思想启蒙,以提升教师的专业伦理和职业理想,增强教师对"魅力课堂"改革的认同感,提高教师践行"魅力课堂"改革的信心和能力。

1.阅读教育经典

学校是有文化的地方,教师应该就是文化人,文化人的精神气质是需要书籍来塑造的(特别是经典)。为了引导教师多读书,读好书,学校出台了一系列政策,规范了教职工的杂志征订,并推荐教职工阅读《人性的弱点》和《教学勇气》等经典著作。

2.创办"凤鸣大讲坛"

为了切实转变教师的教育理念,引领教师以新的课程理念走进"魅力课堂",2010 年10 月,学校创办了独具凤中特色的教师培训方式——"凤鸣大讲坛",本着"校本培训,国家水准"的目标,把"凤鸣大讲坛"打造成为先进的教育思想、教育智慧、教育经验汇聚并芳香四溢的高端文化视窗,邀请全国一流的大学教授、教育专家和著名校长来到学校开坛主讲,让当代中国最优秀的教育流派在这里汇聚,最先进的教育思想在这里流淌,引导全体教师站在巨人的肩膀上来思考教育,眺望远方。

自"凤鸣大讲坛"开讲以来,先后有《中国教师报》全国教师培训基地培训教师张海晨,"三段教学法"创始者、四川棠湖中学校长熊伟,华南师大博士生导师、生本教育创始人郭思乐,全国著名生本教育实践者荆志强,教育部新课程专家组核心成员、全国著名物理特级教师黄恕伯,重庆大学贸易与管理学院院长曾国平,重庆师范大学教育科学学院郝明君教授,全国语文特级教师、"绿色语文"倡导者赵谦翔,广州第二师范学院许锡良教授,三亚市教研室主任傅元根,国家基础教育实验中心副主任孔凡哲,重庆市名师曾庆宇等一大批卓越的教育专家和学者亲临我校,做客"凤鸣大讲坛"。

"凤鸣大讲坛"对学校教师而言是一场场饕餮盛宴,专家们的理论高度让教师们如醍醐灌顶,他们的视野宽度一望无垠,他们的治学精神让教师们深深折服。"凤鸣大讲坛"启动以后,我校教师的专业理论、职业道德大大提升,热衷学习的力量被大大激发,对变革过程的理解大大增强。他们的教学观尤其是学生观被彻底颠覆:学生不仅仅是教育的对象,更是最丰富的、最鲜活的、最重要的,事实上也是最能起决定作用的教育资源;我们的课堂应该相信学生,更应该依靠学生。深埋在地底下的那股改革和进取的力量在凤鸣山中学教师身上被逐渐地唤醒、激发、聚集、燃烧,像长江的波涛连天奔涌,一往无前。

3.请进来,走出去

学校先后邀请了山东昌乐二中和四川棠湖中学的教师亲临我校进行现场做课,组织教师前往綦江、惠州、信阳、沁阳、成都、遂宁、南京等地考察学习,尤其是2011年2月,学校更是同时组织初一、初二、高一和高二的200余名教师集体前往四川棠湖中学观摩学习……请进来,走出去,让老师们真切地感受到学生这种教育资源被开发以后所爆发出来的巨大能量,也更加坚信我们解决课堂问题的钥匙就在学生身上。

经过一系列的教育思想启蒙,学校人心凝聚、政通人和,全校教师紧紧追赶改革的步伐,不断突破一个个难点,寻找一个个成功,改革之火终成燎原之势。

2011年3月12日,学校举行了八千多位家长和学生参加的"魅力课堂"改革启动仪式,吹响了教育改革的强劲号角。按照原来的设计,学校准备让高一和初一两个年级26个班级进入改革,分3年逐步到位,但改革启动后,高二、初二、高三和初三也提出了改革的要求,所以学校大胆决定全校整体进入改革的行列,学校近80个班级整体进入改革,打响了凤鸣山中学历史上教育改革的"淮海战役"。

第二节　改革经验共享

与别处不同的是,凤鸣山中学的"魅力课堂"改革不是小范围的尝试,而是近80个班级的整体性改革,犹如千军万马奔赴战场,就连高三、初三这样被公认的"禁区"都参与其中。在改革的过程中,老师们对"魅力课堂"模式的理解和运用,对方法的选择与活用,对过程的优化与反思,特别是模式共性与学科特性的渗透融合,就成为践行改革的关键。为此,学校除了从外部入手,对全校教师进行教育思想启蒙,更注重从内部着力,引导全校教师共享改革的经验。

1.活动推动,观摩学习

为了促使全校教师准确理解和掌握"魅力课堂"模式的核心理念和操作流程,学校设计并推出了一系列活动,以点带面,示范辐射,也为全校教师提供了观摩学习、分享切磋的机会。学校搭建了"'魅力课堂'优质课大赛"(目前已举办了十届)"新教师亮相入格课""岗培班结业学员合格课""市区级骨干教师示范课""'魅力课堂'常态课展示"等多个展示交流的平台,引领全校教师登台交流。每学期均有60余人次不同层次的教师登台展示,覆盖了学校开设的每个学科。

课堂上,教师们创设出具有真实性、趣味性、情感性的教学情境,设计了有层次、有梯度、有思维含量的导学问题或学习活动,充分激发学生的求知欲和好奇心。学生认真独学、对学、互学和帮学。围绕核心问题和重难点知识,小组积极展示,分工明确,形式多样,观点鲜明,质疑对抗。学生自学充分,讨论激烈,展示积极;发言大胆大气,侃侃而谈,严谨自信。教师适时追问、点拨、启发、评价,力争使展示小组和非展示组成员均处于积极学习状态,确保小组之间、生生之间、师生之间形成良好的思维互动。台上台下,师生互动、生生互动充分。教学过程中充分体现了"先学后导、互助展评"原则,结构合理,张弛有度。师生关系民主和谐,教师教学方法灵活、适切、有效,学生主体作用发挥充分,课堂焕发出生命的活力。

活动中,从学校校长,到中层干部,再到每一位教师,全员参与,全程听课、评课、研讨,极大地提高了学校教师践行"魅力课堂"改革的积极性,有力地促进了全校教师掌握和运用"魅力课堂"教学模式,也有效监测了学校教师践行"魅力课堂"的情况。

2.同伴引领,合作分享

引导教师在教学过程中不断进行反思是重构教学实践、解决具体问题的需要。为了实现资源共享、经验分享,学校重视同伴之间的相互引领,促使教师们合作互助,共同成长。

(1)创办"凤鸣论坛"

学校在启动"魅力课堂"改革之后,迅速举办了一个深受教师喜爱的"凤鸣教学论坛",主要着眼于学校教师之间关于"魅力课堂"改革的交流和展示。让那些对改革有自已创造性实践的教师登台交流自己的经验，也包括困惑和体会，引导全体教师站在同伴的肩膀上不断攀升。"凤鸣教学论坛"的理念是：我总结我的教训，人人多了一个教训；你分享你的成功，人人多了一份成功。

"凤鸣教学论坛"是教师们在践行"魅力课堂"过程中真实的行动、真情的表达、真正的思考汇聚起来的交流探讨和智慧火花，有效地提高了教师课改反思能力、问题解决能力，有力地推进了学校"魅力课堂"改革的进程。从某种意义上来说，"凤鸣教学论坛"其实就搭建起一个教师们相互学习的平台，是新的学习型文化建设的开始，学校希望通过新的学习型文化建设，努力推动学校成为一个"文化的高地"和一盏"文明的灯塔"。

（2）强化集体教研

学校重视集体教研，要求各教研组、备课组强化集体备课，充分利用教研活动，强化对"魅力课堂"改革的研讨，强化对教材的研讨和核心导学问题的设计，加强教学资源库建设。

加强对学科教研活动的监管和督导，确立了"四定"原则，即定时间、定地点、定主发言人、定内容。创新备课组建设，推行"2+2"模式，要求每次教研活动，全员参与，人人发言，每人发言要提两条建议，讲两点问题。每次学科教研活动都有行政干部参与，起到参与、学习、研讨和督导作用。

（3）搭建学术平台

2010年12月，"第三十届全国普通高中新课程研讨会"；2011年5月，"全国中小学名校内涵发展与生本教育现场会"；2011年11月，中国教育学会"新课程背景下的学校管理与教师专业化发展现场会"；2012年4月，"中国基础教育魅力班主任成长论坛"；2012年9月，沙坪坝区高中课改专项课题研究协作会暨沙坪坝区课改理论研讨会；2012年11月，重庆市教育督导室"卓越课堂"五年行动暨高中新课程实验实施专项调研；2013年3月，重庆市初中语文现代文阅读教学研讨会；2013年11月，重庆市教育科学专项课题中期工作调研会；2014年3月，重庆市第四届中学语文中青年教师优质课大赛；2014年3月，重庆市高2014级化学教学研讨会；2014年12月，沙区首届"学本式卓越课堂"公开课展评活动；2015年10月，第二届全国"绿色课堂杯"语数外优质课大赛；沙区学科教学研讨会……。数十场大型教育教学现场会相继走进凤鸣山中学，为学校带来了教育教学的前沿资讯，也向外界彰显了学校"魅力课堂"改革所取得的巨大成果。

3.实证研究，科研牵引

学校重视对"魅力课堂"改革的实证研究。通过课题研究和案例撰写，促使全校教师反思自己的改革行为，总结自己的改革得失，分享自己的改革经验。

2011年10月，我校"新课程'四环节·问题导学式魅力课堂'理论与实践研究"成功申报为重庆市教育科学"十二五"规划课改专项重点课题；2012年，学校成功申报市级规划课题"小组合作与探究学习有效性的实证研究"，并于2014年顺利结题；2014年，学校"魅力课堂"改革成功申报为重庆市教育委员会教育综合改革试点项目；学校由课程中心牵头，组织教师们围绕"魅力课堂"改革，申报并完成了50余个"教师成长课题"的研究。

学校每年都举办"魅力课堂"改革征文大赛，组织全校教师撰写案例、论文，抒写自己在践行"魅力课堂"改革中的所思、所想、所感和所悟。

第三节　教育评价激励

为了激励改革,弘扬正气,学校同步建立了一套行之有效的"魅力课堂"改革评价激励机制。

1.建章立制

学校先后出台了《重庆市凤鸣山中学关于推进"四环节·问题导学式魅力课堂"改革的指导意见》《重庆市凤鸣山中学"魅力课堂"课堂评价标准》《重庆市凤鸣山中学关于建设"雏凤共同体"的指导意见》《凤鸣山中学"魅力课堂"常态推进工作方案》等指导性文件,建立了行政督导、专家督导、教研组督导的"三级督导"机制,采用推门听课、预约听课、视频监控等多种形式,深入课堂,督导课堂,会诊课堂,确保了全校教师在"魅力课堂"教学改革中及时"入格",迅速"合格"。

改革学生系列评优方案和奖学金评定方案,完善课堂小组学习与管理评价,把每学期学生所在的小组至少要有一次年级层面或校级层面的优秀小组,作为学生评优和奖学金评定的硬性条件,强化学生成长共同体——学习小组的建设。

2.量化考核

为适时监测,诊断反馈,调控进程,学校对师生进行了量化考核。

(1)学生评价

实施"捆绑式"评价。"魅力课堂"以学习小组为组织形式,按照"组内异质,组间同质"原则,把学生分成若干学习小组。学习小组既是学生课堂学习的"共同体",也是日常行为管理的"共同体",更是成长和发展的"共同体"。因此,学校对学生实施"捆绑式"整体评价,"一损俱损,一荣俱荣"。

落实"过程性"评价。借助"魅力课堂"小组学习过程评价表和"雅行教育"小组管理过程评价表,每天一统计,每周一反馈,每月一评比,落实过程性评价。

改革"总结性"评价。改革学生学期评优方案和奖学金评定方案,把学生所在的小组每学期至少要获得一次年级层面或校级层面的优秀小组,作为学生评优和奖学金评定的硬性条件,强化学生课堂的参与度。

(2)教师评价

强化教学行为评价。借助"魅力课堂"小组学习过程评价表、学生评教表、视频监控、随机听课,对教师实施"魅力课堂"的教学行为进行评价,每周一统计,每周一反馈。

注重教学效果评价。借助学生成绩进行评价,每月一评价,每月一反馈。

3.榜样示范

榜样的力量是无穷的,学校根据量化考核的结果,定期对全校师生进行评优、表彰。

每个月由学生处牵头,在非毕业年级中,每个班级评选一个年级优秀管理小组,每个年级评选两到三个校级优秀管理小组;由课程中心牵头,每个班级评选一个年级优秀学习小组,每个年级评选两到三个校级优秀学习小组。为年级优秀管理小组和年级优秀学习小组制作海报,为校级优秀管理小组和校级优秀学习小组制作展板。每个学期评选各个层面的优秀学生若干,并张榜表彰。

学校由课程中心牵头,先后开展了"月度课改精英""年度课改精英"的评选活动,由教研组或者班级学生推选,经校长会复评和确认。学校为他们撰写推荐词,并制作展板展出。

比如:

徐江涛——他潜心钻研业务,创新教学模式,是课程改革的排头兵。"魅力课堂"是他的试验田,承载着他几多梦想,几多希望。他辛勤耕耘,播下的改革种子,已渐始长出一片新绿。他勤于思考,善于总结,面对困难和问题,积极寻求破解良方。"凤鸣教学论坛"精彩亮相,改革经验全员分享。他说,教师就是生命的牧者,教师的使命就是在广袤无垠的原野上放牧生命,于是,他把"魅力课堂"激发得阳光融融、水草青青。

王小梅——她是一位勇于创新、敢于担当的女性,虽任教毕业班,但并不因循守旧。她投身于课改的滚滚洪流,"到中流击水,浪遏飞舟"。她说,初三的课堂也不能春风不度,杨柳不青。课堂变革,不只是拉拉桌子,动动身子。她把课堂真正还给了学生,让学生成为学习的主人。她大胆实践,引领历史备课组,成为年级进步最大的学科组。改革之路无限延伸,自信而勇敢的王小梅老师迈着坚实的步伐,行走在求索的路上。

甘玉如——根深方能叶茂,厚积才能薄发,甘玉如老师常常这样告诫自己。她积极参加培训,广泛阅读书报,苦练教学内功,不断增加知识储备。她认真组织集体备课,发挥团队力量,编写完善导学案,实现资源共享。她以生为本,她的英语课堂,随处可见学生灵动的身影,随时可闻学生自信的声音,小组讨论问题,小组展示成果,小组检查作业,小组评讲习题,课堂成了学生自我展示和相互学习的舞台。

龚圣龙——对教育的热爱和执着是教师成长的催化剂,年轻的龚老师把这份热爱和执着转化为新课程改革的思索与实践,他在探索中实现了自我的超越,更让学生的生命在课堂这个狭小而又无比辽阔的空间翩翩起舞。他精心谋划、群策群力建设班级小组文化,学习小组成了学生们精神的栖息地;他未雨绸缪,妙招频出防止学生激情消退,普通教室成了孩子们成长的欢乐园。他的课堂,时常弥漫着温馨的气息;他的学生,始终保持着饱满的激情。

郭瑜——教育应该是一扇门,学生推开它就能看到鲜花,听到歌唱,嗅到芬芳。郭老师精心耕耘着门后的园地,她播种知识,更播种正义、真诚、善良和爱心,她观草吐绿,静待花开。她是新课程改革的积极实践者,学校首届"四环节·问题导学式魅力课堂"优质课大赛一等奖见证了她的勤奋探索,全国中学名校内涵发展和生本教育现场会示范课展现了她的独特风采。她的课堂,沐浴着人性的光辉,燃烧着火热的激情,蕴含着感人的力量。

黄晓辉——他儒雅睿智,沉稳幽默;他锐意进取,开拓创新。他是学校新课改的组织者和实施者,他潜心理论研究,勤于思考,协助撰写指导意见,合作修订评价方案,积极建设学校新课程文化;他组织教师培训,更新陈旧观念,整合课程资源;他推进课堂改革,构建新型教学模式,强化课堂教学督导;他指导研究性学习,引领学生走出课堂,走向社会,自主研究,培养创新精神和实践能力⋯⋯路途荆棘重重,改革举步维艰,但他凭着坚韧的毅力和必胜的信心,一路披荆斩棘,攻坚克难,凤鸣之巅,已是春花烂漫。

李明卿——她是新课改的弄潮儿,始终挺立于潮头浪尖。她博采众长,勇于实践,正逐渐形成自己独特的教学风格;她改变教与学的方式,为学生量身打造出最有效的课堂教学模式;她探求多渠道的激励机制,充分调动了学生学习的积极性。她善于反思,勤于笔耕,厚厚的教学日志里,是一页页充满哲思的教育叙事,一个个深入浅出的案例分析。风景这边独好,李明卿老师总是让人们满怀期待。

李全芬——她是学生眼中和蔼可亲的"芬娘"——从容淡定,爱生如子,管理有方。她创新班级管理,引导学生"自主管理,自主学习,自主发展"。她的班级,处处闪耀着个性的光芒,时时飘溢出民主的芬芳。她是一名资深数学老师,用数字演绎自己的人生,用坐标启迪学生的心智。传统课堂她早生倦怠,她渴望突破,解放学生,激活课堂。"四环节·问题导学式魅力课堂"成就了她的梦想,她乘势而上,变课堂为快乐的学堂,让学生的思维在数学的天空自由翱翔。

欧国茂——她激情洋溢,青春飞扬;她满怀憧憬,放飞梦想。她是一名班主任,班级学习小组建设富有成效——小组构建科学合理,小组评价适时有效,小组奖励公平多样。她牢牢抓住高效课堂学习小组建设这一关键,让自主成为常态,让合作走向自觉,让探究焕发力量。她是一名数学老师,课堂教学魅力无限:2010年7月,执教重庆市普通高中新课程培训示范课;2010年11月,承担全国普通高中新课程研修班学科有效教学观摩课;2011年5月,又在全国中学名校内涵发展与生本教育现场会一展风采。

裴琳——她迈着矫健的步伐,追赶着春天的脚步。她,双鬓泛白,仍坚守着三尺讲台;她,即将退休,却从不墨守成规。传统课堂的沉闷、单一和低效,让裴老师早早就开始了变革课堂的尝试和探索。作为一名底蕴深厚的老教师,她不仅仅在挑战传统,更是在挑战自我。她承受过压力,遭遇过误解,依然义无反顾地走在课改的前列。她相信学生,依靠学生,发展学生。"化茧成蝶,指日可待",这是裴老师的殷殷期盼,也是裴老师的美好祝愿。

田文——一如她的名字,文雅淡定,但她又时时活力四射,热情奔放。初三课堂,往往是教学改革的"雷区",作为备课组组长,她没有退缩,更没有逃避,而是迎难而上,知难而进,带领她的团队顶着压力,勇敢"蹚雷"。因为她深深知道,要解放学生,减负增效,教师就必须成为学生学习的组织者、引导者和合作者。正是有了她和她的团队,正是凭借她们的魄力和胆识,初三英语课堂这一禁区才会风生水起,充满生气。

汪红彬——理解是教育的前提,尊重是教育成功的基础,这是汪老师信奉的教育思想。她像呵护荷叶上晶莹脆弱的露珠一样呵护孩子的心灵,她不知疲倦地发现、放大学生的闪光点,喜滋滋地捧握于手,珍藏于心。她钟情课程改革,在"四环节·问题导学式魅力课堂"劈波斩浪。她唤醒学生求知的欲望,点燃学生学习的激情,让学生秀出青春的风采;她创设平等、自由、和谐的氛围,引导学生自主、合作、探究学习,让学生体验成功的快乐。

王超——她说,教师就是一位生命的牧者,教师的使命就是在广袤无垠的草原放牧生命。于是,"四环节·问题导学式魅力课堂"阳光融融,水草青青,她把孩子领到水肥草盛的地方,让一个个鲜活的生命得到滋养。她说,课程改革就是一场暴风骤雨,可以荡涤传统的弊端,可以重塑圣洁的天地。于是,她革故鼎新,追求高效,精巧的问题设置,自如的课堂调控,适时的点拨激励,课堂又焕发了蓬勃生机,学生又绽放出真心笑容。

杨柳——她常对学生说:不怕你说错,就怕你沉默。为唤醒学生的主动意识,提高课堂效率,她潜心研究学生心理,探索建立评价机制,激发学生的求知欲望,激励学生展示自我。她始终坚信,课堂成就学生魅力人生!她追求课堂教学的"温度":动静结合,张弛有度,活而不乱。她的课堂,学生自学凝神静气,互学深入热烈,展示积极踊跃,质疑大胆直接。一分耕耘,一分收获,学校首届"'四环两型'问题导学式魅力课堂"优质课大赛一等奖就是对她辛勤付出的最好回报。

姚月芳——她追求教育的幸福感,她说,教师的幸福感源于对教学的享受和满足。苦于日复一日平淡教学带来的新鲜感的消退、创造激情的淡化、职业倦怠的侵袭,她渴望走进春天,笑看草长莺飞。尽管面临升学压力,她仍然挺身而出,颠覆传统,变革课堂。她立足初三,因地制宜,既遵循模式,又凸显特色。她的课堂,时而鸦雀无声,静思默想,时而热闹非凡,唇枪舌剑。她化平淡为神奇,变死板为鲜活,赋予课堂无限张力。

附　录

重庆市凤鸣山中学"魅力课堂"评价标准（新授课）

班级_____　学科_____　授课教师_____　评课人_____

课题_____　上课时间_____年___月___日星期___第___节

指标及权重		评价要点	分项等级 A 及分值				
			优秀	良好	合格	待努力	得分
教学目标（5分）		全面、明确、具体，符合新课标要求和实际学情；注重教学过程中的动态目标生成	4~5	3~4	3	<3	
教学过程	情境自学：——雏凤清声（5分）	生：目标任务明确；独立、专注、积极；发现问题，标注疑难点；时间充分	1.8~2	1.5~1.8	1~1.5	≤1	
		师：问题设计典型，有层次、有梯度；情境创设精巧；过程管理到位，方法指导适时，评价恰切；督促和指导学生标注所发现的问题；合理调控时间	2.5~3	2~2.5	1.5~2	≤1.5	
	合作互学：——群凤和鸣（20分）	生：民主、平等、和谐；合作互学，有序、有效解决疑难问题；参与度高，无人做与学习无关的事（如出现，每人次扣1分）	14~15	11~14	9~11	≤9	
		师：管理过程、指导方法、评价反馈，确保合作互学的效度；督促和指导小组作好展示前的准备；合理调控时间	4~5	3~4	3	<3	
	展评激学：——凤举鸾翔（30分）	生：围绕核心问题及重难点知识，至少有2小组、5人次展示（不合此要求，此项按最低档评分）；观点鲜明，有价值，有深度，有拓展，形式多样（如一题多解、变式拓展、错误分享等）；分工明确，仪态大方，语言规范，声音洪亮，板书工整，手段灵活；认真倾听，组间有质疑对抗，思维碰撞	18~20	15~18	12~15	≤12	
	提升领学：——凤翔九天（10分）	师：运用激励手段，创造均等机会，走出"优生垄断"；追问及时，点拨到位，引导组间思维互动；合理调控时间	9~10	7~9	6~7	≤6	
		生：独立完成检测，解决问题；梳理知识链条，构建知识体系	4~5	3~4	3	<3	
		师：当堂检测，拓展学生思维的深度和广度；归纳总结，完善学生的知识体系；挖掘提升，引领学生的情感态度、价值观；评价学生在学习过程中的表现	4~5	3~4	3	<3	

指标及权重		评价要点	分项等级 A 及分值				
			优秀	良好	合格	待努力	得分
教学效果	表现（15分）	贯彻"先学后教，因学活教"的原则，结构合理，张弛有度，充分呈现"教育宽度、知识密度、学科深度和课堂温度"；师生关系民主和谐，课堂气氛活跃；问题意识突显，学生主体充分；教学方法灵活、适切、有效；教态自然大方，普通话规范生动，板书简明美观；教师讲授时间原则上不超过20分钟	12~15	10~12	8~10	≤8	
	达标（15分）	重难点落实到位，有效达成知识与技能目标；各层面的学生在过程与方法以及情感、态度、价值观等方面都获得发展	12~15	10~12	8~10	≤8	
加分项目（5分）		1.合作互学参与度高，有序、有效解决疑难问题，提出有价值的想法、做法和问题，加1~2分； 2.有3个及其以上小组上台展示，展示效果明显，小组展示规范、有效，教师追问及时、点拨到位，小组间有质疑对抗、思维碰撞，加1~2分； 3.课堂整体优质高效，特色鲜明，加1分	纪要：				
课堂红线		无教案上课；有学科知识错误；有违背党和国家政策的言行，传播有害于学生身心健康的信息；有体罚或变相体罚学生的言行	纪要：				
总得分			综合等级评定 优秀：≥90分；良好：75~90分； 合格：60~75分；待努力：<60分				

重庆市凤鸣山中学"魅力课堂"评价标准（复习课）

班级_____　学科_____　授课教师_____　评课人_____

课题_____　上课时间____年___月___日星期___第___节

指标及权重		评价要点	分项等级 A 及分值				得分
			优秀	良好	合格	待努力	
教学目标 （5分）		全面、明确、具体，符合新课标要求和实际学情；注重教学过程中的动态目标生成	4~5	3~4	3	<3	
教学过程	情境自学 ——雏凤清声 （5分）	生：目标任务明确；独立、专注、积极；查找资料，解决问题，修改错题；发现问题，标注疑难点；时间充分	4~5	3~4	3	<3	
		师：情境创设精巧；问题设计典型，有梯度，有思维深度；完成情况有检查，有统计，答案公布清晰、准确；过程管理到位，方法指导适切，评价恰切；督促和指导学生标注所发现的问题；合理调控时间	4~5	3~4	3	<3	
	合作互学 ——群凤和鸣 （20分）	生：合作有序、有效解决疑难问题；交流学习心得、认知困惑；参与度高，无人做与学习无关的事（如出现，每人次扣1分）	14~15	11~14	9~11	≤9	
		师：管理过程、指导方法、评价反馈，确保合作互学的效度；督促和指导小组做好展示前的准备；合理调控时间	4~5	3~4	3	<3	
	展评激学 ——凤举鸾翔 （30分）	生：围绕核心问题及重难点知识，至少有2小组、5人次展示（不合此要求，此项按最低档评分）；观点鲜明，有价值，有深度，有拓展；分工明确，仪态大方、语言规范，声音洪亮，板书工整，手段灵活；认真倾听，组间有质疑对抗、思维碰撞、方法比对、错误分享	18~20	15~18	12~15	≤12	
		师：创造均等机会，走出"优生垄断"；追问及时，点拨到位，引导组间思维互动；及时讲解互学无法解决的题目；合理调控时间	9~10	7~9	6~7	≤6	
	提升领学 ——凤翔九天 （10分）	生：独立完成检测，解决问题；梳理知识链条，构建知识体系	4~5	3~4	3	<3	
		师：当堂检测，拓展学生思维的深度和广度；引导学生梳理知识或归纳题型，总结解决问题的思路与方法	4~5	3~4	3	<3	

指标及权重		评价要点	分项等级 A 及分值				
			优秀	良好	合格	待努力	得分
教学效果	表现（15分）	贯彻"先学后教,因学活教"的原则,充分呈现"教育宽度、知识密度、学科深度和课堂温度";师生关系民主和谐,课堂气氛活跃;问题意识突显,学生主体充分;教学方法灵活、适切、有效;教态自然大方,普通话规范生动,板书简明美观;教师讲授时间原则上不超过 15 分钟	12~15	10~12	8~10	≤8	
	达标（15分）	学生当堂检测通过率高,目标有效达成;学生知识结构自主构建,迁移能力得到提高,思维品质获得发展	12~15	10~12	8~10	≤8	
加分项目（5分）		1.合作互学参与度高,有序、有效解决疑难问题,提出有价值的想法、做法和问题,加 1~2 分; 2.有 3 个及其以上小组上台展示,展示效果明显,小组展示规范、有效,教师追问及时、点拨到位,小组间有质疑对抗、思维碰撞,加 1~2 分; 3.课堂整体优质高效,特色鲜明,加 1 分	纪要:				
课堂红线		无教案上课;有学科知识错误;有违背党和国家政策的言行,传播有害于学生身心健康的信息;有体罚或变相体罚学生的言行	纪要:				
总得分			综合等级评定 优秀:≥90 分;良好:75~90 分; 合格:60~75 分;待努力:<60 分				

重庆市凤鸣山中学教学常规管理制度（试行）

　　教学是学校工作的中心,是实施素质教育的主渠道。为了有效推进学校课堂教学改革,根据《重庆市凤鸣山中学关于推进"'四环两型'问题导学式魅力课堂"改革的指导意见》,特制定本管理制度,以加强教学管理,规范教学行为,保证正常的教学秩序。

一、计划总结制度

1.教研组工作计划

每个教研组在开学之初根据学校教务处的工作计划,结合本教研组实际情况,拟订教研组工作计划。教研组工作计划包括"工作目标、工作任务、主要措施、活动安排"等几方面。

教研组工作计划拟订后交教务处审核,然后下发给本学科各备课组。

2.备课组教学计划

开学第一周,各备课组利用学科教研活动时间,根据学校教务处工作计划和本学科教研组工作计划,结合本备课组实际情况,集体研讨,拟订出备课组学期教学计划。

内容包括:学情分析;主要教学任务与目标;主要教法、学法和提高教学质量的措施;教具和资料;教学进度安排(包括周次、起止月日、课题或教学内容、课时执行及调节情况)等。

开学第一周交教研组审核,然后交教务处检查备案,再下发给备课组每位教师。

3.教学总结

在每学期的半期和期末考试结束后,每个备课组根据半期和期末考试,撰写学科质量分析报告。报告包括"试卷分析"和"教学反思"两个部分,交教务处审核,然后下发给备课组每位教师。

每位任课教师在半期和期末分别撰写一份学科教学案例。

二、备课制度

备课是提高课堂效率、确保教学质量的前提和基础。

(1)所有任课教师必须先备课,后上课,杜绝不备课就直接上课的现象。备课进程至少提前一周。

(2)深化备课改革,突出备课的实效性,大力推进个人备课基础上的集体备课。

(3)集体备课的要求。

①备课组长组织本组成员制订好切实可行的集体备课计划,明确集体备课的相关要求,原则上采用"每人负责一个或几个专题,实现组内资源共享"的形式。

②集体备课必须坚持"四定""五备",优化"两法",达到"五统一"。

"四定":定时间、定地点、定内容、定中心发言人。

"五备":备课标、备教材、备教法、备学法、备训练。

"两法":教师的教法和学生的学法。

"五统一":统一教学内容,统一教学目标,统一教学重点、难点,统一课时分配和进度,统一训练和单元测试。

(4)集体备课的程序。

①根据备课组集体备课计划的安排,每位教师事先备好自己负责的专题,并编写好该专题的"学科导学案",将"学科导学案"的电子文档交给备课组长。

②利用学科教研活动时间,备课组长组织备课组实施集体备课。

③专题主备教师介绍自己对该专题的教学构想和"导学案"的编写。

④备课组所有成员围绕主备教师的教学构想和"导学案",集体深入研讨,提出改进意见。

⑤专题主备教师根据备课组集体研讨的意见,修改"导学案",将修改、完善后的"导学案"传给备课组每位成员。

⑥备课组长及时将专题的纸质"导学案"交教务处存档备案。

⑦备课组每位成员根据修改、完善后的"导学案",结合本班实际,制作好上课所需的PPT。

(5)管理与考评。

教务处每星期按照规定地点和规定时间进行检查,将检查情况反馈回教研组和备课组,并将检查情况记录存档,作为教研组长和备课组长的考核依据。

三、上课制度

上课是教学工作的中心环节,是完成教学任务、提高课改质量的关键,每位教师都要严格要求自己,认真上好每一节课。

①教师仪表庄重,举止文明,穿着打扮大方得体,体育室外课教师必须穿运动服。教学场所不准吸烟,不坐着上课,通信工具在课堂上不响、不接听。

②任课教师严格按课程表上课。未经教务处同意,所有教师不得随意改课及随便调课、代课或停课。

③任课教师严格按作息时间表上课,到点上课不迟到,按时下课不拖堂。

④做好教学组织工作,维持正常教学秩序。做好学生的出勤考核,如有学生缺课情况,要及时了解情况,并及时通报该班班主任。

⑤教学过程要严格执行"'四环两型'问题导学式魅力课堂"教学模式,组织严密,安排紧凑,结构合理。切实做到"三讲""三不讲",课堂上教师讲授的时间不得多于 15 分钟。"有问题找学生",把课堂真正还给学生。

⑥充分利用板书、挂图、标本、录音、投影、录像、多媒体等教学工具和手段辅助教学,

重视指导学生动手操作。

⑦教师上课要精神饱满,教态大方,坚持使用普通话,表达流畅,言简意赅,语言规范,板书工整。课堂气氛融洽。

⑧教师要及时、灵活地处理课堂上的偶发事件,严禁体罚或变相体罚学生。对个别学生的违纪行为,任课教师既不得马虎迁就,也要尽力避免课堂上出现顶撞现象。处理完后要及时通报班主任。

⑨管理与考评

教务处每周组织学校行政会成员和教研组长,深入课堂,随机听课、评课,对教师的上课情况进行管理和考评。

四、教研科研制度

①任课教师要按时参加各级教研机构组织的学科教研活动,不得迟到、早退,更不得无故缺席。

②任课教师要积极参加课题研究,倡导教师写教育叙事或教学案例等教育随笔。

③任课教师都有义务参加学校、教研组安排的公开课、示范课、教研课、汇报课。

④任课教师要切实完成学期听课任务,要逐步建立推门听课的制度。听课以同学科为主,其他学科为辅。听课要做好记录,要有简要的教学过程,实事求是地记下优点、缺点和改进意见。

⑤备课组长要组织好备课组的评课工作,并对评课过程做好详细的记录。

⑥积极参加各级培训,撰写培训心得和总结,及时缴交各种材料。

⑦管理和考评。

市区级教研活动以市区级教研员反馈作为管理和考评依据。

校本教研活动实施"行政会成员参与督导"和"2+2"的模式进行管理和考评。所谓"2+2",就是每次备课组活动都有一名主备教师作为中心发言人,在主备教师结束发言后,备课组其他成员每人针对主备教师的发言各讲两条优点和两条缺点,所有成员的观点不得重复。所谓"行政会成员参与督导",就是每次备课组活动,原则上至少有一名学校行政会成员全程参与,对备课组的活动情况进行督导和考评,填好相应督导、考评的表格,在活动结束后,由备课组长签字确认并交教务处存档备案。

五、考试制度

①实行月考制度。每学期原则上举行四次统一考试:两次月考、半期考试、期末考试。其中月考由年级组负责组织,半期考试和期末考试由教务处负责组织。

②每次考试,各备课组要提前一周拟定好试卷(含英语听力录音)及参考答案和评分标准。试题必须根据学生的实际情况精选精编,严禁滥用其他现成试卷。

③每位教师都有监考的义务,要熟知监考的有关规定、考试操作程序。监考教师要按规定准时到岗,监考时不能擅自离开考场,要专心致志,关注学生,严肃考风、考纪,不做与监考无关的事情。

④评卷流水作业,具体程序、分工由教务处或备课组安排。批改试卷要仔细认真,做到扣分有理,给分有据,标准统一。

⑤教师必须做好每次考试成绩的登记工作,以便对学生学习情况进行跟踪,学习成绩登记表应保存备查。期中、期末考试每位任课教师要按要求认真填写考试质量分析表,备课组长撰写备课组质量分析报告并上交教务处。

六、教学工作检查制度

①加强组织领导,进一步充实常规落实领导小组,切实加强对常规落实各环节的领导。

②教学常规检查实行分层月查制度,做到有检查、有记录、有总结、有反馈、有评价。

③加强不定期检查。要把随机抽查作为加强常规管理的重要手段,加大对教师"导学案"编写的质量与水平、课堂教学水平等关键环节的抽查与抽测力度,并把结果列入教学工作考评。

④常规检查将采用听、查、看、访的方式,走进课堂听取教师授课,召开学生座谈会,了解教情、学情,采集评估信息。

⑤在检查、抽查过程中发现教师不按要求执行,教务处将及时给予通报批评,责令整改,促其尽快转化。

⑥对教学业绩突出的教师,学校将根据实际情况给予奖励,并优先考虑评先、评优、职务晋升。

⑦实行一票否决制度。凡是在教学常规检查或抽查中,达不到规定要求的教师,年度考核不能评为优秀,期末考评不能评为优秀等次,年度内不能评为优秀教师、骨干教师、教学能手或学科带头人。

⑧教师平时教学业绩,记入教师业务档案,所有成绩都要量化并按比例计入学校教师考核评价成绩。

重庆市凤鸣山中学"魅力课堂"改革
学生优秀系列评选方案
（讨论稿）

一、指导思想

为深入推进重庆市凤鸣山中学"魅力课堂"新课程改革，加强学习小组建设，构建学生成长共同体，发挥学生主体作用，进一步促进学生全面发展，特制订此方案。

二、评选类别及细则

（一）优秀学生奖学金评比细则

1.每年度评比一次，分平行班级与保送班级两大序列；采取过程性评价与结果性评价有机结合的原则；具体由教务处负责组织实施。

2.结果评选条件：以期末学业成绩而定。学习成绩优秀，以学年末考试成绩从高到低排序，按年级总人数的5%计算，分别评一、二、三等奖（比例为1∶2∶3）。

- 一等奖每人发奖学金200元；
- 二等奖每人发奖学金150元；
- 三等奖每人发奖学金100元。

3.过程评选条件：获得学校奖学金的学生其所在小组必须在学期内获得一次年级及以上优秀小组称号，如无，则一票否决。

（二）优秀学生系列荣誉评选细则

1.优秀学生由学生处负责组织实施评选。采取以下程序：

- 学生根据评选标准自我推荐；班主任初步筛选出候选人。
- 班主任主持召开班会，全班学生对符合条件的候选人进行无记名投票，确定本班每类优秀学生推荐人选。
- 各班将本班各类优秀学生推荐名单报年级审核。
- 年级将经过审核的各类优秀学生推荐名单报到学生处，由学生处和校团委审核。
- 学生处审核候选人名单，报校长会审核并公示，以接受全校师生监督。

2.优秀学生其所在小组在学期内至少获得一次年级及以上优秀小组荣誉称号，若无，则一票否决（毕业年级可以灵活处理，不受此条件限制）。

3.各类优秀学生候选人如受到学校违纪处分则一票否决。

4.名额分配:三好学生、优秀学生干部每学年度评一次,每班均不超过4名(班委干部3名,团委干部1名),学生干部包括小组长和科代表,各类星级学生名额每班不超过2名,每学期评选一次。

5.具体各类学生荣誉评选条件如下:

三好学生

①思想品德好。坚持正确的政治方向,热爱祖国,崇尚科学,是非分明,立场坚定,在各项教育活动和社会实践中有突出表现;模范遵守《中学生守则》《中学生日常行为规范》,团结同学,乐于助人,有良好的心理品质和较强的创新能力。

②学习好。坚持理论联系实际,具有不断追求新知,独立思考,勇于实践,敢于创新的科学精神;能较好地掌握各门学科的基础知识和基本技能,学习成绩优良,在考试中长期处于班级前5名。

③身体好。坚持体育锻炼,积极参加课外文体活动,有良好的卫生习惯,身体健康;体育课成绩获得良好以上。

优秀学生干部

①坚持党的"四项基本原则",自觉执行《中学生守则》,模范遵守《中学生日常行为规范》,善于抵制不良倾向和歪风邪气。积极参加学校组织的各种社会实践活动,德、智、体、美、劳全面发展,在同学中能起示范作用。

②有较强的组织管理能力和社会活动能力,能协助老师组织班团活动,进行班级自主管理,起好老师助手作用。

③学习目的明确,学习态度端正,具有不断追求新知,实事求是,独立思考,勇于创造的科学精神,能较好地掌握各门学科的基础知识和基本技能,学习成绩优良。

④坚持锻炼,有良好的卫生习惯,身体健康,达到《国家体育标准》的学段要求。体育课考核成绩75分以上。精力充沛,能适应学习、工作任务的需要,无事假,病假8节课以内。

文明礼仪之星

①穿戴整洁,朴素大方,不穿奇装异服,头发干净整齐,不烫发染发,男生不留长发、怪发,女生不化妆,不戴各种首饰,不染手脚指甲。衣着发式规范,受同学、老师认可。

②同学间团结互助,正常交往,真诚相待,不说谎话、脏话,不骂人,不取、不叫侮辱性绰号,不欺侮同学,人际关系较好,在学生间有良好口碑。

③尊敬师长,体贴父母,不顶撞,不发脾气,虚心接受教导,堪称学生表率。

④诚实守信,乐于助人,举止文明,能起模范带头作用。

纪律规范之星

①遵守作息制度,不迟到、不早退、不旷课,有病有事请假,严格履行请假手续。

②模范遵守《中学生守则》,遵守校规校纪,没有违纪行为。

③课堂上严格遵守小组学习管理的纪律规范,并有效督促小组成员,有一定的影响力。

④能有效帮助老师管理班级纪律,自身起到一定榜样示范作用。

健康运动之星

①有良好的卫生习惯,及时打扫教室、寝室和公共区的清洁卫生。不随地吐痰,不乱扔果皮纸屑等废弃物。爱护公物,不践踏草坪。

②遵守用餐制度,爱惜粮食,节约水电,生活节俭,不摆阔气,不乱花钱,不将食品带入教学区,能积极维护教室及公区清洁,以自己的言行在同学中起到示范表率作用。

③积极参加学校和上级主管部门组织的文学艺术、体育方面的活动,表现突出;积极参加体育锻炼,身体好;心理健康,乐观向上,心态好。

④热爱劳动,尊重劳动者和他人的劳动成果;积极、主动参加学校组织的社会公益劳动。

学习进步之星

①学习目的明确、学习态度端正、学习刻苦、学习方法科学,受老师或同学肯定的。

②认真完成作业,不拖欠作业、抄作业,完成质量经常受到教师表扬的。

③学习效果突出,在月考或半期考试中成绩进步超过五名的。

④小组学习中不拖小组学习后腿,课堂学习经常受教师表扬的。

智慧领学之星

①学习效果突出,在月考或半期考试中成绩名列全班前五名。

②小组合作学习积极,认真指导、帮助他人效果明显的;课堂上有很强的学习领悟力并能展示有效学习成果。

③积极参加各类型的学习竞赛,在学科竞赛中获区级以上奖励的。

④在学习上,能热情主动地帮助同学解决学习难题,在同学中有一定学习威望的。

(三)优秀小组评选细则

①优秀小组评选主要在非毕业年级进行,毕业年级灵活处理,年级及校级优秀小组评选由课程中心配合学生处每四周组织实施评选一次。

②班级优秀小组:班级优秀小组评比由班主任根据本班情况自行评比,可周评、月评,并上墙公示,学校每月检查一次。年级优秀小组:年级优秀小组每四周一评,每班不超过两个名额;学校将优秀小组公示表彰。校级优秀小组:与年级同步,每四周一评,初中部每年级两个名额,高中部每年级三个名额。校级优秀小组与年优秀小组不重复,学校将优秀小组公示表彰。

③详细方案见《重庆市凤鸣山中学优秀学习小组评选方案》。

重庆市凤鸣山中学
"四环导学魅力课堂"优秀小组评选方案

为进一步推动"'四环两型'问题导学式魅力课堂"教学模式改革的深入开展，促进学习小组建设的质量，提高学生自主管理、自主学习的能力，结合我校实际，特制订"'四环两型'问题导学式魅力课堂"优秀小组评选方案。

一、评选原则

①科学性、平等性原则：评价应体现学生发展的特点，将个性评价、过程性评价与结果评价相结合。平等地对待每位学生，为每位学生提供表现的机会，把希望带给每位学生。

②差异性原则：承认学生原有的个体差异和发展中的差异，对不同的个体采取不同的教育方法和评价尺度，发挥学生最大潜能，力求使每位学生都有不同进步。

③激励性原则：对学生坚持激励为主，要善于发现学生的闪光点，强化学生的良好行为的养成和保持。

④诚信原则：凡参与评价者，本着实事求是，诚实守信，严肃认真履行诚信责任和义务，确保评价的公正、公平，确保评价结果与学生日常表现的一致性。

二、评选层级

评选按照学习、管理两个序列，分成班级、年级、学校三级层次，团体奖项设为"最佳学习小组"与"最佳管理小组"。以班级小组学习与管理每月的量化排名为参照依据，由各班自行组织评选班级"最佳学习小组"与"最佳管理小组"，在班级最佳学习小组与最佳管理小组的基础上，申报年级和校级优秀小组，名额根据班级数额比例而定。

①班级层次：班级可每周一评也可每月一评，每月必须统计一次。班主任结合本班实际情况参照小组学习与评价细则的要求，根据小组成员学习、管理的过程评价分数，制定本班的评选标准，评选的具体方式由班主任安排，评选出的优秀小组务必展示在班级"文化墙"上，以迎接学校检查。

②年级层次：年级每月一评。各年级根据各班实际评选情况，按照班级数额的相应比例，确定每四周评选出的年级的优秀学习小组和优秀管理小组（可以分学习与管理两类或综合考虑均可），由各班主任向年级申报推荐各类优秀小组。年级按照名额配备评选出年级的学习、管理优秀小组进行展板展示。各年级可以根据年级实际情况在评选类别和数量上微调，每班原则上不超过两个。

③校级层次:学校每月一评。各年级将年级里最优秀的学习与管理小组(可分类或综合)上报至学校,由学校集中进行展示。上报至校级的与年级展示的优秀小组不能重复,初中部每年级两个名额,高中部每年级三个名额。

三、评选办法及展示

①各个学习小组根据一周(月)学习与管理的总体表现自我推荐;班主任组织全班召开班会,根据一周(月)各小组学习与管理的量化排名综合考虑评选出本班优秀学习小组和优秀管理小组(注:一般而言两类小组评选优秀个数各不超过 4 个,各小组可申报评选两类)。由班级在教室文化墙上展示。

②各年级配备一块宣传橱窗,每月将评选出的年级优秀小组进行集中展示,充分展示本年级在课堂改革小组建设上的特色与成绩。

③学校每月通过宣传橱窗,将年级推选出的非常优秀的校级月度优秀小组进行集中展示。

④各级各类优秀小组展示资料准备:优秀小组成员照片(集体照、活动照),优秀事迹介绍(小组名称、成员、口号、特色、目标、成绩、班主任评价等),所有年级和学校的优秀小组电子资料均报至学生处,通过校园网开辟课堂改革优秀小组专栏进行网上展示。

⑤所有层级的优秀小组评选,如小组成员受到学校纪律处分的,则一票否决。

重庆市凤鸣山中学课程中心

2012 年 1 月

重庆市凤鸣山中学"魅力课堂"改革
_____—_____学年度_____期优秀学生登记表

填表日期:

姓名		性别		年龄		民族	
政治面貌			班级				
评选类别							
优秀事迹							
班主任意见	班主任签章 年 月 日						
学校意见	学校签章 年 月 日						

说明:此表用钢笔正楷填写,各班统一交学生处。

重庆市凤鸣山中学"魅力课堂"改革
＿＿＿—＿＿＿学年度＿＿＿期优秀学生评选统计表

填报班级：　　　　　　班主任：　　　　　填报日期：

序　号	姓　名	班级职务	政治面貌	评选类别

说明：三好学生、优秀学生干部、星级学生等分类仔细填写，此表交学生处。

重庆市凤鸣山中学备课组管理与评价细则

项目		评分标准	登记	得分
教研常规50分	备课活动计划和活动记录	按时交备课组计划和活动记录,未按时交一次扣1分,未交一次扣2分;活动计划公示,每缺一次扣1分		
	备课组常规活动	每周组织一次备课组活动,缺一次扣2分;活动内容不落实扣1分;迟到早退一人次扣1分;缺席一人次扣2分		
	听课节数	听课节数按学校要求,差一节扣1分		
	学生竞赛活动	组织学生参加市区各类竞赛活动并获奖,每次加2分		
	教学常规检查	认真执行教学常规和"教学六认真"。迟到、早退一人次扣1分;旷课一人次扣4分;私自调课一人次扣2分;无教案上课一人次扣4分;教辅资料征订与使用不规范扣5分;作业批改不认真一人扣2分		
	检测命题	认真组织好阶段性检测,无失误。命一套半期、期末试题加2分,试题中出现严重失误的扣1~2分		
	区级教研中心发言	区级及以上教研中心发言一人次加2分		
课程改革研讨50分	组内常规课	组内教师每人每期上一节组内研讨课。差一节扣1分		
	"魅力课堂"各类型交流展示课	1.参加各种类型的市、区级展示课、公开课、交流研讨课每人加2~3分。备课组教师外出交流上课指导每次加2~4分(学校安排),不重复计算 2.每届魅力课堂优质课大赛获得一等奖的加4分,二等奖的加3分,不参加的扣4分		
	魅力课堂课题研究	1.积极承担学校魅力课堂相关小课题研究,研究有学期计划、有总结、有过程资料加3分 2.承担学校成长课题研究的加2分 3.承担学校课题研讨会(市区级)发言任务每次加2分		
	魅力课堂常态化监督与培训	1.学校不定时抽查课堂(听课、录像监控、学生评教表),未按照"魅力课堂"新课改理念上课的扣1分,按照理念进行课堂教学的加1分,实施较好的加2分(以学校每次检查登记为准) 2.积极参加学校组织的课改培训,不参加者一人次扣1分(公假除外),按学期统计组内教师培训全勤加3分 3.积极承担对校岗位培训班青年教师的培训讲座以及凤鸣论坛交流,一次加2分		

续表

项　目		评分标准	登　记	得　分
课程改革研讨50分	教学反思、总结与论文	每期每位教师至少上交一篇教学反思或论文,缺一人次扣1分		
	教改科研论文	教师论文获奖按照学校教改科研条例进行登记与奖励。国家、市级加2分,区级、校级加1分,此项加分全组总分不超过10分		
成绩60分	教学成绩	教学成绩考核以60分为基准: 初中参加区统考平均分排第一加10分,排第二不加分,排第三扣10分,依次递增; 高中参加六校联考平均分与第三名比较(各科按100分制折算)。教学分值=60±(超第三名分值−3)×2 语文教学分值=60±(超第三名分值−1)×3		

重庆市凤鸣山中学"四环导学魅力课堂" 学生评教信息反馈表

___级___班 学习委员:_____ 第___周 ___月___日至___月___日 班主任:_____

项　目 \ 学　科 教师姓名 节数	语文 _节	数学 _节	英语 _节	物理 _节	化学 _节	生物 _节	政治 _节	历史 _节	地理 _节	美术 _节	音乐 _节	体育 _节	信息 _节
1. 教师按照魅力课堂要求行课,贯彻"先学后教,先练后讲"原则,课堂以学生学习活动为主,教师点评为辅													
2. 教师在课堂上进行了有效的小组评价,并当堂签字													
3. 每堂课均有学生小组上台展示,课堂气氛活跃													
4. 教师在课组织有学生自学,互学,探究,展示等活动													
5. 课后处理作业及时,有批改,辅导到位,导学案检查到位													
6. 上课能吸引学生,学生们喜欢此教师上课													
对教师魅力课堂实施的意见与建议,要求或赞赏													
总体评价													
备　注	此表每一项评价分为三个等级:"优"表示实施非常好,请打"A";"合格"表示"实施了,请打"B";"待合格"表示未实施,请打"C"。根据本周教师上课情况收集各小组意见,如实真填写,并交到课程中心,课程中心及时将各情况反馈给年级组												

注:此表由学习委员填写,每周周末放后组织收集各科情况填写,如实真填写,并交到课程中心,课程中心及时将各情况反馈给年级组及教研备课组。

第五章　天高地阔，凤举鸾翔

第一节　课堂变化

　　"从教育的意义上看，教师和学生处于一个平等地位，教学双方均可自由地思索……这是苏格拉底的'催产式'教育原则。也就是说唤醒学生的潜在力，促使学生从内部产生一种自动的力量，而不是从外部施加压力。"

　　"魅力课堂"摆脱了传统"满堂灌""灌满堂"的陈旧教学方式，彰显出"学生中心、学习中心、发展中心"的特点与风貌，向"高效课堂""幸福课堂""阳光课堂"迈进。

　　课堂上，师生平等，关系和睦。师生心智得到解放、思维方式被彻底激活。"展评激学"更为学生提供了一个个充分展示自己才华与智慧的平台，满足了学生的"尊重需要"和"自我实现的需要"。这样的课堂，不仅使学生真正进入智慧学习的境地，而且使学生在小组合作时的互帮与探究，在展示学习时进取的态度、阳光的性格、善于推销与把握机会的能力，甚至在大庭广众之下举手投足的优雅气质，都开始发展为一个人的核心素养。

　　正如学生们所说："'魅力课堂'实施以后，我们的课堂发生了翻天覆地的变化。原来，是老师在讲台上干讲，课堂十分枯燥……除了听课、做笔记，就是做题了。老师讲起来吃力，我们听起来也无聊……现在课堂不是由老师主宰，而是由我们学生掌控，我们有了展示机会，潜力得到了开发，能力得到了提升，个性得到了发挥。"

　　正如教师们所讲："以前一节课要写几块黑板，一边写，一边讲，还要留意学生是不是在听，一节课下来口干舌燥，感觉心都被掏空了，还沾了满身的粉笔灰……'魅力课堂'能让自己轻松愉快地工作，开开心心地工作，为什么不实施呢？"

第二节　质量提升

"魅力课堂"改革让学生的知识结构由"容器型""灌输型"，向"自主型""互动型""多元化""现代化"转变，并让学校的教育教学质量得到了大幅度的提升。

自 2011 年始，学校高考成绩重点本科上线率都以超过 60% 的速度递增。2011 年高考：重点本科上线 83 人。2012 年高考：重点本科上线 159 人，上线人数首次破 100，上线率在 2011 年的基础上又提高 92%；本科上线 375 人，上线率达到 62%，包揽了沙区理科前三名；陈俊文同学成功考上北京大学。2013 年高考：参考 786 人，上线率 99.5%；其中重点本科上线 272 人，较 2012 年增长 71%，文科增幅达 130%；本科上线 560 人，上线率 71.2%；廖川疆同学被清华大学录取。2014 年高考，强势攀升，全面辉煌，取得历史性突破：高考上线 891 人，上线率 99.67%，名列沙区第一；其中重点本科上线 376 人，上线率 42.06%，名列沙区第一，比 2013 年增加 104 人，增幅达 38.2%；本科上线 679 人，上线率 76.21%，名列沙区第一；龚德同学勇夺沙区理科状元，并考取北京大学；郑清滔、刘俞伶同学考取清华大学。2015 年高考，继续辉煌，再创历史新高：上线 808 人，上线率 99.7%；其中重点本科上线 446 人，上线率 55.06%，居沙区第一；本科上线 698 人，上线率 86%，居沙区第一；600 分以上 186 人，居沙区第一；其中黄琴以 659 分夺得沙区文科状元，陈维以 651 分成为沙区文科第二名，理科曾夕、彭晓分获沙区第二、第三名；体艺特长生量多质优，文化、专业 100% 双上本科线，重点本科上线 70%。

2011 年、2012 年两年中考成绩，其联招上线率保持在 80% 左右。2013 年中考 546 人参考，427 人上联招线，较 2012 年增加 35 人；上线人数居全区第一，超第二名 98 人，联招上线率较 2012 年增长 2.7%，再创历史新高！2014、2015 年联招上线率保持在 85% 以上。

表 5.1～表 5.5 为这几年的艺术、体育领域获奖的统计数据。

表 5.1　凤鸣山中学乒乓球获奖统计

比赛时间	比赛名称	名　次	比赛地点	主办单位
2012.8	重庆市第四届运动会乒乓球女子甲组团体比赛	第二名	重庆万州	重庆市体育局
2012.8	女子甲组双打	第八名	重庆万州	重庆市体育局
2012.8	重庆市第四届运动会乒乓球男子甲组团体比赛	第三名	重庆万州	重庆市体育局
2012.8	男子甲组双打	第五名	重庆万州	重庆市体育局

续表

比赛时间	比赛名称	名　次	比赛地点	主办单位
2012.8	重庆市第四届运动会乒乓球男子甲组团体比赛男子甲组双打	第三名	重庆万州	重庆市体育局
2013.4	沙坪坝区中小学乒乓球比赛	高、初中组团体第一名	沙区体育馆	沙区体育局、教委
2014.4	沙坪坝区中小学乒乓球比赛	高、初中组团体第一名	沙区体育馆	沙区体育局、教委
2015.8	全国阳光体育青少年体育俱乐部乒乓球联赛	团体总分第一名	江西庐山	国家体育总局

表 5.2　凤鸣山中学羽毛球队获奖统计

比赛时间	比赛名称	名　次	比赛地点	主办单位
2012.7	全国体育传统项目学校羽毛球男子双打比赛	第六名	广东广州	国家体育总局
2012.8	重庆市第四届运动会羽毛球比赛男子甲组单打	第四名	重庆万州	重庆市体育局
2012.8	重庆市第四届运动会羽毛球比赛男子丙组单打	第二名	重庆万州	重庆市体育局
2012.8	重庆市第四届运动会羽毛球比赛男子丙组双打	第三名	重庆万州	重庆市体育局
2013.3	重庆市青少年羽毛球锦标赛男子甲组团体赛	第一名	重庆万盛	重庆市体育局
2014.3	重庆市青少年羽毛球锦标赛男子乙组单打	第一名	重庆长寿	重庆市体育局
2014.8	中国中学生羽毛球锦标赛男子甲组双打	第五名	山东潍坊	教育部学生体协
2015.3	重庆市青少年羽毛球锦标赛男子乙组单打	第一名	重庆长寿	重庆市体育局
2016.3	重庆市青少年羽毛球锦标赛男子乙组单打	第二名	重庆长寿	重庆市体育局
2016.3	重庆市中小学羽毛球比赛初中团体	第五名	重庆沙坪坝	重庆市教育委员会
2016.3	重庆市中小学羽毛球比赛高中团体	第四名	重庆沙坪坝	重庆市教育委员会

表5.3　凤鸣山中学健美操队获奖统计

比赛时间	比赛名称	名　次	比赛地点	主办单位
2012.11	2012年"肯德基"全国青少年校园青春健身操（重庆赛区）	基础套路——青春魅力第二名	重庆市渝北中学	重庆市教育委员会
2012.11	2012年"肯德基"全国青少年校园青春健身操（重庆赛区）	提高套路——创造奇迹第一名	重庆市渝北中学	重庆市教育委员会
2013.11	2013年"肯德基"全国青少年校园青春健身操（重庆赛区）	基础套路——青春魅力第二名	重庆市第八中学	重庆市教育委员会
2013.11	2013年"肯德基"全国青少年校园青春健身操（重庆赛区）	提高套路——拉拉操第一名	重庆市第八中学	重庆市教育委员会
2013.12	2013年全国健美操联赛第四站（华东师范大学杯）	提高套路——创造奇迹第二名	华东师范大学	国家体育总局体操运动管理中心
2013.12	2013年全国健美操联赛第四站（华东师范大学杯）	一级组三人操第12名	华东师范大学	国家体育总局体操运动管理中心
2013.1	2013年重庆市中学生健美操比赛	一级组男单一名	四川外国语大学	重庆市教育委员会
2013.1	2013年重庆市中学生健美操比赛	女单第一名	四川外国语大学	重庆市教育委员会
2013.1	2013年重庆市中学生健美操比赛	男子单人操第一名	四川外国语大学	重庆市教育委员会
2014.1	2014年重庆市中学生健美操比赛	混双第一名	四川外国语大学	重庆市教育委员会
2014.1	2014年重庆市中学生健美操比赛	五人操第一名	四川外国语大学	重庆市教育委员会
2014.1	2014年重庆市中学生健美操比赛	男子单人操第二名	四川外国语大学	重庆市教育委员会
2014.11	全国健美操啦啦操锦标赛	男单混双第一名	四川成都	国家体育总局体操运动管理中心
2015.11	重庆市大中小健美操啦啦操比赛	初中男单第一名	重庆大学	重庆市教育委员会

表 5.4　凤鸣山中学足球队获奖统计

比赛名称	名　次	比赛地点	主办单位
2011 年全国中学生足球联赛（重庆赛区）	第四名	重庆七中	重庆市教育委员会
2011 年重庆市青少年足球锦标赛（甲组 U-19）	第五名	重庆七中，南开中学	重庆市体育局
2011 年重庆市青少年足球锦标赛（乙组 U-16）	第三名	重庆七中	重庆市体育局
2012 年全国中学生足球联赛（重庆赛区）	第五名	重庆市第八中学	重庆市教育委员会
2012 年重庆市青少年足球锦标赛（甲组 U-19）	第四名	重庆七中	重庆市体育局
2012 年重庆市青少年足球锦标赛（乙组 U-16）	第五名	清华中学	重庆市体育局
2012 年"阿迪达斯校园足球联赛"	第五名	主客场	国家体育总局足球管理中心
2013 年全国中学生足球联赛（重庆赛区）	第六名	重庆七中	重庆市教育委员会
2013 年重庆市青少年足球锦标赛（甲组 U-19）	第七名	重庆七中	重庆市教育委员会
2013 年重庆市青少年足球锦标赛（乙组 U-16）	第五名	辅仁中学	重庆市教育委员会
2012—2013 年重庆市校园足球联赛（乙组）	第一名	辅仁中学	重庆市体育局
2013—2014 年重庆市校园足球联赛（甲组）第一阶段	第六名	凤鸣山中学	国家体育总局足球管理中心
2014 年重庆市青少年足球锦标赛（甲组 U-19）	第五名	凤鸣山中学，重庆七中	重庆市体育局
2015 年重庆市足球锦标赛（U-19）	第六名	重庆七中	重庆市体育局

表 5.5　凤鸣山中学田径队参加国家级比赛获奖统计

一、参加全国比赛团体名次获奖统计				
时　间	比赛名称	获奖名次	比赛地点	主办单位
2011 年 8 月	全国中学生田径锦标赛	男子甲组团体第六名	湖南宁乡	教育部学生体协
2011 年 8 月	全国体育传统项目学校田径比赛	女子团体第三名	武汉体育学院	国家体育总局田径协会
2013 年 8 月	全国体育传统项目学校田径比赛	女子乙组团体总分第四名，男子乙组团体总分第八名	湖南长沙	国家体育总局田径协会
2014 年 7 月	全国体育传统项目学校田径联赛	学校女子组团体总分第一名，男子团体第七名	浙江温岭	国家体育总局田径协会
2015 年 7 月	全国体育传统项目学校田径联赛	学校女子组团体总分第四名	浙江丽水	国家体育总局田径协会

二、参加全国比赛前三名成绩统计

时　间	比赛名称	获奖名次	比赛地点	主办单位
2010 年 8 月	全国中学生田径锦标赛	陈俊文同学以 48.22 秒获得男子甲组 400 米第一名,破全国中学生纪录	黑龙江牡丹江	教育部学生体协
		徐晓龙同学以 15.35 米获得男子甲组三级跳远第三名	黑龙江牡丹江	教育部学生体协
		韩世超、王思奇、蒋磊、陈俊文以 3 分 21 秒获得男子甲组 4×400 米第一名	黑龙江牡丹江	教育部学生体协
		沈杰、陈俊文、蒋磊、韩世超以 42.6 秒成绩获得男子 4×100 米第四名	黑龙江牡丹江	教育部学生体协
2011 年 5 月	全国第九届城市运动会田径预选赛	徐晓龙同学以 15.88 米获得男子三级跳远第三名	山东济南	中国田径协会
2011 年 7 月	全国第十一届中学生运动会	陈俊文同学以 47.89 秒获得男子 400 米第二名	内蒙古包头	教育部、体育总局
		徐晓龙同学以 16.01 米获得男子三级跳远第四名	内蒙古包头	教育部、体育总局
		陈俊文获得男子 4×100 米接力第三名	内蒙古包头	教育部、体育总局
		陈俊文、蒋磊获得男子 4×400 米接力第七名	内蒙古包头	教育部、体育总局
2011 年 8 月	全国中学生田径锦标赛	陈俊文同学以 47.88 秒获得男子甲组 400 米第一名,平全国中学生纪录	湖南宁乡一中	教育部学生体协
		蒋磊同学获得男子甲组 110 米栏第二名,400 米栏第三名	湖南宁乡一中	教育部学生体协
2011 年 8 月	全国体育传统项目学校田径运动会	李丹、傅爱玲、朱玲桦三位同学分别获得素质比赛金、银、铜牌	武汉体育学院	国家体育总局
		女子 4×100 米获得第一名	武汉体育学院	国家体育总局
2011 年 10 月	全国第九届城市运动会田径比赛	徐晓龙获得男子三级跳远第六名	江西南昌	国家体育总局

续表

时　间	比赛名称	获奖名次	比赛地点	主办单位
2012 年 8 月	全国中学生田径锦标赛	傅爱玲获得女子乙组 100 米栏第二名	上海	教育部学生体协
		李玉婷获得女子乙组三级跳远第三名	上海	教育部学生体协
2013 年 8 月	全国体育传统项目学校田径比赛	女子乙组 4×100 米第一名 女子乙组 4×400 米第一名	长沙	国家体育总局、教育部
		曾巧获得女子乙组 100 米第二名,200 米第六名	长沙	国家体育总局、教育部
		马莹获得女子乙组 400 米第三名,200 米第五名	长沙	国家体育总局、教育部
		苏欢获得女子乙组 100 米第三名,200 米第二名	长沙	国家体育总局、教育部
		卢涛获得男子乙组 200 米第四名,400 米第二名	长沙	国家体育总局、教育部
2014 年 4 月	全国青少年田径锦标赛暨青奥会选拔赛	李玉婷获得女子跳远第二名,三级跳第三名	重庆	国家体育总局
2014 年 7 月	全国体育传统项目学校田径联赛	李玉婷获得女子甲组跳远、三级跳远第一名	浙江温岭	体育总局、教育部
		傅爱玲获得女子甲组 100 米栏第一名	浙江温岭	体育总局、教育部
		江心雨获得女子乙组 400 米第一名	浙江温岭	体育总局、教育部
		曾巧获得女子乙组 100 米栏第一名	浙江温岭	体育总局、教育部
		苏欢夺得女子乙组 100 米第二名	浙江温岭	体育总局、教育部
		邓俊获得男子乙组 300 米栏第二名	浙江温岭	体育总局、教育部
		张泰获得男子乙组 100 米第三名	浙江温岭	体育总局、教育部
		卢涛获得男子乙组 400 米第三名	浙江温岭	体育总局、教育部

时　间	比赛名称	获奖名次	比赛地点	主办单位
2015 年 7 月	全国中学生田径锦标赛	李文轩获得男子乙组跳高第一名	内蒙古	教育部学生体协
		傅爱玲获得女子甲组 100 米栏第二名	内蒙古	教育部学生体协
		江心雨获得女子乙组 400 米第二名	内蒙古	教育部学生体协
2015 年 8 月	全国体育传统项目学校田径联赛	朱玲桦获得女子三级跳第一名，女子跳远第二名	浙江丽水	体育总局、教育部
		李丹获得女子 400 米栏第三名	浙江丽水	体育总局、教育部
		苏欢获得女子 100 米第二名，200 米第四名	浙江丽水	体育总局、教育部
三、破全国、市纪录，达等级运动员标准统计				
1.近五年来田径队 1 人打破一项全国中学生田径纪录，平一项全国中学生纪录，12 人打破 16 项重庆市青少年和中学生田径纪录				
2.近五年来田径队培养出 1 人超国家运动健将标准，7 人九项达国家一级运动员标准；38 人 26 项达国家二级运动员标准				

　　"魅力课堂"的改革，使学校多次受到市区级政府及教育行政主管部门的表彰，多次被评为市区级教育科研先进集体和先进单位。2013 年学校"'四环导学魅力课堂'理论与实践研究"获重庆市人民政府"重庆市教学成果一等奖"，2015 年学校"魅力课堂"改革入选首届中国教育创新成果博览会优秀成果，并参加了在北京师范大学举办的首届中国教育创新成果博览会。

第三节　队伍发展

　　"魅力课堂"改革不仅让学校教师的专业发展得到了极大提升,反思性专业探究还让学校形成了信任、协作的教师文化。改革以来,学校新增重庆市特级教师 2 人,重庆市学科教学名师 1 人,市区级骨干教师 15 人,学科带头人 2 人。从此,打造出了一支以特级教师、教育名师为引领,以市区级骨干教师为中坚,以青年教师为主体的师德高尚、业务过硬、善于学习、大胆创新的教师队伍。就是这支优秀教师队伍,为学校优质教育提供了人才保障,也为学校的创新发展和教育质量的全面提高做出了卓越的贡献。

　　几年来,在全国第一届"绿色课堂"杯优质课大赛中,我校周燕老师荣获特等奖,王鹏飞老师、梁东老师和陈敏老师分别荣获一等奖;在全国第二届"绿色课堂"杯优质课大赛中,我校杨柳老师荣获特等奖,李艺老师、杨勤心老师和宋璐老师分别荣获一等奖;罗诚老师荣获全国体育教师基本功大赛一等奖第一名;陈于老师荣获全国地理学科赛课特等奖;李雪丽老师荣获全国初中语文赛课一等奖;陈馨老师荣获全国高中语文赛课二等奖和重庆市高中语文优质课大赛一等奖;李永春老师荣获重庆市高中物理赛课二等奖;贺中琳老师荣获重庆市高中化学赛课二等奖……在 2014 年教育部"一师一优课,一课一名师"活动中,我校共获得全国部级优课 10 名,市级特等奖 12 名、一等奖 14 名、二等奖 11 名,在沙坪坝区首届"学本式卓越课堂"优质课大赛中,我校荣获一等奖 16 名,名列沙坪坝区之首……全校教师参与市级课题 3 项,市级改革试点项目 1 项,区级课题 50 余项。论文获得市级一等奖及其以上 100 余篇。论文发表 20 余篇,其中北大核心期刊 3 篇。

第四节　辐射影响

　　"魅力课堂"的改革成就，使凤鸣山中学声名远播。先后有中国教育报《天高地阔 凤举鸾翔，特色教育奇葩绽放》、《新教育》杂志社《走向内涵——重庆市凤鸣山中学教育改革与发展纪实》，重庆时报《群凤和鸣谱新曲，品质强校创新篇》《魅力课堂，拨动孩子心灵的琴弦》《金凤展翅，翱翔教育蓝天》《凤翔九天，做有理想的教育》等多篇文章对我校的"魅力课堂"改革进行了广泛的宣传与报道，在市内外产生了一定的辐射和影响。先后有广东广州邝维煜纪念中学、佛山容山中学，河北秦皇岛四中，贵州习水五中，重庆彭水汉葭中学、桑柘中学，重庆奉节甲高中学、夔门中学、梅子中学、长龙中学，重庆沙坪坝区回龙坝中学、实验中学，重庆巴南马王坪中学等多所学校主动与我校结成对子，践行推广"魅力课堂"。

　　教育部特色学校和内涵发展教育考察团，教育部中小学校长研修班教育考察团，北京师范大学基础教育课程中心教育考察团，英国威尔士教育考察团，《中国教师报》专家教育考察团，新疆校长培训班学员教育考察团，宁夏校长培训班学员教育考察团，北京市西城区、海淀区，天津滨海新区，广州白云区、珠海区、花都区，广西桂林市、北海市，海南省教育厅，江西吉安市，山西孝义市，四川泸州市、自贡市、广安市……近500个团队、近20 000人次，相继走进学校考察学习"魅力课堂"改革经验。冉启芬、熊元红、欧国茂、蒋红梅、龚圣龙、杨勤心、周燕、冉静、贾艳、赵梦骄、魏创、杨春芳等一大批课改精英，前往西藏芒康、山东青岛、广东容山、吉林延吉、江苏横林、河南沁阳、重庆汉葭……，登上全国课改名校卓越课堂、全国精品课程同课异构、全国智慧教育高峰论坛……。献课、同课异构、讲座，彰显了我校"魅力课堂"改革的巨大成就。

附录1:重庆市凤鸣山中学(2010—2015年)教师参加各级各类赛课部分获奖课目教学设计

"四环导学魅力课堂"教学设计
——"椭圆参数方程"

数学组　龚圣龙

一、教材分析

本节教材内容是学生学习参数方程的概念、普通方程与参数方程关系及圆的参数方程之后的内容,教材安排圆锥曲线的参数方程的目的是以学生熟悉的圆锥曲线为载体,进一步学习建立参数方程的基本步骤,加深对参数方程的理解,体会参数法的应用及优越性,让学生学会使用参数法这一基本工具解决一些复杂问题,也强化了学生从不同角度对圆锥曲线的几何性质的认识,从而培养学生综合分析解决问题的能力.

椭圆的参数方程是圆锥曲线的参数方程的第一课时,学生通过对定义、方程以及与其他圆锥曲线和直线关系的认识,经历了多次从感性认识到理性认识的过程,但是从参数的角度认识椭圆还是第一次,尤其是椭圆的图形获得:以前以两个定点、一个定点加一条定直线得到椭圆,本节课教材从两个圆中演变出椭圆的参数方程(当然还有很多种获得方式,上课时要介绍给学生),因此本节课是学生多角度、多层次地认识椭圆的上升过程.另外从教材的编排看,椭圆的参数方程被安排在圆的参数方程与双曲线的参数方程之间,起着衔接、过渡、承前启后的作用,作为圆锥曲线的核心内容,椭圆的参数方程学习是圆的参数方程的演化,也是类比学习后面双曲线、抛物线参数方程的基础,因此椭圆的参数方程的学习是参数方程这一章的核心内容.

教材从两个同心圆上点的变化说起,试图体现圆与椭圆的关系及参数的几何意义,然后通过求最值阐述参数法的优越性,但是教材开始的两个同心圆略显突兀,生活中的实际应用也缺乏,于是本设计通过一个圆从伸缩变换(均匀压缩)得到椭圆,让学生感到自然,同时增加椭圆规让学生领会参数方程的实际应用.

二、学情分析

1.知识结构方面,学生已学习了圆的参数方程以及如何建构一般曲线的参数方程的方法,知晓了普通方程与参数方程的关系,而且对圆和椭圆的标准方程比较熟悉,故具备了本节课所需的预备知识.

2.能力方面,高二实验班的学生具备较好的分析问题、解决问题的能力,能够解决一定的综合问题,因此问题设置可以适当开放一些.

三、教学目标

1.理解椭圆的参数方程及参数意义.

2.通过圆的类比学习,培养学生类比分析解决问题的能力.

3.在椭圆参数方程的获得、应用过程中,让学生学会用转化的思想看待事情,用灵活变通的观点对待生活.

四、教学难点

正确理解参数(离心角)的几何意义.

五、辅教工具

自制课件、多媒体计算机、投影仪、大屏幕、椭圆规.

六、教学过程

(一)情境引入,揭示主题

出示椭圆规,请学生用椭圆规在黑板上画出椭圆.

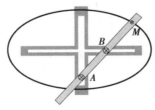

提出问题:椭圆规是做什么用的? 椭圆规画椭圆的原理是什么? 这就是今天我们要研究的主题.

此环节之前学生还没有见过椭圆规,因此能激发学生的兴趣,通过学生自己动手用椭圆规画出椭圆的过程,让学生产生疑惑:为什么画出的是椭圆呢? 让学生产生继续探究的欲望,顺利揭示主题.主题揭示之后,联系上一节圆的知识,回想圆与椭圆的关系,提出问题 1.

（二）建构椭圆的参数方程

问题 1：观察圆 $x^2+y^2=a^2$ $(a>0)$ 与椭圆 $\dfrac{x^2}{a^2}+\dfrac{y^2}{b^2}=1$ $(a>b>0)$ 的方程和图形，思考：圆通过怎样的变换可得到椭圆？

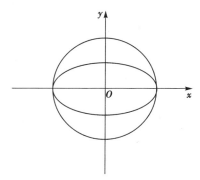

学生观察动画展示的圆变化成椭圆的过程，从宏观上发现圆上的点的横坐标不变，纵坐标通过压缩形成椭圆，然后通过思考，发现圆变化为椭圆，从本质上是坐标变换
$$\begin{cases} x' = x \\ y' = \dfrac{b}{a}y \end{cases}.$$

此环节目的是让学生通过复习圆与椭圆的关系，发现坐标之间的关系，为下面借用圆的参数来表达椭圆的参数方程埋下伏笔，也是为了培养学生学会联系、学会分析的能力.

问题 2：圆 $x^2+y^2=a^2$ $(a>0)$ 的参数方程是什么？既然圆可以通过上述变换得到椭圆，那你能否利用圆 $x^2+y^2=a^2$ $(a>0)$ 的参数方程，并借助上述变换得到椭圆 $\dfrac{x^2}{a^2}+\dfrac{y^2}{b^2}=1$ $(a>b>0)$ 的参数方程？

通过这种坐标变换的关系 $\begin{cases} x' = x \\ y' = \dfrac{b}{a}y \end{cases}$，联系圆的参数方程 $\begin{cases} x = a\cos\varphi \\ y = a\sin\varphi \end{cases}$，得到椭圆的参数方程 $\begin{cases} x' = a\cos\varphi \\ y' = b\sin\varphi \end{cases}.$

从问题 1 到问题 2，过渡自然，学生顺利地接受了椭圆参数的选取过程，通过问题 2 的过渡，很容易回答下面的问题 3，从而破解本节课的难点.

问题 3：椭圆参数方程中的参数 φ 的几何意义是什么？

通过上面的铺垫，学生解决问题 3 很容易，但是为了让学生深刻地认识参数 φ 的意义，所以让学生看椭圆随着圆变化而形成的动画过程，此时显示的过程是通过坐标变换引起的，学生可以清晰地认识到椭圆中 φ 不是旋转角，而是离心角.

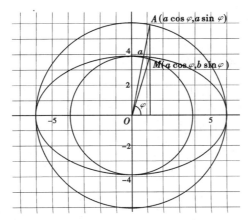

为了进一步使学生对椭圆参数方程有更全面的认识,教师设计了这样的课堂追问:

追问1:φ 是不是 OM 的旋转角?

追问2:φ 与 $\angle xOM$ 在 A 点转动一周的过程中有相等的可能吗? 如果有可能,有多少次?

追问3:实际上 φ 与 $\angle xOM$ 之间有一个等式关系,请大家尝试找到这个等式关系.

追问4:你觉得椭圆的短半轴 b 是图形中的哪条线段?

通过4个追问,强化了学生掌握 $\angle xOM$ 与 φ 的区别和联系,同时发现 φ 与 $\angle xOM$ 在坐标轴上是相等的,它们之间还有关系:$\tan \varphi = \dfrac{a}{b} \tan \angle xOM$,其中,半径为 b 的小圆也凸显出来,和教材紧扣,克服了教材直接生硬的感觉.

上述3个问题设计说明:一是对于椭圆的参数方程的引出,如果从三角代换等代数的方式引出来,过程学生易接受,但是那样的话,参数 φ 的几何意义学生就不清楚了.于是无论是人教版还是北师大版的教材都试图分别以 a,b 为半径的同心圆入手,得到椭圆的参数方程并让学生明确参数 φ 的几何意义.但是直接拿出两个同心圆略显突兀,学生可能会想为什么要用两个圆呢? 二是图形复杂,学生对参数的选择可能会有困难.于是本设计在保留两套教材的编者意图的同时,对问题的处理做了改变.圆,学生很熟悉,由圆压缩变为椭圆也很直观,这种变换也是学生学习椭圆新内容所经历过的(教材选修2-1的p91-93专门介绍有均匀压缩),学生也可以联想三角函数的伸缩变换得出圆上任意一点的横坐标不变,纵坐标变为原来的 $\dfrac{b}{a}$ 倍,圆就变为椭圆.代数表达式为 $\begin{cases} x' = x \\ y' = \dfrac{b}{a} y, \end{cases}$ 因此对于问题1学生很容易上手.学生上节课刚学习圆的参数方程,比较熟悉,而在圆上任意取一个点 $A(a \cos \varphi, a \sin \varphi)$,经过坐标变换得到 $M(a \cos \varphi, b \sin \varphi)$ 学生不会觉得难,故问题2就显得水到渠成.此时老师在几何画板中展示椭圆的形成过程的动画,从直观上加深学生的印象.这样学生就会从代数上和直观上确认参数 φ 的几何意义,即椭圆所对应的大圆上一点和椭圆中心连线与 x 轴正半轴的夹角,从而难点得到有效突破,也呼应了教材上的两个同心圆问题.几个追问的设计目的是为了让大家区分 φ 与 $\angle xOM$,也是为了让学生结合动画直观了解参数方程中各个几何量的几何意义.

（三）椭圆参数方程的应用

探究:椭圆规是用来画椭圆的一种器械,它的构造如下图所示。在一个十字形的金属板上有两条互相垂直的导槽,在直尺上有两个固定滑块 A,B,它们可分别在纵槽和横槽中滑动,在直尺二的点 M 处用套管装上铅笔,使直尺转动一周就能画出一个椭圆.你能说明它的构造原理吗?（提示:可以用直尺 AB 和横槽所成的角为参数,求出点 M 的轨迹的参数方程.）

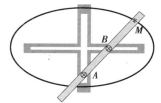

设计意图:椭圆规的原理是椭圆参数方程的应用,通过本题达到:

目的 1:让学生知道学椭圆的参数方程不仅对后面的考试做题(求最值等)有用,还有它在生产生活中的实际应用。

目的 2:让学生体会在建立参数方程的过程中如何选取适当的参数(参数的选择要考虑以下两点:一是曲线上每一点的坐标 x,y 与参数的关系比较明显,容易列出方程;二是 x,y 的值可以由参数唯一确定).

人教 A 版、北师大版、湘教版三套教材中都有椭圆规的构造原理的探究,编者提示学生求轨迹的参数方程.笔者以为编者提示是合理的。但是,利用参数方程只是检验了该工具确实能画出椭圆,据此认定它是椭圆规的构造原理似乎有点不甚合理。还有之前笔者就有疑问:教材中的同心圆的求解过程对学生后续数学学习有无指导意义? 如果同心圆的构造只是为了引出椭圆的参数方程,了解了参数 φ 的几何意义就束之高阁未免过于可惜.

通过前面的学习已经知道椭圆可以由两个同心圆经过伸缩变换而得到,而椭圆规也确实是画出了椭圆,那么这两者之间有什么联系呢?

如下图,过点 O 作 OA 平行于 MN,且 $OA=MN$.在 OA 上取点 B,使得 $OB=MP$.让 P,N 两点分别在 x,y 轴上运动,就相当于 A 或者 B 点绕原点转动, 则点 M 的轨迹就是一个椭圆.于是,椭圆规的构造原理已跃然纸上(这可能也是编者用两个同心圆来建构椭圆的参数方程的原因之一吧,如果教师在上课的过程中忽略了这一点联系,那不仅是枉费了编

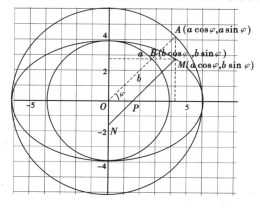

者的一番苦心，也使学生对椭圆规的原理的理解一知半解，只知道能画出来，不知道为什么能画出来）.实际上，上图中反映出来的，既有圆与椭圆之间的相互伸缩变换关系，也有椭圆的普通方程与参数方程之间的相互转换，还有利用两个同心圆进行椭圆规的构造，这一切不正体现了数学的和谐美与简洁美吗？

此时，已经对椭圆参数方程有了全面的认识，为丰富和拓展学生的视野，联系以前对椭圆的学习，让学生在头脑中留下椭圆的全面形象，从以下几个方面对椭圆进行多角度认识：

①平面截圆锥；

②两个定点生成椭圆（第一定义）；

③一个定点和一条定直线生成椭圆（第二定义）；

④一个圆生成椭圆（伸缩变换）；

⑤两个圆生成椭圆（参数方程）；

⑥椭圆族包络；

……

例 1　求椭圆 $\dfrac{x^2}{25}+\dfrac{y^2}{9}=1$ 的内接矩形的最大面积.

学生解决此问题有 3 种方法：①用参数方程法转化为三角求最值；②表达出面积，消掉一个变量求最值；③使用均值定理直接求最值.3 种方法都能解决问题，教师此时引导方法并加以对比.

设计意图：本题是应用椭圆参数方程解决问题的典型例子.学生可以感受到曲线的参数方程在代数"消元"变形中具有重要作用.实际上如果用直角坐标系，面积表达式中有两个变量，虽然可以借助椭圆方程转化为一个变量，但表达式相对比较复杂.利用参数方程，只有一个参变量 φ，并且可以用上三角变换，从而增加了解决问题的途径.（本题如果用直角坐标系得到面积表达式，再用均值不等式也比较简单，但是比较两种方法，显然参数法简单得多，从而凸显了参数法在某些时候的优越性.）

变式：求椭圆 $\dfrac{x^2}{25}+\dfrac{y^2}{9}=1$ 的内接矩形的周长最大值.

再次让学生体会参数法的优越性.

(四)思考交流

我们知道由于选取的参数不同，参数方程也不一样，下面是圆 $x^2+y^2=r^2$ 的两种不同的参数方程，$\begin{cases} x=r\cos\theta \\ y=r\sin\theta \end{cases}$ 和 $\begin{cases} x=\dfrac{(1-k^2)r}{1+k^2} \\ y=\dfrac{2kr}{1+k^2} \end{cases}$.

你能否给出另一种形式的椭圆 $\dfrac{x^2}{a^2}+\dfrac{y^2}{b^2}=1\,(a>b>0)$ 的参数方程？

设计意图:北师大版教材最后有个思考交流,参照求圆的参数方程 $\begin{cases} x = \dfrac{(1-k^2)r}{1+k^2} \\ y = \dfrac{2kr}{1+k^2} \end{cases}$ (k 为

参数)的方法,给出椭圆另一种形式的参数方程.我觉得这个思考固定了学生的思维,学生的思维被引到了教材第33页的圆的参数方程的求法去计算.而本问题的设计,先给出圆的两种参数方程作为例子(实际有很多种),让学生自由写出椭圆的另一种形式.不局限于一定是这两种形式,还可以是其他的,这样学生的思维就被打开了.就算是想到和上面的圆的第二种相似的方程,也可以是两种思维:一是直接从形式上类比,作一个合情推理,再来验证是否正确.二是北师大版教材上参照圆的第二种参数方程的计算过程,来算

出椭圆的参数方程 $\begin{cases} x = \dfrac{(1-k^2)r}{1+k^2} \\ y = \dfrac{2kr}{1+k^2} \end{cases}$,这样不仅体现了参数方程的多样性,也起到了类比学习

的重要性.

变式:方程为 $\dfrac{(x-x_0)^2}{a^2} + \dfrac{(y-y_0)^2}{b^2} = 1$ 的椭圆参数方程你也能给出吗?

设计意图:学生可以通过三角代换直接得到,也可通过平移得到,也可根据圆心不在原点的圆的参数方程类比得到,开阔学生思维即可,不作扩展.

(五)课堂小结

知识方面:①理解椭圆的参数方程及参数意义;②应用椭圆参数方程解决相关问题,并体会参数法在解决某些问题的优越性.

思想方法方面:类比、转化、运动变换的数学思想.

(六)作业布置

教材第36页练习1,2题,第39页B组5题.

(七)总体设计思想

这是北师大版选修4-4参数方程2.3教学内容(p34-36),课题是《椭圆参数方程》.教材从两个同心圆上点的变化说起,试图体现圆与椭圆的关系及参数的几何意义,然后通过求最值达到参数法的优越性.但是教材开始的两个同心圆略显突兀,生活中的实际应用也缺乏.

作为执教者,应该从学生的认知出发,创造性地用好、用活教材,既要体会教材的编者意图,又要有自己的思想在里面.

本设计主要是三个环节:利用运动变换的思想通过类比圆的知识得到椭圆的参数方

程,然后应用椭圆的参数方程解决相关问题,最后拓宽椭圆的参数方程形式.这三个环节和教材的编排意图一致,还原知识的形成过程及知识的应用拓展.

本设计着力从以下几个方面来做出一些创新:

1.利用运动变换的思想从学生熟悉的圆的参数方程得到椭圆参数方程并明确参数的几何意义.

学生在学椭圆新课时,教材专门有介绍从圆压缩为椭圆的均匀压缩.这样学生在得到椭圆参数方程时就不存在参数选择的困难,从而顺利得出椭圆的参数方程,并且从代数上和直观上确认参数 φ 的几何意义就是椭圆所对应的大圆上一点和椭圆中心连线与 x 轴正半轴的夹角,从而突破难点.

2.充分利用信息技术,加深学生对椭圆轨迹的形成及参数的几何意义的理解.

设计中用几何画板的动画演示圆变成椭圆的形成过程,在这种运动变换的思想指导下很好地理解参数方程及参数的意义,有效地突破了难点,同时也激发了学生学习椭圆参数方程的兴趣.通过让学生在图形中找出线段 b 也呼应了教材上的两个同心圆问题.

3.增加探究椭圆规的形成原理.

一是让学生领会参数方程的实际应用;二是椭圆规的原理探究也可让学生体会在建立参数方程的过程中如何选取适当的参数(参数的选择要考虑以下两点:①曲线上每一点的坐标 x,y 与参数的关系比较明显,容易列出方程;②x,y 的值可以由参数唯一确定);三是通过信息技术,让学生直观体会椭圆规原理与本节课教材上同心圆的关系.

必修一　分子与细胞
第六章第四节　细胞的癌变

生物组　孟玉莲

一、教学目标

1.知识与技能

(1)说出癌细胞的主要特征;

(2)举例说出致癌因子;

(3)明确细胞癌变的原因。

2.过程与方法

(1)通过对癌细胞进行定义,提高总结归纳的能力;

(2)通过课前收集致癌因子资料,提高资料收集、分类整理的能力;

(3)通过小组讨论预防癌症的方法,形成将生物学知识运用到实际生活中的能力。

3.情感态度价值观

(1)通过展示雾霾的危害,形成爱护环境、低碳出行的意识,增强社会责任感;

（2）通过对致癌因子的讨论，明确吸烟对健康的危害，形成拒绝烟草的态度；

（3）通过对癌症患者生活方式改变的讨论，积极改变不健康生活方式，认识到生命的珍贵。

二、学情分析

据2015年修订的《普通高中生物学课程标准（草稿）》，明确生物学核心素养包含四个层次内容，即生命观念，理性思维，科学探究，社会责任。本课程从癌细胞的特征入手渗透生命观念，通过认识原癌基因和抑癌基因与细胞癌变的关系培养理性思维，通过小组讨论如何改变生活方式来预防癌症带入科学探究的一般方法，并通过倡导戒烟，低碳出行，节能减排内化保护环境是大家的社会责任。

本节课程为人教版必修一最后一节内容。关于癌症的知识初中略有涉及，但并未对癌细胞特征及成因进行详细介绍。经过一学期生物学习，学生们对高中生物课程已经形成了系统的学习方法，知识目标中癌细胞特征和致癌因子通过自学及视频教学容易达成。而由于现在学生们还没有基因的知识背景，因此原癌基因和抑癌基因的区别是教学难点，仅通过自学很难理解，需要教师通过生动的比喻对陌生知识进行辅助讲解。

学生们的生活经验中对癌症的诊断，治疗方法均有了解，但大多数学生对癌症的预防没有很强的参与感。故在教学中应注意结合生活实际，激发学生学习兴趣，通过小组合作讨论，在相互交流中潜移默化关爱生命的意识，激发学生的责任感和使命感。

三、重点难点

1.教学重点

（1）癌细胞的主要特征和致癌因子；

（2）预防癌症的方法。

2.教学难点

原癌基因和抑癌基因的区别。

四、教学过程

（一）情境引入，揭示主题

这几天重庆的天空出现了久违的蓝天白云，明媚的阳光一扫冬日的阴霾。这个冬天在北京，在上海，在伦敦，在重庆，雾霾像白色幽灵般驱之不散，伴随而来的疾病更让人不安。我国的癌症发病率在持续走高，其中死亡率最高的正是肺癌。呼吸是无法避免的，而每一口不清洁的空气都有可能引发肺癌，这太恐怖了！我不由担心自己可怜的肺此刻是否正受到癌细胞的伤害。癌，它像一个魔鬼，在人群中肆虐，更让人恐惧。

那么什么是癌呢？同学们，若有机会向癌发问，你们最想知道什么？

（学生：提出自己感兴趣的问题）

未知让人恐惧，若做到知己知彼，则百战不殆，我们要打赢与癌症的持久战就先一起来摸清它的底细吧。这节课我们将用40分钟的时间来了解癌细胞的特征，它怎么来，我们又该如何应对。

（二）癌细胞的特征

癌症也叫恶性肿瘤，是由癌细胞大量增殖而引起的。癌症不是外敌入侵，而是体内细胞的叛变，正常人体有60兆细胞，它们组成一个小社会，并各自遵循其行为准则——生长、分裂、分化、凋亡，这一切都在机体的精确调控之中。但某个不服从调配的刺头出现了，正是癌细胞。那同学们知道癌细胞与正常细胞有什么区别吗？

（学生：说出自己了解的癌细胞特征）

是否如此，我为大家请来了一位医学专家，我们一起来听听他怎么说。

（播放录制视频）

同学们记住癌细胞的三大特征了吗？（学生记忆，板书）它正是通过无限增殖，侵害正常细胞的生长增殖，又通过扩散转移，损伤多个脏器，我们与癌细胞的正面决战一触即发。

（三）细胞癌变的原因

那么正常细胞为什么会发生癌变呢？我们一起来见证细胞癌变之路。（板书）以前科学家们对癌变的原因毫无头绪，直到伦敦大烟雾事件。（播放音频）这次事件后，科学家们意识到烟尘大大提高了癌症发病率，进一步研究发现，烟囱灰中含有大量致癌物，癌变第一步，即是致癌因子作用。致癌因子拥有多个作战编队，请同学们学习相关内容，并将致癌因子分类。

（学生活动：4分钟时间自学致癌因子相关知识）

致癌因子有哪几类呢？（物理致癌因子、化学致癌因子和病毒致癌因子），你能分辨出它们吗，大家一起来一试身手。

（学生活动：抢答，对致癌因子进行分类）

周围居然有这么多的致癌因子，我们的生活环境难道已经如此恶劣了？其实致癌因子要真的起到作用是要积累到一定剂量的，偶尔吃个烧烤、油条什么的，虽然对健康未必有好处，却也不必过于担心会因此患癌症。而若长时间或大剂量地暴露在致癌物质中，那就危险了，科学家证实长期吸烟就会大大增加肺癌发生率，吸烟不但害己而且害人。

但同学们有过这样的经历吗？在劝人戒烟时，他却抱着侥幸心理说，不是所有吸烟的人都得肺癌了呀,这又怎么解释呢?致癌因子要损伤相应遗传物质才能最终引发癌症。大家知道癌细胞无限增殖能力危害巨大,而与细胞增殖有关的基因有两类,即原癌基因和抑癌基因。原癌基因有什么作用呢?

(学生答:原癌基因主要负责调节细胞周期,控制细胞生长和分裂的进程)

抑癌基因又起着什么作用呢?

(学生答:抑癌基因主要是阻止细胞不正常的增殖)

人和动物细胞的染色体上都存在原癌基因和抑癌基因,别恐慌,它们是正常基因。人体的细胞生长是动态平衡的,这种平衡的维持就需要原癌基因和抑癌基因的相互配合,这就像一辆车要平稳运行,需要"刹车""油门"默契配合一样。原癌基因就是油门,控制着细胞分裂,抑癌基因就是刹车,阻止了不受控的细胞分裂。刹车油门配合得当,车辆就能安全出行。而外来的致癌因子损伤细胞这两类基因,让细胞一直猛踩油门而刹车失灵,那就只能车毁人亡了。而细胞无序生长,便像滚雪球一样持续积累,形成肿瘤。这也正是细胞癌变的根本原因。

一个基因的突变会导致细胞癌变吗?通常一个细胞中要发生 5~6 个基因突变,才可能变成真正的癌细胞。同学们对癌变的原因了解了吗?那么能够对癌细胞进行准确定义吗?请各小组同学讨论,从癌细胞特征和癌变原因入手,对癌细胞定义。请组长记录本组讨论结果。

(学生活动:4 分钟时间小组合作对癌细胞定义,并上台展示小组讨论结果)

(四)预防癌症的方法

既然我们对癌症已经了解了,那治疗癌症就是个小 case 吧?实际上人们对癌症的认识才刚刚开始,很多难题仍未攻克。晚期癌症很难治愈,早期癌症虽然治愈率高,却又很难发现,一个癌细胞分裂 20 次也不过一个针尖大小,不但医生很难诊断,自己也感觉不到任何症状,当发现时,它可能已经发展到中晚期。这让许多癌症患者备受煎熬。(音配画)

"得癌症的为什么偏偏是我?为什么,偏偏是我?"这是无数癌症病人绝望地呐喊。同学们有经历过癌症患者的无助吗?他们的生活发生了什么变化呢?

(学生:交流身边癌症病人的经历)

我认识的一位长辈正是肺癌晚期,他有长期吸烟的习惯,无论家人怎么劝说都无所谓,确诊后立即戒烟却已经帮助不大了。人们都知道一些行为对健康不好,但却很难去改变。同学们知道这是为什么吗?

是啊,大家都想着我这么年轻又健康,怎么会得癌症呢?等老了再说呗。但在癌症面前,没有谁是真的旁观者,你与癌症的持久战在你没意识到的时候已经悄悄开始。那么我们又该怎么办?请同学们相互交流。

我们生活在同一片蓝天下,我们又该怎么办呢?

(学生活动:4 分钟时间小组合作交流应对癌症的方法,组长记录并展示)

是啊,坚持运动,健康饮食,控制体重,说起来多容易,又有多少人能真正做到呢? 我意识到不能再只说说了,我将做出自己的抗癌宣言,请大家来监督!（宣读抗癌宣言）

同学们愿意加入我吗? 好,我们一起来,起立!

（师生:发出抗癌宣言）

"为什么偏偏是我?"这是无数癌症患者的呼声! 我们对癌变了解得越多,那么癌症带给我们的恐惧就会越少,请不要一边抱怨环境恶劣,一边仍进行着不良的生活方式,或许癌症就是由自己所引发。摒弃不良生活习惯,让癌症见鬼去吧!

重庆市凤鸣山中学"卓越课堂"教学设计
课题：全称量词与存在量词

数学组　王鹏飞

设计思想

新的《普通数学课程标准》指出:"学生的数学学习活动不应只限于对概念、结论和技能的记忆、模仿和接受,独立思考、自主探究、动手实践、合作交流、阅读自学等都是学习数学的重要方式.教师不仅是知识的传授者,而且是学生学习的引导者、组织者和合作者."结合课时进度、难度和学生的接受能力,本课的设计以小组合作教学结合信息技术特点,重视概念获得过程和适度探究是本课的设计思想.

教材分析

（1）《课程标准》指出:"通过生活和数学实例,理解全称量词和特称量词的意义."《教师教学用书》中基本要求定为:①通过教学实例,理解全称量词和特称量词的含义;②能够用全称量词符号表述某些全称命题,能用特称量词符号表述某些特称命题;③会判断全称命题和特称命题的真假.

（2）中学数学是由概念、定义、公理、定理及其应用等组成的逻辑体系.在理解数学概念、数学命题时, 全称量词与特称量词和数学命题的形式化常伴其中,进行判断和推理时,必须理解清楚它们的含义,遵守逻辑规律,否则,就会犯逻辑错误.掌握全称量词与特称量词的知识,对于深刻领会中学数学教学内容,提高学生的逻辑思维能力,有着重要的意义和作用.

（3）就符号形式而言,它是一个全新的内容;对所表示的内容而言它是初中乃至高中课本大量数学命题的高度概括中的形式化,体现了从初中的数学知识较形象化向高中的数学知识较抽象化的进一步过渡.

学情分析

学生已学过初中和高中必修①~⑤的全部内容,已拥有了基本的模块知识和数学框架,对用数学符号表示数学命题并不陌生.课本中许多数学也来自生活,对纯数学命题和生活中数学命题有一定的经验,这些都是学生进一步学习的基础.一些常见的数学思想,如转化、形式化思想在各个模块中也有所渗透,这些都为学习全称量词与特称量词提供了有力的保障和支撑.

概念的形成过程应该是一个归纳、概括的过程,是一个由特殊到一般,由具体到抽象的过程.教师应该充分认识到,学生知识结构的改变不仅是要教师讲、教师引导,还需要学生的亲身体验,亲自参与,与同伴交流.

学生在学习数学符号的过程中会存在一定的困难,这些困难的客观因素在于数学符号的高度抽象性、概括性和复杂性.要把具体的数学命题、生活中的数学命题的共性特征抽象出来,用数学的符号语言统一地概括描述它们的共性特征,这对学生比较困难.教师要采取适当的方法,注意启发引导,不要以自己的想法代替学生的想法,把全称命题、特称命题的定义告诉学生;注意引导学生积极参与概念形成的关键点处的讨论、交流等活动,引导学生总结判断全称命题与特称命题的思想方法.把中心放在练习强化上,要防止因练习中知识的面太大而产生负迁移从而影响概念本质的理解.

教学目标

知识与技能目标:通过生活和数学中的丰富实例理解全称量词与存在量词的含义,熟悉常见的全称量词和存在量词;了解含有量词的全称命题和特称命题的含义,并能判断其命题的真假性.

过程与方法目标:使学生体会从具体到一般的认知过程,培养学生抽象、概括的能力.

情感态度价值观:通过学生的举例,培养他们的辨析能力以及培养他们良好的思维品质,在学习过程中培养他们百折不挠的精神.

重点:理解全称量词与存在量词的意义.

难点:全称命题和特称命题真假的判定.

一、引入

小故事:美国小说家马克·吐温在一次演讲中谈到国会,有些激动,他说:"国会议员中有人是混蛋."一些议员知道后,纷纷给他打电话说自己不是混蛋,并且组织起来游行示威,让马克·吐温道歉,马克·吐温其实不想闹别扭,于是决定道歉,他在广播里说:"国会议员中有人是混蛋,我现在道歉,国会议员中_____混蛋."你认为幽默的马克·吐温在横线处的话是?

教师:他在广播里说:"国会议员中有人是混蛋,我现在道歉,国会议员中有人不是混蛋."马克·吐温还好没说国会议员中所有人都是混蛋,这样他还不好道歉了,在这个故事中,大家注意,有两个词"有"和"所有",这些在数学中叫作量词,也就是我们今天要学习的"全称量词与存在量词".

设计意图:用历史小故事,在理科教学中增加趣味性,让学生集中注意力尽快进入上课状态,从故事中提炼量词这个概念,让学生初步了解本节课学习的任务,激发学生学习新知的兴趣和欲望.

二、自学探究

问题1:仔细阅读教材回答下列问题:

(1)举例说明什么是全称量词? 常用的全称量词有哪些? 用什么符号表示?

(2)举例说明什么是全称命题? 用什么符号表示?

问题2:仔细阅读教材回答下列问题:

(1)举例说明什么是存在量词? 常用的存在量词有哪些? 用什么符号表示?

(2)举例说明什么是特称命题? 用什么符号表示?

设计意图:问题1、问题2的设计在于用问题引导学生预习,带着问题去预习,加强预习效果,也让学生预习有事可做,同时需要学生举出生活中全称命题和特称命题的实例,为后面作准备,也初步了解了什么是全称量词、存在量词、全称命题、特称命题以及它们的符号表示.

教师:请前几组的同学将你们组举出的全称命题写在黑板上,后几组的同学将你们组举出的特称命题写到黑板上.

教师:大家来看这些命题中,量词都有哪些? 全称量词、特称量词它们都有什么共性? 如何判断一个命题是全称命题还是特称命题?

引导学生回答,全称量词描述的是一类事物的总体,存在量词只需是这类事物中至少有一个,判断一个命题是全称命题还是特称命题主要是看这个命题判断的对象是一类事物的总体还是一类事物中至少有一个,如:有理数是实数.虽然它隐含了全称量词,但它依旧是全称命题.

教师:$\forall x \in M$, $P(x)$ 与 $\exists x_0 \in M$, $P(x_0)$ 中 M 指什么? $P(x)$ 指什么?

引导学生归纳 M 指的是某类事物构成的集合,$P(x)$ 是一个判断语句.同时,引导学生运用符号语言表述某些全称命题、特称命题.

设计意图:这里主要是引导学生归纳总结如何去判断一个命题是全称命题还是特称命题,让学生充分理解全称量词、存在量词的含义,并能正确区分全称命题和特称命题,达到教学目标要求,也突出此节课的重点,并能运用符号表述某些全称命题与特称命题,达到课标要求.

三、技能提炼

问题3:请仔细阅读下列命题.

（1）$\forall x \in \mathbf{R}, x^2 + 2 > 0$；

（2）对顶角相等；

（3）$\forall x_0 \in \{x \mid x$ 是无理数$\}$，x_0^2 是无理数；

（4）对于所有实数 a，a 的平方都大于零；

（5）有大于等于 3 的实数；

（6）$\exists x_0 \in \mathbf{Z}, x_0^3 < 1$；

（7）有的正方形不是菱形；

（8）$\exists x_0 \in \mathbf{Q}, x_0^2 = 3$.

思考：这些命题分别是全称命题还是特称命题？他们是真命题还是假命题？完成后，小组同学尝试总结如何去判断全称命题与特称命题的真假.

学生：（1）~（4）为全称命题，（5）~（8）为特称命题，（1）、（2）、（5）、（6）是真命题，（3）、（4）、（7）、（8）是假命题.

引导学生总结判断一个全称命题与特称命题为真假的方式、方法，（1）、（2）是全称命题且为真命题，判断的方式是对于一类事物所有的元素都能成立，即全真则真；（3）、（4）是全称命题且为假命题，判断的方式是对于一类事物只需找到其中一个元素使得其不成立，即一假则假；（5）、（6）是特称命题且为真命题，判断的方式是对于一类事物只需找到其中一个元素使得其成立，即一真则真；（7）、（8）是特称命题且为假命题，判断的方式是对于一类事物所有的元素都使其不成立，即全假则假.

设计意图：这里主要通过实例，结合学生的判断及其粗略的判断手段去引导学生归纳总结如何去判断全称命题、特称命题的真假，总结规律，突破本节课的难点.

四、变式反馈

例　已知函数 $f(x) = x^2 - 2ax + a$，在下列条件下分别求实数 a 的取值范围.

（1）$\forall x \in \mathbf{R}, f(x) > 0$；

（2）$\exists x_0 \in \mathbf{R}, f(x_0) \leqslant 0$.

在此处，绝大多数同学都会使用判别式去解决这个题，在此也粗略体会了全称量词与存在量词的区别，这时教师提出，如果这个函数不是二次函数怎么办？那么对于第（1）小问，这是个全称命题，我们需要对每一个实数都去验证成立，这个可不可能做到？那么我们就得想办法，再回到这个二次函数，看这个二次函数图像，要满足 $\forall x \in \mathbf{R}, f(x) > 0$，那我们只需要去找一个特殊位置，这个满足了，所有的都满足了，如果学生能找到最低点，那么问题迎刃而解.对于第（2）小问，特称命题，我们只需要找到存在的至少有的那一个就行，同样去观察图像，去找那一个，体会存在！

设计意图：让学生在此处体会存在与全称的区别，不等式的恒成立问题和有解问题一直是考试热点、难点.在高一学习函数时,这类问题基本是强行灌给学生的,在此处这样设计正好借助于全称命题、特称命题深入理解这类问题.

教师:同学们在此我们再次观察:(1) $\forall x \in \mathbf{R}, f(x) > 0$;(2) $\exists x_0 \in \mathbf{R}, f(x_0) \leq 0$. 在(1)中是全称量词,而在(2)中是存在量词;在(1)中 $f(x) > 0$,而在(2)中是 $f(x_0) \leq 0$.这里的(1)和(2)有什么样的联系没有呢? 它们的联系就是我们下节课要学习的内容.

设计意图:为下节课作准备,同时引起学生对下节课的期待.

课后思考:(1)已知: $\forall x \in [1,2]$, $a < x + \dfrac{1}{x}$ 成立,求 a 的取值范围;

(2)已知: $\exists x \in [1,2]$, $a < x + \dfrac{1}{x}$ 成立,求 a 的取值范围.

设计意图:这个思考是对上面例题的变式巩固,也让学生进一步理解全称量词与存在量词的意义.

地理课堂上传统文化的应用与传承

地理组　杨　舟

摘　要:由于信息技术的发展和高速的经济建设,现代学生对于中国传统文化的认识严重缺乏,地理学科由于其特殊性,在课堂上适时地对学生进行传统文化熏陶,能在一定程度上提高学生对传统文化的了解程度。本文针对在课堂上应用传统文化的必要性进行分析,并对如何在地理课堂上让学生认识传统文化提出方法和建议,希望带来借鉴意义。

关键词:传统文化　人文底蕴　地理课堂　应用　培养

地理学科具有一定的自然性与人文性,既会对各大地域的自然风光进行介绍,又会普及该地域的人文风俗与历史文化,其中也蕴藏了其他科目所具有的一些内容,无论是社会科学还是自然科学,地理课程都会有所涉及。不同的地域具有不同的文化,文化正是由于地域的风格而形成了一定的个性风格,使得我国的传统文化能五彩缤纷、丰富多彩。所以在地理课堂上加强与传统文化之间的联系,让学生了解传统文化,培养人文底蕴,具有非常重要的现实意义。

一、运用传统文化培养学生人文底蕴在地理课堂上的必要性

第一,它能激发学生的爱国情怀,在地理课堂中,对祖国的大好河山进行讲解,对广

阔的河流、巍峨的山岭进行展示,云南的喀斯特地貌、新疆的荒漠、江苏的湖泊、东北平原一望无垠的田野;对五十六个民族的传统文化、风俗习惯进行学习,汉族的花朝节、傣族的泼水节等,再播放《向天再借五百年》,让学生对身为中国人的自豪感和爱国情油然而生。第二,有利于培养学生的爱乡情感,大多数学生因为现代流行文化的冲击,沉溺在网络的虚拟世界中,对本地的传统文化不太了解,讲解有关学生的家乡的历史文化知识,让学生加强对家乡的认识,在对文化的崇敬之后迸发出对家乡的热爱之情。例如,针对东北的孩子,可以向他们讲述小兴安岭的丰富资源、二人转等文化的产生缘由。第三,实施华夏传统文化教育有利于学生整体素质的提高,由于传统文化教育的缺失,我国青少年普遍存在着崇洋媚外、不守公德、责任心不强,不会与人和谐相处,甚至对于自己的家人都缺乏感恩之情。如果在地理课堂上加强传统文化知识补充,学生则有可能会在传统文化的教育下,变得心情平和,饮水思源,养成良好的道德素养和人格魅力。第四,有利于传承和谐理念,通过对包罗万象的自然地理进行学习,学生会感受到大自然的伟大力量,对大自然产生敬畏之心。

二、如何在地理课堂上让学生认识传统文化

（一）利用多媒体教学将地理与文化结合

地理这门课程内容丰富,不仅包含着人文风俗,还包含着自然景观,对世界各地的光照、降雨、农业种植、经济发展、历史文化、风俗习惯、地理经纬度、旅游热点等都要进行讲解。不仅包含着历史、政治、语文等方面的内容,在讲解地貌形成、寒流暖流的时候还要涉及化学、物理、数学等知识。而且由于涉及一些理工问题,具有一定的抽象性,对于地貌的形成、地方时刻的计算都需要学生具有一定的逻辑思维能力,如此庞大复杂的学习任务单靠知识点灌输、插秧式教学是无法达到任务的。因此加强对电子信息技术的应用,通过多媒体,能明显地提高学习效率,提高对传统文化的认识。如,在讲述黄土高原的时候向学生播放视频 MV《信天游》《黄土高坡》等陕北民歌,那些具有浓郁地方色彩的画面及旋律不仅加强了学生对黄土高原的认识,对黄土高原的自然景观和地质地貌有了直观的感受,而且也促进了学生对传统文化的认识。

（二）传承的过程中要注意创新

如果说繁荣的经济是一个民族的衣着,那么文化就是这个民族的血液,如果一个民族丢掉了传统文化,那么这个民族就离灭亡不远了。在国学热的今天,在课堂上引入传统文化,将国学教育融入课程体系之中,让学生了解传统文化,重拾民族精神,培养勤劳谦和、仁厚敦实等优秀品德。

（三）努力探究地理知识元素，挖掘文化底蕴

教师要努力提高自己的文学修养，要有丰富的地理知识与文学内涵，教师要教给学生多少传统知识，自己就要有那方面知识的数百倍之多；不仅要求教师对传统文化进行掌握，还要在传统文化之间进行综合；在讲解的过程中精练而不乏内容，通俗而深藏韵味。运用生动的语言、风趣的方法进行讲述，提高学生对传统文化的吸收效率。

（四）既要实践又要应试

很多学校对地理等相对不大重要的科目没有引起重视，只学习课程，并没有要求考试，导致了在教师讲课的过程中学生忙于其他作业，即使教师的文化素质再高，也难以发挥实际的作用。

（五）将古典诗词与地理课堂相结合

古典诗词中也包含了一些有关地理的一些知识，在地理教学中，结合古典诗词进行讲述，既能促进学生对地理知识的理解，同时与传统诗词相联系，地理课堂显得更有生机和韵味。如讲到冷风时，可以用杜甫的"八月秋高风怒号，卷我屋上三重茅"；讲暖风时，可以应用"随风潜入夜，润物细无声"；在讲夏季风的时候，应用"羌笛何须怨杨柳，春风不度玉门关"。古典诗词不仅能帮助导入新课，如在讲"天气与气候"时，导入"忽如一夜春风来，千树万树梨花开"要求学生辨识这是形容天气还是气候；当学生对风力搬运作用不能理解时，可以引用"轮台九月风夜吼，一川碎石大如斗，随风满地石乱走"帮助学生理解。在做课堂小结时，如在对课文月球讲解之后，可以引用有关月亮的诗词，做出总结。将古诗词应用到地理课堂中，让学生对古代诗词产生兴趣，会很自然地加深对传统文化的感情。

三、总结

运用传统文化培养学生人文底蕴在地理课堂教学中具有一定的现实意义，能增强学生的优良素质和爱国情怀，对大自然产生敬畏之情。针对如何在课堂上引入传统文化这一问题，必须要对多媒体技术加强利用，多加创新，提高教师文化修养，改进考核方式，在课堂上与古诗词加以联系，对促进学生对传统文化的学习大有裨益。

本文参考文献

［1］杨静.浅议古典诗词中的地理知识及在地理教学中的应用［J］.泸州职业技术学院学报,2009(3):86-89,46.

［2］陈金赛.近三十年来我国中学地理教育研究的发展［D］.南京师范大学,2012.

［3］周舟.高一学生学习地理困难研究［D］.广州大学,2011.

［4］侯玉娟.高中学生地理学习不良心理的原因及对策研究［D］.苏州大学,2010.

［5］于永德.高中生地理空间能力现状分析及教学策略研究［D］.东北师范大学, 2008.

于细微处写真情
——写人记事如何触动人的心灵

语文组　李　艺

学习目标

培养认真观察的能力,学习从细节入手,通过多次作文修改,学会写触动人心灵的文章。

学习重点

通过三步修改使学生学会于细微处写真情。

过程步骤

一、导入

佛说:"一花一世界,一叶一菩提。"通过一片花瓣,我们可以看见一个世界的美丽;通过一滴水珠,我们可以想见一片海洋的辽阔;通过一只飞鸟,我们可以梦见整个苍穹的蔚蓝。"一粒沙中看世界,半瓣花上说人情。"通过对细微处的描写,我们同样也可以看见这些细微背后美妙的情感。今天,我们就一起关注生活中的细微处,描写细节,书写真情。

二、教学步骤

1.展示一组照片,找出照片中最能打动你的地方。

无论是眼神、表情,还是动作,同学们的感动都来源于这些细微之处,这就是细节之妙。细节对于刻画人物性格,揭示人物内心世界,表现人物细微复杂感情有着重要作用。

2.写作大师们总善于观察生活中的细节,并用细腻的笔触去表现这些细节。杜甫用"爷娘妻子走相送""牵衣顿足拦道哭"的细节描写,写出百姓被迫征调从军时的痛苦;柳永用"执手相看泪眼,竟无语凝噎"的细节描写,凸现恋人间依依惜别之情;归有光以"儿寒乎? 欲食乎?"的细节描写,深情述说母亲的关爱。更不用说孔乙己掏出铜钱时的"摸"与"排";以及父亲的背影;爸爸的花儿……这些细节,因其生动传神的刻画,深深触动我们的心灵,历久弥新。

什么是细节描写? 所谓的细节描写是指文学作品中对人物动作、语言、神态、心理、外貌以及自然景观、场面气氛等细小环节或情节的描写。

下面就让我们一起观看一段视频,描写细节,书写真情。

3.父亲为儿子的不上进而痛心,父子关系进入冰山期。儿子在外打拼时因意外而双腿瘫痪,父亲背起儿子,如儿子咿呀学步时,重新教他走路。视频中的父爱如山高,如海深。分组讨论,找出最能打动你的细微之处。第一步,聚焦细节,进行描写。(PPT)

(学生写作、展示、点评)

4.福楼拜曾说:"我们不论描写什么事物,要表现它,唯有一个名词;要赋予它运动,唯有一个动词;要得到它的性质,唯有一个形容词。"(PPT)

下面,就让我们用心寻找那个最准确的词语,修改文字,进行第二步,精准摹状。(PPT)

(学生写作、展示、点评)

5.下水作文。请抓住文章中最能传情的点,第三步,夸张变形,写下最意气骏爽的文字。(PPT)

(小组相互修改、展示、点评)

三、结语

艺术大师米开朗基罗无论是雕刻还是绘画,总是花许多时间在那里沉思、推敲、琢磨,有时数月不曾进展。当人们质疑他时,他说:"我花许多时间在整修雕像,例如让他眼睛更有神,肤色更亮丽,某部分肌肉更有活力……不错,这些都是小细节,不过把所有的小细节都处理妥当,雕像就变得完美了。"这个故事给我们启示:任何完美都是细节组合而成的。今天我们通过聚焦细节、精准摹状、夸张变形三步来描绘图片,书写细节,触动人心。其实生活中,像这样的画面还有很多很多。只要有一双善于发现捕捉美的眼睛,一双笔耕不辍的手,我们就一定可以把世间真情收藏于心灵,将它变成永恒的记忆。

"14-1　压强"教学设计

物理组　周　艳

【教学思想】

1.从生活走向物理,从物理走向社会

本节课,是用"结冰河面上行走,人们遇到危险"这一生活现象,将学生带进压强的学习之中。让学生从身边熟悉的生活现象出发,去探究并认识物理规律,这大大增加了学生学习物理的乐趣和积极性。

利用身边熟悉的器材,感受压力的作用效果和探究压力作用效果的影响因素,让学生体验到"瓶瓶罐罐当仪器,拼拼凑凑做实验"的乐趣。

利用压强的有关知识,帮助"结冰河面上行走的两个人脱离危险",充分让学生认识到学习物理是有用的。

利用课件展现生产、生活中,以及自然界中大量的图片,让学生从中找出增大压强或减小压强的方法,使学生感到物理不是抽象而枯燥的,而是那么地生机勃勃、趣味盎然。

2.自由开放,自主探究

本节课,在实验探究的环节中,充分发挥学生的创新思维,给学生提供广阔的自主探索、发现的空间。表现在:一是鼓励学生自主选择器材;二是对同一探究问题,探讨出多种实验方案,摆脱了对教师和教材的依赖。

3.授之以渔,终身受用

本节课引导学生经历科学探究的整个过程,同时,对学生渗透物理方法的教育。正是控制变量、类比、分类、归纳等方法帮助学生丢掉"拐杖",主动地参与到知识获取过程中去,这些方法将成为学生终身受用的宝贵财富。

【教材分析】

压强是自然科学的重要概念,在科学技术和生产中经常用到。这一节内容着重学习的是固体的压强,它是在学习了力及力的三要素、力的作用效果、重力、摩擦力的基础上编排的。在本节教学内容中,"探究压力的作用效果跟哪些因素有关",是学生培养能力、提高素质的主要载体,"什么叫压强"是本节的重点,"怎样增大和减小压强"能帮助学生进一步理解压强的概念,了解压强的应用。此外,压力、压强与人们的日常生活、生产技术有着密切的联系,本节教材从生活场景走进物理学习,又从物理学习走进社会应用,体现了物理与生活、社会的密切联系。

【学情分析】

在本节学习之前,学生已经学习了力学的基础知识,并学习了两个重要的力,即重力和摩擦力,这些知识都是本节学习的认知基础;控制变量、对比、归纳等学习方法,在以前的学习中已有所涉及,这为本节课的探究学习提供了方法基础。另外,初中学生有一定的观察能力,也具备了较强的独立思维能力,但抽象思维能力尚未成熟,对于本节内容所学习的压力,总有"压力的大小总是等于重力的大小"的误区,这也是本节课要解决的难点。

【教学目标】

1.知识与技能

(1)知道什么是压力,知道影响压力作用效果的因素。

(2)理解压强的概念,知道压强公式中各物理量的名称、单位及符号。

(3)会应用压强的知识解释生活中的物理现象。

2.过程与方法

引导学生经历科学探究的过程,培养学生的观察能力、动手操作能力、信息处理和分析能力。

3.情感态度与价值观

通过生活、物理、社会的密切联系,增强学生将物理知识应用于社会活动的意识,并应用所学物理知识解决生活中的实际问题。

【重点难点】

1.重点:压力作用效果的影响因素及压强概念的理解。

2.难点:压强概念的理解。

【教法学法】

教法:以探究式教学为主,以讲授为辅,配以多媒体教学手段。

学法:自主探究、合作交流。

【教具学具】

教师用:压力计、多媒体课件。

学生用:铅笔、气球、压力小桌、海绵、钩码、宽布带、细线。

【教学过程】

一、创设情境,提出问题

播放一段视频:两个人在结冰的河面上行走,冰面裂开。

提出问题:

问题一:冰面裂开时,这个人为什么要说"站着别动"?

问题二:最后,这个人为什么要说"爬过来"?

学生思考老师提出的两个问题。

二、新课教学

(一)认识压力

1.列举生活中,物体对物体施加压力的例子,引导学生观察并归纳得出压力的共同特点。

提出问题:压力的方向有什么共同的特点?

学生思考并回答。

2.分析压力和重力的大小关系

演示实验1:将重物放在水平放置的压力计上,测出此时重物对压力计的压力大小。

演示实验2:将压力计放在斜面上,测出重物对压力计的压力大小。

学生观察这两个对比实验,然后思考:压力的大小和重力的大小有什么关系?

从实验现象中,归纳得出压力在大小上和重力的关系。

(二)科学探究:压力的作用效果与哪些因素有关

1.感受压力的作用效果

提出问题:压力作用在物体上,产生的作用效果是什么?

学生体验。

器材:铅笔、气球、宽绳或细绳……

体验1：手压铅笔，手有"痛"的感受，或是手指发生形变。

体验2：手压气球，气球发生形变。

体验3：用绳子压气球，气球也发生形变。

……

2.明确探究问题

提出问题：压力作用在物体上，可以使物体发生形变，且形变程度不同，那么，压力的作用效果究竟与哪些因素有关呢？

3.猜想与假设

学生根据刚才的体验或生活经验进行猜想。

4.设计、进行实验，并得出结论

学生利用教师所提供的器材或自己身边的物品，设计实验方案，并进行实验。

实验时，请学生带着以下几个问题进行：

（1）你选用的器材有哪些？

（2）你是如何操作的？ 观察到了什么现象？

（3）你能得到什么结论？

教师巡回指导，鼓励学生从课桌上已备的器材中自主选择器材，来验证猜想。

学生合理分工、共同实验，并对实验现象进行分析，得出结论。

5.交流评估

各小组展示各自的实验方案，并对自己及他人的实验提出评估意见。

各小组边演示边讲解，相互交流、取长补短。

（三）建立压强概念

1.围绕实验结论，引导学生思考：

当物体表面受到的压力和受力面积均不同时，将如何比较压力的作用效果？

例：甲图中，小桌对海绵的压力是 1 N，受力面积是 2 cm²；乙图中，小桌和钩码对海绵的压力总共是 5 N，受力面积是 100 cm²。比一比，谁的压力作用效果更明显？

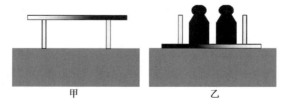

甲　　　　　　乙

小组讨论，寻找方法：比较单位面积上受到的压力。

2.引出压强的概念，并得出压强公式和单位。

3.简介帕斯卡在物理学方面的突出贡献。

4.认识"Pa"。

例：一名中学生，所受重力为 480 N，双脚与地的接触面积是 0.03 m²，该同学站立时对地面的压强是多大？

学生计算，并体会到 Pa 是一个非常小的单位。

提出问题：如何让自己对地面的压强迅速增大一倍？

学生思考并回答老师提出的问题。

（四）压强在生产、生活中的应用

1.用所学的知识解释课前提的两个问题。

问题一：那个男的为什么要喊"站着别动"？

问题二：最后，这个人为什么要说"爬过来"？

2.列举生活中增大、减小压强的实例。

（1）学生举出生活中增大、减小压强的实例。

（2）教师课件展示生活生产中和自然界中增大、减小压强的图片。

（3）学生根据所举事例和图片，分析并归纳出增大、减小压强的方法。

3.播放视频：汽车超载、国道被破坏的视频资料。

提出问题：这段视频中，涉及的物理知识有哪些？引导学生分析道路破坏的原因。

结合重庆交通拥堵严重这一现状，给交通管理部门提建议。

三、畅谈收获

引导学生回顾本节课的学习过程，从知识与技能的获取、过程与方法的体验、情感态度价值观的提升三方面畅谈自己的收获和体会。

【板书设计】

14-1 压强

一、压力

垂直作用在物体表面上的力称为压力。

二、压强

1.定义：物体单位面积上受到的压力称为压强。

2.公式：$P = \dfrac{F}{S}$

3.单位：1 Pa = 1 N/m²

三、应用（略）

达标检测

1.下列关于压力和压强的说法正确的是（   ）。

A.单位面积上受到的压力越大，压强越大

B.受力面积越大，压强越小

C.重力越大，压力越大

D.压力越小，压强越小

2.在生物进化的过程中，动物身上的各种器官不断地完善，以适应生存的环境，我们所了解的以下事例中，有减小压强功能的是（   ）。

A.人口腔中的牙齿根据咀嚼功能的不同，分为了切牙和尖牙等

B.骆驼的体重比马的体重大不了一倍,脚掌的面积却是马的三倍

C.大象长有两个大大的耳朵,不仅可以发挥听觉功能,还能用于散热

D.啄木鸟长有细长而又坚硬的尖喙,便于剥开树皮

3.一块长方体橡皮,所受重力为 0.3 N,侧放于水平桌面上时,它与水平桌面的接触面积是 $1 \times 10^{-3} m^2$,如图1所示,它对桌面的压强是_____ Pa。若沿 ab 方向竖直向下切去一块,则剩余部分对桌面的压力_____,压强_____。(最后两空选填"变大""变小"或"不变")

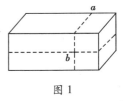

图 1

4.一人重 450 N,每只脚与地的接触面积为 150 cm^2。求他站立时对地面的压强是多大?他行走时对地面的压强又是多大?

5.货车超载运输会严重破坏公路设施,对公路桥梁的安全构成严重威胁,如图2所示。请你运用所学知识,解释严重超载的货车压塌桥梁的原因。

图 2

"多边形的内角和"教学设计

数学组　周　燕

一、教学内容

北师大版数学八年级下册第六章第4节:多边形的内角和.

二、教学目标

1.理解多边形的内角和公式，并能用公式进行简单的计算.

2.经历多边形内角和的探索过程，尝试从不同的角度解决问题，感受从特殊到一般及类比的学习方法，初步体会转化的数学思想.

三、教学重点、难点

重点：探索多边形的内角和公式.

难点：探索多边形的内角和时，如何把多边形转化成三角形.

四、教具、学具准备

教具：课件、计算机、投影仪、实物展台、导学案、三角板等.

学具：作图工具、草稿纸等.

五、教学过程

环节	问题设置	教师活动	学生活动
第一部分：情境自学——雏凤清声	创设情境： 问题1：在前面的学习中，你已经知道哪些多边形的内角和？ 问题2：任意四边形的内角和是多少度？你是怎样得到的？	教师用多媒体展示图片. 指导学生看图，然后提出问题1，学生能够想到：三角形的内角和是180°，还可能会想到：正方形、长方形的内角和是360°，平行四边形、梯形的内角和也是360°.再接着提出问题2，引入新课，让学生打开课本，同时板书课题：§6.4　多边形的内角和.	学生看图、思考，打开课本. 注重数学与生活的联系，用水立方引入，激发学生的求知欲望和民族自豪感.

续表

环节	问题设置	教师活动	学生活动
第二部分：合作互学——群凤和鸣	问题2：任意四边形的内角和是多少度？你是怎样得到的？ 问题3：分别求出五边形、六边形、七边形的内角和，并由此归纳、猜想出 n 边形的内角和及如何表示？	总结问题1，后接着提出问题2，让学生独立思考，再分组讨论、交流．教师深入小组参与活动，鼓励学生积极讨论，主动交流，倾听并指导学生交流，收集学生中的不同的解决问题的方法． 然后组织学生交流解决问题的方法，展示活动成果．如果出现图②的方法，应让学生比较②和③的关系，使之明确②是③的一种特例． 若有学生提出度量法和拼图法，教师应指出这两种方法的局限性，使学生明确：添加辅助线的方法是通常选用的方法．再让学生观察、思考、归纳添辅助线的几种方法有什么共同点和不同之处（尤其是（1）中的几种方法）．从而使学生明确：只要把四边形分割成已经知道内角和的图形，就能求出其内角和．一般方法是：从一点出发，连接各顶点，把四边形分割成三角形来加以解决．这"一点"可以是平面内任意的一点（这一点可以是四边形外一点吗？可课后思考）． 提出问题，让学生独立探究，对有困难的学生给予及时地指导．然后组织学生展示、交流各自的思考的方法与结果． 组织学生分析问题2中的方法的优缺点，为体现数学的简洁美，教师引导学生采用最简洁的方法去求解：从一个顶点出发，连接与其不相邻的各顶点．在此基础上，归纳总结出 n 边形的内角和公式：$(n-2)\cdot180°$，让学生阅读教科书上相应的内容，并对公式加以理解和记忆． 然后指出：公式中的 n 表示多边形的边数，$n\geqslant3$ 并且 n 是整数．	学生思考、讨论、交流并收集方法，培养学生团队互助精神． 学生可能想到：度量法，拼图法，以及添加辅助线的方法，如： （1）把四边形分割成几个三角形： ①　　② ③　　④ （2）把四边形分割成三角形和梯形等． 学生观察、思考、归纳、总结． 注重学生思维训练，学生通过独立操作、小组合作等方式对多边形的内角和进行研究。教师引导学生在多边形外部找点，对多边形进行分割，拓宽学生思维的宽度和广度。 学生思考、探究，在答题纸上独立完成，然后交流各自的方法和结果，聆听他人的方法和结果． 给学生一定的时间让学生阅读教科书上相应的内容，并对此公式进行理解与记忆．

环节	问题设置	教师活动	学生活动
第三部分:展评激学——凤举鸾翔	学习反馈: 1.十二边形的内角和为_____,正十二边形的每个内角为_____. 2.已知一个多边形的内角和等于1080°,则多边形的边数为_____. 3.如图,在四边形 $ABCD$ 中,$\angle A+\angle C=180°$,$\angle B$ 与 $\angle D$ 有怎样的关系?	学生对"合作互学"中任意四边形内角和的求法、对多边形内角和的探讨进行展示,并发表不同的看法. 对学习反馈中1题进行分析,追问任意多边形和正多边形的内角和是否一样,为什么?2题引导学生体现方程思想,并要求讲解计算方法.	学生独立思考、计算,然后交流各自的解题过程.
第四部分:提升领学——凤翔九天	拓展提升: 剪掉一张长方形纸片的一个角后,纸片还剩几个角?这个多边形的内角和是多少度?先自己想想,再和同伴动手操作看看吧! 小结: 1.回忆本节课的学习内容,阅读教材,整理笔记,改正错误. 2.谈谈你有哪些收获、体会或疑问?	引导学生分类讨论 让学生回顾、反思,畅谈收获,再对学生的小结从知识、数学思想方法、情感态度等方面加以规范: 1.本节课我们学到了一个公式:n 边形的内角和等于 $(n-2)\cdot180°(n\geq3)$. 2.在探究这个公式的过程中,我们感受到了转化的思想方法以及归纳与猜想的数学思想,还体会到了从特殊到一般以及类比的方法. 3.还体会到了数学与实际生活的紧密联系.	学生独立思考,解答,然后交流. 学生回顾、反思,畅谈收获,并将知识进行梳理,提炼学习方法,形成知识体系,感受学习数学的快乐,建立学好数学的自信心,培养继续深入研究问题的专业精神.

六、作业布置

略.

七、板书设计

§6.4　多边形的内角和

一、n 边形的内角和等于 $(n-2) \cdot 180°(n \geq 3)$

二、方法与思想

(1)转化

(2)从特殊到一般

(3)类比

"My future in 20 years.阅读写作课" 教学设计

英语组　邓少婷

1.整体设计思路、指导依据说明
语言是有声的、有形的、有情的。作为一门语言,英语教学的最终目标是培养学生的交际能力。听、说、读、写四项语言基本技能是英语综合运用能力的重要表现形式。听和读是输入,是理解和吸收语言信息的手段,只有达到足够的输入量,才能保证学生具有说和写的输出能力。所以,口头表达是书面写作的基础,书面写作是口头表达的提炼和升华。阅读是通过书面文字来理解和获取信息。阅读能力包括对书面语言的识别、理解和记忆等几个方面。理解是阅读的基础,也是阅读的目的。这节课就是要训练学生对文章充分理解,并记忆再转述达到口头作文的能力,最后落实到笔头作文作为输出。 　　教材内容从基本词汇到句子再到文章层层递进,听说读写依次展开,以一种循序渐进的贴近学生生活的学习程序,引导学生在做事中有目的地学习语言。我们在设计本节课的教学设计时,也是遵循以学生为本的教学理念,确定合理的教学内容,注重启发教学,注意全员的参与,突出交际性和实用性。采用循序渐进原则和分层(尊重差异)原则。谈论与学生生活相关的话题,利用活动为主线,激发学习兴趣,指导学生学会运用 will 将来时交谈并写出关于自己梦想的短文。

续表

2.教学背景分析

教学内容分析

　　本节课希望学生在六单元学习了"be going to"表达的将来时态的用法之后，在八年级七单元学习将来时态的另一种表达"will"的表达及运用。本节课围绕 My future 这个话题展开，先由一段"生活中的机器人"衔接本单元的中心话题"Will you have robots?"，之后用问答方式引入下个话题"My life in the future."并通过 pair work 进行口语对话练习进一步巩固这一句型在对话中的运用。谈论了彼此的理想之后，学生将听本班一位同学的梦想，边听边填空，同时感知一篇文章的大意。根据这篇文章开展小组活动，对文章提问，从而加深对文章的理解。然后让学生听歌曲"Que Sera, Sera"，让学生在唱歌的同时进一步接触 will 将来时的运用并思考自己的未来生活。接着，本班同学表演的视频让大家更深入感受这一话题并打开思路。谈论了同学的梦想后再让大家静下心思考自己的梦想并写出来，这一环节是文章的最后输出，也是本节课的目标达成体现。学生应该通过英语课程结合生活实际并开阔视野，发展创新能力，形成良好的品格和正确的人生观与价值观。所以在本节课结束之前一定让学生来总结本节课所学的内容，并展现几句经典的关于梦想的英语名言以提升学生的情感认知，从而让学生们展开自己的梦想并为之努力学习。本节课是本单元的一节阅读课，围绕"My Dream"这一话题展开，它是在 Section A 和 B 的前半部分的基础上进一步学习和强化 will 将来时句型的运用。全节课自学、互学、展学和领学交替进行，开展问答、对话、听力、小组质疑、唱歌、看视频到写作多个部分。内容是与学生生活紧密联系的一节阅读写作课，目的是在知识上让学生熟练掌握并能正确运用将来时。

学生情况分析

　　学生通过 Unit 6 的学习，已经了解和掌握了 be going to 表达对将来的打算，而 Unit 7 进一步学习用 will 来表达的将来时。因为有这个前提基础，学生理解和运用将来时比较容易接受。Section A 和 Section B 的前面都讨论了未来世界和机器人在未来的运用，这一节转入切实讨论想象自己的未来生活。这一话题容易引起学生们的共鸣。本节课以视频引入让学生联系前面所讨论话题，再快速复习本文要使用的单词和句子，再到对话和文章。这一层层推进，学生们对运用这些单词和 will 将来时的句子到转述和写作之中就不再显得陌生和困难了，而是一种再学习、巩固和再强化训练，目的是更加牢固掌握并学会灵活运用所学内容。熟练掌握 will 将来时的表达是本课的重难点。

3.教学目标分析

德育目标——通过学习本课，使学生树立自己的理想，并乐意为了自己的理想去努力奋斗。

知识与能力目标

　　1.词汇:熟练读写出 probably, during, holiday, possible。

　　2.语法句型:熟练 will 将来时的句型。

　　3.能口头和笔头描述未来的生活。

过程与方法目标

　　通过观看、说、听和读为转述和写作做铺垫。

情感目标

　　1.通过小组集体活动完成学习任务，树立合作意识，加强小组凝聚力。

　　2.通过本课树立自己的人生目标。

　　3.本课关于未来生活的话题引出为了理想我们要培养坚持不懈的品质。

教学资源:

　　导学案、PPT 课件、视频、音频和投影仪。

续表

4.教学重点、难点分析
教学重难点： 1.To learn the vocabularies:probably，during，holiday，possible etc. 2.To use will in the future tense expertly. 3.To describe the life in the future.

5.教学过程设计
步骤1:情境导入 　　观看 the Future Life with Robots 的视频。 　　设计意图:用视频激发学生兴趣,回忆本单元前一个话题引入本节课话题。 步骤2:自学、互学复习单词和句型 　　(1)学生大声说单词; 　　(2)围绕这节课主题,老师快速提问,学生回答问题; 　　(3)小组编对话再次联系基本句型。 　　设计意图:学生一个接一个说单词,让学生快速有趣地回顾本节课要使用的词汇;问答的句型为本课基本句型为后面做铺垫;小组对话练习让学生再次巩固熟悉这个话题。 步骤3:听同学的梦想 　　(1)学生听同学的梦想并填空; 　　(2)小组讨论根据同学的梦想提问并回答,加深对文章的理解; 　　设计意图:通过听力练习初步理解文章,小组讨论质疑加深对文章的理解。 步骤4:听歌曲 Que Sera, Sera 　　听歌唱歌并谈论歌词,练习"Will she be…?"句型。 　　设计意图:通过唱歌活跃课堂气氛的同时加强练习,并引导学生思考自己的未来。 步骤5:看视频(谈论我们的未来。) 　　看本班同学表演的视频,打开思路。 　　设计意图:看本班同学自己表演的视频,既练习了听力又打开了孩子们的想象空间,为写作进行铺垫。 步骤6:写作文 　　写作要求:My life in 20 years.四人小组分成三部分,一人写开始,两人写主体,还有一人写结尾。 　　提议可以用一些名言在文章中为文章添彩: 　　(1)The poor man is not the man without a cent, but the man without a dream. 　　(2)Every life is a boat, the dream is the boat sail. 　　(3)Where there is a will, there is a way. 　　(4)Have a dream, there is success. 　　设计意图:让学生通过前面的铺垫灵活运用本单元词汇和句型,合作形成一篇文章,既节省了时间,又达到这节课最终的语言输出目的。 步骤7:小组展示 　　让学生展示自己的习作。

步骤 8:总结

　　学生自己总结这节课所学的内容。

　　设计意图:让学生明确每节课所得。

步骤 9:情感提升

　　If you have a dream, never give up!

　　We will try our best to make our dream come true!

　　设计意图:激励学生树立理想,并为了自己的理想而努力奋斗。

步骤 10:家庭作业

　　1.完成作文、小组内交换批改;

　　2.完成 Self-Check。

　　设计意图:完成本课所学内容,检查是否达到语言输出的目的。

附录 2:重庆市凤鸣山中学
"魅力课堂"教学改革(2010—2015 年)大事记

2010—2011 学年度
(2010 年 9 月—2011 年 8 月)

时　间	具体事项
2010.10.18	隆重举行凤鸣山中学师生感恩演讲(主讲:子月教授)暨"创先争优"誓师大会。
2011.10.28—30	高 2014 级、初 2014 级共 74 名教师,前往四川省遂宁市安居育才中学观摩学习。
2010.12.15	举办"凤鸣大讲坛"开坛仪式(第一期),主讲:龚雄飞校长,主题:凤舞九天:新课程问题主导下教学互动型课堂的实践与思考。
2010.12.29	学校全体行政干部及所有班主任教师前往綦江县南州中学参观学习。
2010.12.30	举办"凤鸣大讲坛"的第二期,主讲:深圳道弘教育、香港上维教育高端专家高放先生,主题:幸福教师的五项修炼。
2011.2.14	举办"凤鸣大讲坛"第三期,主讲:中国名校聪明副秘书长张海晨老师,主题:课堂行动研究与"五步三查"模式应用。
2011.2.24	举办"凤鸣大讲坛"第四期,主讲:四川棠湖中学校长、教育专家熊伟老师,主题:三段教学法——新课改的课程模式。
2011.3.1	正式发布《重庆市凤鸣山中学关于推进"四环导学魅力课堂"改革的指导意见》(凤教〔2011〕1 号)、《重庆市凤鸣山中学关于实施"'四环两型'问题导学式魅力课堂"学习小组评价与管理的指导意见》(凤教〔2011〕2 号)、《重庆市凤鸣山中学"四环导学魅力课堂"优秀小组评选方案(讨论稿)》、《重庆市凤鸣山中学关于评选"魅力课堂——十佳课改精英"的通知》,编辑整理《重庆市凤鸣山中学"四环导学魅力课堂"教师教学"七字"要诀》和《重庆市凤鸣山中学"四环导学魅力课堂"学生学习"七字"要诀》系列指导性文件。 2.正式启用《重庆市凤鸣山中学"四环导学魅力课堂"小组学习过程评价表》(表一:各小组课堂表现一周学习记录表(一个学科),表二:各小组课堂表现一月学习统计表(所有学科))和《重庆市凤鸣山中学"四环导学魅力课堂"小组常规管理过程评价表》(表 A:小组成员一周日常行为管理过程记录表,表 B:各小组一月日常行为规范管理过程记录表)。

2011.3.3	230 余名教师前往四川省棠湖中学考察学习。
2011.3.11	举办"凤鸣大讲坛"第五期，主讲：著名教育专家、华南师范大学博士生导师、广东省教育科学研究所所长、生本教育的创导者和研究的主持者郭思乐教授，主题：教育：向大自然寻找力量。
2011.3.12	隆重举行"凤鸣山中学新课程教学改革启动仪式暨大型励志报告会"。
2011.3.12	举办"凤鸣大讲坛"第六期，主讲：生本教育的卓越实践者荆志强老师，主题：生本教育的体验与感受。
2011.3.14	举办"凤鸣大讲坛"第七期，主讲：凤鸣山中学龚雄飞校长，主题：冲击高端·走向卓越——四环两型教学模式解读。
2011.3.31	举办"凤鸣教学论坛"第一期，主讲：熊元红老师、龚圣龙老师、裴琳老师。
2011.4.8	举办"凤鸣教学论坛"第二期，主讲：许开富老师、徐江涛老师、娄世强老师。
2011.4.14	举办"凤鸣大讲坛"第八期，主讲：国家级武术裁判、重庆市武术协会副秘书长、重庆工商大学体育学院副教授童世敏老师，主题：每天锻炼一小时，健康工作五十年。
2011.4.21	举办"凤鸣教学论坛"第三期，主讲：凤鸣山中学龚雄飞校长。
2011.4.23	部分一线教师到河南省焦作市沁阳一中，参加了由华南师范大学郭思乐教授主持的"以生本教育提高高中教育质量现场经验交流会暨新一期全国生本教育理论与实践研修班"。
2011.5.10	围绕"魅力课堂"教学改革实践的 11 项小课题进入沙坪坝区教育科学规划办 2011 年度批准立项的"教师成长课题"目录。
2011.5.13	举办"凤鸣大讲坛"第九期，主讲：著名教育专家、华南师范大学博士生导师、广东省教育科学研究所所长、生本教育的创导者和研究的主持者郭思乐教授，主题：生本教育理念。
2011.5.13—15	"全国中小学名校内涵发展与生本教育现场会"在我校隆重召开，《重庆时报》全程报道我校"四环两型魅力课堂"教学改革及"全国中学名校内涵发展与生本教育现场会"。
2011.5.19	《重庆时报》以"全国 100 余名教师来渝感受'魅力课堂'"为题，对我校"魅力课堂"教学改革进行专题报道。
2011.3—5	经过初赛、复赛、决赛，成功举办了重庆市凤鸣山中学第一届"冲击高端·走向卓越——魅力课堂"优质课大赛。

2011—2012 学年度

（2011 年 9 月—2012 年 8 月）

时　间	具体事项
2011.9.1	1.正式启用新版《重庆市凤鸣山中学"四环导学魅力课堂"小组学习过程评价表》表一：各小组课堂表现一周学习记录表（一个学科），表二：各小组课堂表现一月学习统计表（所有学科），表三：学生评教信息反馈表和《重庆市凤鸣山中学"四环导学魅力课堂"小组常规管理过程评价表》（表A：小组成员一周日常行为管理过程记录表，表B：各小组一月日常行为规范管理过程记录表，表C：学生评优各班统计表）。 2.印制并启用《重庆市凤鸣山中学"四环导学魅力课堂"教学评课表》（内部教学用指导书，配套优质课一等奖教学光碟等材料）。
2011.10.10	所申报课题"新课程'四环导学魅力课堂'理论与实践研究"经重庆市教育科学规划领导小组批准，被列为重庆市教育科学"十二五"规划2011年度变通高中新课程实验研究专项课题（渝教夫办〔2011〕9号，课题批准号：2011—KG—120，课题类别：课改专项重点课题）。
2011.10.13	举办"凤鸣大讲坛"第十期，主讲：凤鸣山中学龚雄飞校长，主题：魅力课堂的理念和方法。
2011.10.18—19	成功举办了重庆市凤鸣山中学第二届"冲击高端·走向卓越——魅力课堂"优质课大赛。
2011.10.26	举办"凤鸣大讲坛"第十一期，主讲：重庆平面美术传播专业艺术教师、重庆市中小学生校园金话筒主持人大赛组委会秘书长、四川外语学院表演艺术专业教师高万雄，主题：如何提升魅力课堂的魅力值。
2011.11.7	中国教育学会"新课程背景下的学校管理与教师专业化发展"现场会暨我校"'四环导学魅力课堂'展示活动"成功举行。
2011.11.10	举办"凤鸣大讲坛"第十二期，主讲：重庆师范大学教育科学学院郝明君教授，主题：教师素质与学生成长。
2011.11.11	接待四川省泸州市中学校长岗前培训班一行来我校参观考察学习。
2011.11.14	接待中国红色革命老区——江西省吉安市校长观摩团一行来我校参观考察学习。
2011.11.15	接待重庆市九龙坡区铁路中学教师观摩团一行来我校参观考察学习。
2011.11.15	接待《中国教师报》驻重庆记者站站长及专家一行到我校调研。

2011.11.12—18	接待在西南大学教育学院校长提高班学习的西安市校长培训班考察团一行来我校参观考察学习。
2011.11.18	举办"凤鸣大讲坛"第十三期,主讲:教育部新课程专家组核心成员、人教版高中物理教材主要编审、全国著名物理特级教师、江西省特级教师协会会长黄恕伯老师,主题:从课程目标谈教学的有效性。
2011.11.21	接待北京市海淀区"2011届校长任职资格培训班"一行学员来我校参观考察学习。
2011.11.23	接待广西桂林市一中、桂林市德智外语校和北海市第九中学一行来我校参观考察学习。
2011.11.29	重庆市沙坪坝区"高中新课程实验教与学方式改革研讨会"在我校隆重举行。
2011.11	引领中国教育改革方面的核心刊物《新教育》第六期(总第51期),发表了题为《走向内涵——重庆市凤鸣山中学教育改革与发展纪实》,以大量的篇幅介绍了我校"四环导学魅力课堂"教学改革的发展历程。
2011.12.6	由重庆市沙坪坝区教育委员会、沙坪坝区人民政府教育督导室举办的"'减负提质'校长论坛"在我校隆重召开。
2011.12.28	在重庆市教科院教育发展研究所张鸿副所长主持下,重庆市教育科学"十二五"规划2011年度课改专项重点课题"'四环导学 魅力课堂'理论与实践研究"在我校顺利通过开题论证。
2012.2.16	举办"凤鸣大讲坛"第十四期,主讲:重庆大学贸易与行政学院原院长、著名博士生导师、曾多次在中央电视台《百家讲坛》节目主讲的曾国平教授,主题:让心态更阳光。
2012.2.24—26	部分教师应邀前往广东省佛山市顺德区容山高级中学和容桂初级中学献课并进行教学指导。
2012.3	正式发布《重庆市凤鸣山中学关于实施"魅力课堂"改革〈导学案〉设计与制作的指导意见》(凤教〔2012〕3号)、《重庆市凤鸣山中学"魅力课堂"改革常态化推进方案》(凤教〔2012〕4号)、《重庆市凤鸣山中学"四环导学魅力课堂"优秀小组评选方案》《重庆市凤鸣山中学班级学生"魅力课堂"学习过程自主管理评价标准体系》等新课程改革指导性文件。
2012.3.7	举办"凤鸣大讲坛"第十五期,主讲:新桥医院晋献春主任,主题:道法自然,健康百年。
2012.3.13	接待天津市东丽区基础教育考察团来我校交流学习。
2012.3.22	举办"凤鸣大讲坛"第十六期,主讲:重庆市教育评估院龚春燕院

长,主题:新课程改革实践中所遇到的问题以及内心的困惑。

时间	具体事项
2012.3.20—23	成功举办重庆市凤鸣山中学"首届新课程教学节"。
2012.3.20	接待广东佛山容桂中学、广东佛山容山中学、重庆华蓥中学领导及教师前来学习观摩。
2012.3.21—23	成功举办重庆市凤鸣山中学第三届"冲击高端·走向卓越——魅力课堂"优质课大赛。
2012.4.7—8	成功举办"中国基础教育魅力班主任成长论坛"。
2012.4.10	接待北京大学教育文化战略研究所领导和专家一行来我校考察参观和指导。
2012.4.12	接待贵阳市教委、教科所领导教育考察团一行来我校考察"魅力课堂"教学改革实践情况。
2012.4.18	接待内蒙古阿拉善盟中小学校长考察团、重庆市大渡口区教学管理人员培训班、重庆市江北区复盛实验学校教师代表团到我校访问,考察、学习、交流。
2012.5.11	部分教师应邀前往奉节县甲高初级中学献课并进行教学指导。
2012.5.14	接待北京市海淀区校长考察团一行来我校观摩考察学习。
2012.5.17	接待河北省邯郸市第一中学教师观摩团来我校观摩考察学习。
2012.5.30	围绕"魅力课堂"教学改革实践的9项小课题进入沙坪坝区教育科学规划办2012年度批准立项的"教师成长课题"目录(沙研所〔2012〕字第1号)。
2012.6.20	接待河南郑州中学教师观摩团一行来我校交流学习,协同参观了我校新课程改革成果展。
2012.6.26	接待广东佛山市顺德区郑裕彤中学教师观摩团一行前来我校观摩考察学习。
2012.7.1	举办"凤鸣大讲坛"第十七期,主讲:成都大学师范学院陈大伟教授,主题:观课议课与教师成长。

2012—2013 学年度
(2012 年 9 月—2013 年 8 月)

时　间	具体事项
2012.9.10	围绕市级课改专项重点课题"新课程'四环导学魅力课堂'理论与实践研究"所申报的子课题"小组合作与探究学习有效性的实证研究"被批准为"重庆市教育学会第七届(2012—2014年)基础教育科研立项课题"(课题批准号:CELS2012S190)。
2012.9.12	重庆市彭水县汉葭镇中学教师考察团来我校开展课改学习交流活动。

2012.9.13	重庆晚报教育专题栏目"树师德 铸师魂"用整幅版面以"群凤和鸣谱新曲 品质强校创新篇——重庆市凤鸣山中学特色发展纪实"为题,对我校新课程教学改革实践进行了详尽报道。
2012.9.18	广东省东莞市道滘教育考察团一行人到我校考察学习。
2012.9.18	湖南益阳市校长考察团到我校考察学习。
2012.9.20—21	我校教师应邀前往彭水县汉葭镇中学进行课改教学指导。
2012.9.28	沙坪坝区"高中课改专项课题研究协作会暨沙坪坝区课改理论研讨会筹备会议"在我校隆重召开。
2012.10.15	举办"凤鸣大讲坛"第十八期,主讲:重庆市沙区进修学院龚雄飞院长,主题:引爆课堂——新课程教学改革的理想与行动。
2012.10.15	课程中心王霜主任为来自重庆市彭水县桑柘中学、彭水县普子中学、四川泸州古蔺中学、渝北华蓥中学、巴南区马王平中学,以及市内68中、69中、实验外语校等十余所学校的近200名考察学习的教师作题为《凤中"魅力课堂"价值追求与实践操作》专题汇报。
2012.10.15—19	成功举办了重庆市凤鸣山中学第四届"冲击高端·走向卓越——魅力课堂"优质课大赛暨第二届"新课程教学节"活动。
2012.10.28	湖北稳派名校联盟考察团、北京西城区校长书记考察团以及部分市内学校教师到我校考察学习,进行课改交流研讨。
2012.10.29	海南省教育厅校长考察团来我校进行新课改考察与观摩。
2012.11.6	山西省孝义市校长考察团来我校进行新课改考察交流,课程中心王霜主任作《"魅力课堂"的价值追求》报告,熊元红老师作《"魅力课堂"的实践与操作》报告。
2012.12.11—12	沙区"'学本式——卓越课堂'行动"——凤中市、区级骨干教师"魅力课堂"示范课在我校隆重举行。
2012.11.15	沙坪坝区"'学本式——卓越课堂'学生学习共同体建设培训会"在我校隆重召开。
2012.11.16	汇编"'四环导学'魅力课堂实践策略"教学改革总结材料,组织申报重庆市教学成果奖。
2012.11.20	重庆市督导室领导莅临我校,开展"卓越课堂"五年行动暨高中新课程实验实施专项调研。
2012.11.25—27	成功举办学校青年教师第一届"基本功大赛",着力提升青年教师的"三字一话"水平,增添"魅力课堂"的魅力质。
2012.12.5	在市教学学会、沙区教师进修学院专家主持,我校被批准立项的重庆市教育学会第七届(2012—2014年)基础教育科研立项课题"小组合作与探究学习有效性的实证研究"成功开题。
2012.12.13—14	我校教师应邀前往彭水县桑柘中学进行"魅力课堂"课改教学指导。

2012.12.14	我校举行市区级骨干教师"魅力课堂"示范课总结研讨会。
2012.12.18—19	我校隆重举行2012年新进教师亮相课。
2012.12.20	正式启动:重庆市凤鸣山中学市级重点规划课题"'四环导学'理论与实践研究"小课题研究,针对"魅力课堂"教学改革实践中存在的问题与困惑,从学科教学角度开展小课题研究工作。
2012.12.21	举办"凤鸣大讲坛"第十九期,主讲:渝中区教师进修学院知名教研员曾庆宇老师,主题:出错与创新。
2012.12.24	广西壮族自治区北海五中考察团来我校进行课改考察交流。
2012.12.25	接待巴南区马王坪中学教师考察团前来我校观摩"魅力课堂"教学实践,并与我校初一语文组全体教师进行了交流。
2013.4.9—10	成功举办了重庆市凤鸣山中学第五届"冲击高端·走向卓越——魅力课堂"优质课大赛暨教学开放周活动,贯彻实施"'学本式'卓越课堂"行动计划,推进我校"魅力课堂"教学改革,确立"集聚众智、展示个性,分段检阅、全面发展"的课改指导思想。
2013.5.8—10	我校隆重举行沙区"'学本式'卓越课堂"行动——凤中市、区级骨干教师"魅力课堂"常态课教学展示活动。
2013.5.13—16	我校隆重举行首届"魅力课堂"新教师入格课大赛。
2013.5.30	围绕"魅力课堂"教学改革实践的11项小课题进入沙坪坝区教育科学规划办2013年度批准立项的"教师成长课题"目录(沙研所〔2013〕字第1号)。
2013.7.7	举办"凤鸣大讲坛"第二十期,主讲:山东杜郎口中学徐立峰老师,主题:课改理论思想与实践。
2013.7.8	举办"凤鸣大讲坛"第二十一期,主讲:重庆师范大学刘建垠教授,主题:中小学生人身伤害事故责任的划分与预防。
2013.7.20	我校申报的教学成果"'四环导学魅力课堂'理论和实践研究"荣获重庆市人民政府教学成果一等奖(证书编号:2013(普)116(7-4))。
2013.7.25	《重庆日报》以"魅力课堂　拨动孩子心灵的琴弦——重庆凤鸣山中学课改创新发展之路"对我校的"魅力课堂"教学改革进行全方位报道。

2013—2014 学年度

(2013 年 9 月—2014 年 8 月)

时　间	具体事项
2013.9.27	广东省邝维煜纪念中学、重庆市涪陵九中一行来到我校交流考察课堂教学改革实践,并观摩我校"魅力课堂"常态课展示。
2013.10.14—17	为推动我校课堂由"教"为中心转向"学"为中心,加快"魅力课堂"

常态化步伐，促进学生全面发展和健康成长，成功举办了"魅力课堂"教学开放周暨第六届"冲击高端·走向卓越"魅力课堂优质课大赛。

2013.10.14—17　秦皇岛市教育局、彭水汉葭中学、奉节实验中学等多所兄弟学校先后来到我校参观交流，观摩了我校第六届"冲击高端·走向卓越"魅力课堂优质课大赛。

2013.10.17　我校岗培班全体成员齐聚行政楼三楼会议厅，参加由课程中心举办的以"让课堂充满魅力"为主题的岗培班第一期"凤鸣论坛"，部分学员从"我看、我听、我思"等角度就"如何让课堂充满魅力"作了精彩的发言。

2013.10.28　为全面探索和学习重庆名校教育教学改革经验，促进中小学教师改善教学策略，提高课堂教学效率，北京师范大学基础教育课程中心教育考察团一行莅临我校。

2013.11.5　沙区"学本式——卓越课堂行动"5118共同体优质课大赛在我校隆重举行。

2013.11.9　四川省自贡旭川中学教师考察团一行到我校考察学习课堂教学改革经验。

2013.11.15　重庆市教科院中教研究所、市教科院课改中心、沙坪坝区进修学院联合专家督查组，对我校独立承担的重庆市教育科学"十二五"规划2011年度普通高中新课程实验研究专项课题——"'四环·问题导学式魅力课堂'理论与实践研究"进行中期工作调研，对我校教育科研工作给予了高度的评价。

2013.11.19—20　我校成功举办了数学、英语、物理"骨干教师示范课"活动。

2013.11.20　广东省广州市白云区校长代表团一行来我校考察新课程改革背景下的课堂教学改革实践情况。

2013.11.19—21　广州市花都区新华中学、重庆市城口县平坝中学、秀山县第一中学的教师观摩团到访我校观摩、学习与交流课堂教学改革。

2013.11.21　全国教育系统中学特色建设与内涵发展观察考察团一行来我校考察"魅力课堂"教学改革，观摩了我校教师执教的"魅力课堂"常态展示课，高度赞赏我校教师"以学定教、先学后教、多学少教、因学活教"教学风格，切实感受学生"独立自学、积极互学、质疑对抗、碰撞思维"的课堂教学改革独特魅力。

2013.11.22　为全面探索和学习重庆名校教育教学改革经验，促进中小学教师改善教学策略，提高课堂教学效率，广州恩平市教育局考察团一行来到我校参观交流。

2013.12.2　广州市海珠区教育局教育考察团一行来到我校参观交流。

2013.12.6—7　课程中心熊元红老师应邀前往广东省花都区,参加了邝维煜纪念中学组织的"新课程改革背景下课堂小组合作学习的课堂操作策略"研讨会,并做了题为"小组合作的课堂操作策略"的主题报告。

2013.12.10　北京大学教育文化战略研究所教育考察团一行到我校参观交流。

2013.12.13　四川省遂宁市、广州白云区校长代表团一行来我校参观交流课堂教学改革,随堂观摩了我校教师执教的"魅力课堂"常态展示课《北方的地区》,就"魅力课堂"的设计理念、实施策略、小组建设等问题进行了深入的交流和探讨。

2013.12.16　在沙区教师进修学院组织下,我校部分教师赴江苏省泰兴市洋思中学参加"学习洋思全国10大典型学校特色课、特色经验交流会暨洋思中学课改30年9大学科典型课展示、全校开放"活动。

2013.12.17　为促使新进教师尽快熟悉我校"魅力课堂"教学模式,进一步强化课堂教学质量,举行了2013—2014学年度新进教师亮相课活动。

2013.12.23　山东省青岛市校长教育考察团一行来我校参观交流"魅力课堂"教学改革,参观了我校以"凤"为主题的独具魅力的校园文化建设。

2013.12.24　教育部2013年中小学校长研修班教育考察团一行来我校参观交流课堂教学改革,对我校独具魅力的以"凤"为主题的校园文化表现出了浓厚的兴趣,并对我校独具特色的校园文化建设给予了极高的评价。

2013.12.24　天津市滨海新区校长教育考察团一行到我校参观交流,参观了我校的校园文化建设,对我校独具魅力的以"凤"为主题的校园文化表现出了浓厚的兴趣,并对我校独具特色的校园文化建设给予了极高的评价。

2013.12.27　广州白云区钟落潭教育指导中心、广西柳州三中教育同仁一行到我校参观交流。

2013.12.31　举办"凤鸣大讲坛"第二十二期,主讲:重庆大学美视电影学院播音主持专业教研室主任、国家级普通话测试员马昕教授,主题:课改课堂教学中普通话的应用。

2014.1.8　重庆市"高中思想政治市级骨干教师培养对象培训班教学研讨会"在我校隆重召开。

2014.2.25　沙区进修学院评估考察组一行莅临我校调研"卓越课堂"的建设以及课程评价等相关工作。

2014.2.28　沙区教委中教科、区教师进修学院中教部考察组一行莅临我校,对我校教学管理"六认真"和课堂教学"六认真"的落实情况进行了常规督导检查。

2014.3.26	湖南长沙同升湖实验中学、广西南宁十四中的同行们到我校参观、学习与交流课堂教学改革。
2014.3	我校所有学科(分高初中)参加重庆市沙坪坝区首届"学本式——卓越课堂优质课大赛"，在所有 27 项竞赛中，荣获 17 项一等奖。
2014.4.1	汇编"重庆市凤鸣山中学'魅力课堂'探索与实践"教学科研成果材料，被重庆市教委推荐申报"基础教育国家级教学成果奖"。
2014.4.1—2	垫江六中、八中、彭水汉葭中学来我校交流学习，全程观摩我校第七届"魅力课堂"优质课大赛，一大批优秀青年教师，他们用行动诠释着我校"四环导学魅力课堂"的理念内涵。
2014.4.8	重庆市巫山县白坪中学到我校访问考察。
2014.5.7	贵州省毕节市学校教师代表团一行到我校参观交流，观摩了我校常态的"魅力课堂"展示活动，参观了我校的校园文化建设，对我校以"凤"为主题的独具特色的校园文化建设给予了极高的评价。
2014.5.22	我校岗培班学员 20 余人在陈洪龙副校长、课程中心黄晓辉主任、熊元红老师带领下，到重庆长寿川维中学进行同课异构教学交流活动。
2014.5.25	将原课题"'四环导学'理论与实践研究"更名为"'四环·问题导学式魅力课堂'理论与实践研究"；同时，为更好地总结提炼课改成果，申请将课题研究期限延期一年。
2014.5.27	重庆市秀山实验中学、贵州织金县中小学与重庆市校长骨干班学员先后访问我校，就魅力课堂小组建设的学生培训、管理、考核，与学校内涵发展和特色建设进行了解、交流。
2013.5.30	围绕"魅力课堂"教学改革实践的 8 项小课题进入沙坪坝区教育科学规划办 2014 年度批准立项的"教师成长课题"目录(沙研所〔2014〕字第 1 号)。
2014.6.16	四川金堂中学、彭水汉葭中学代表团访问我校，对校园文化建设、魅力课堂改革、小组建设与管理、班主任班级管理等问题进行考察交流。
2014.7.6	举办"凤鸣大讲坛"第二十三期，主讲：中国教育学会历史教学研究会理事、普通高中课程改革项目组专家、海南省中学历史专业委员会副理事长、海南省三亚市教育局教研室主任、中学历史知名特级教师傅元根老师，主题：让儿童站在课程的中央——学校课程建设与开发的思考与行动。
2014.7.8	举办"凤鸣大讲坛"第二十四期，主讲：西南大学特邀教授、重庆市江北区教师进修学院李大圣院长，主题：基于自我实现的教师

成长。

| 2014.8.26—28 | 学校教务处刘鸿飞副主任、课程中心熊元红老师应邀前往广东省花都区邝维煜纪念中学,参加了"新课程改革背景下课堂教学研讨会",介绍"魅力课堂"教学改革实践经验。 |

2014—2015 学年度
(2014 年 9 月—2015 年 8 月)

时 间	具体事项
2014.9.19	重庆市 2014—2015 学年度中学政治教学教研年会在我校隆重召开。
2014.9.22	重庆市高完中校长培训班一行莅临我校,就我校新课程教学改革与内涵发展进行考察。
2014.10.10	青岛市城阳区城阳区学科教研员及高级中学校长一行 21 人访问我校,对校园内涵发展、课程改革和特色发展等方面进行考察交流。
2014.10.17	广东省白云区第 115 中学校一行在郑东兵副校长率领下,前来我校观摩学习"魅力课堂"教学改革实践活动。
2014.10.20	北京师范大学基础教育研究中心教育考察团一行 130 余人莅临我校,就校园内涵发展、课程改革和特色发展等方面与我校进行了深入交流。
2014.10.20	由黑龙江、四川、内蒙古等省市中小学校长组成的"中国教育报服务中心教育考察团"一行 40 余人莅临我校,就校园内涵发展、课程改革和特色发展等方面与我校进行了深入交流。
2014.10.24	教育部"农村校长助力工程"(2014)影子跟岗研修的学员一行 50 余人莅临我校参观交流,考察我校"魅力课堂"教学改革实践,饶有兴致地参观我校"凤"文化校园。
2014.10.24	沙坪坝区初中物理"三助式"教学研讨活动在我校隆重举行。
2014.10.30	举办"凤鸣大讲坛"第二十五期,主讲:广州第二师范学院许锡良教授,主题:学校课程建设的理论价值和操作策略。
2014.11.11	重庆市秀山县实验中学考察团来我校参观交流,考察我校"魅力课堂"教学改革实践。
2014.11.17	四川省新都一中考察团一行 10 余人莅临我校参观交流,考察我校"魅力课堂"教学改革实践。
2014.11.24	我校初中历史陈敏老师、高中政治梁东老师代表重庆市参加首届"绿色课堂"杯优质课,双双获得一等奖。

2014.11.25	国培班学员及沙坪坝区中学生物教师齐聚我校,举办国培班公开课观摩活动。
2014.11.26	重庆市沙坪坝区"高中政治学本式卓越课堂教学观讨活动"在我校隆重举行及区内教师的汇报展示课。
2014.11.27	应广州市番禺区市桥城区桥城中学邀请,我校课程建设骨干教师一行十余人前往该校,就课程建设、特色发展等方面进行了广泛而深入的交流。
2014.11.28	云南省昭通市教育局校长考察团一行120余人莅临我校,就我校校园内涵发展、课程改革和特色发展等方面工作进行了深入考察。
2014.12.1	举办"凤鸣大讲坛"第二十六期,主讲:全国模范教师、"绿色语文教育"理念倡导者、重庆市未来教育家培养导师、国务院政府特殊津贴专家赵谦翔老师,主题:"作文教学"与"语文教师专业成长"。
2014.12.4	云南省昭通市教育局校长考察团一行120余人继11月28日后再次莅临我校,就我校校园内涵发展、课程改革和特色发展等方面工作进行了深入考察。
2014.12.10	南京市秦淮区、广州市白云区钟落潭中学的教育同仁们一行莅临我校,就课程建设、课堂改革和特色发展等方面,与我校领导进行了广泛而深入的交流。
2014.12.10	重庆市国培班学员以及沙区初中历史教师齐聚我校,举办国培班同课异构公开课观摩活动及区内教师的汇报展示课。
2014.12.10	由沙区教委主办的"卓越课堂"公开课展评活动(高中化学、高中生物和高中体育三个学科)在我校举行。
2014.12.16	由沙区教委主办的"卓越课堂"公开课展评活动(高中物理)在我校举行。
2014.12.10—20	我校共有20名高中学科教师和11名初中学科教师参加由沙区教委主办的"卓越课堂"公开课展评活动,优良率超过90%。
2014.12.23	广东省广州市白云区钟落潭中学、第98中学的领导和教师一行莅临我校,就我校校园内涵发展、课程改革和特色发展等方面工作进行了深入考察。
2014.12.23	我校举办毕业年级市区级骨干教师的示范课活动,覆盖语文、数学、英语、物理、化学和生物六个学科十余名市区级骨干教师,运用"以学定教、先学后教、多学少教、因学活教"教学理念,从知识复习课到试卷评讲课,骨干教师们为全校师生呈现了一堂堂生动的魅力课堂。
2014.12.28	我校围绕"魅力课堂"重点课题所开展的《情境自学在高中政治课

堂中的优化策略研究》等六项小课题研究获"2014 年度沙区教师成长课题评比"三等奖,学校荣获"教师成长课题管理先进单位"荣誉称号,另有四名老师荣获"教育科研先进个人"荣誉。

时间	具体事项
2014.12.30	我校隆重举行 2014—2015 学年度新进老师亮相课活动。
2015.1.28	贵州省遵义市教育局一行 20 余人莅临我校,签署"帮扶结对"教学协议,同时进行教学改革经验交流与探讨。
2015.2.1	举办"凤鸣大讲坛"第二十七期,主讲:重庆市江北区教师进修学院院长、西南大学特邀教授李大圣老师。主题:文化土壤是教育的力量之源。
2015.3.26	举办以"课程建设之我见"为主题的凤鸣山中学岗位培训班学员"凤鸣论坛"活动,从课程评价、课程实施、课程开发等角度对深化"魅力课堂"教学改革进行了精彩的交流发言。
2015.3.27	中国当代学校特色发展新疆观摩考察团一行 40 余人莅临我校,就学校特色发展、课程改革等方面与我校进行了深入交流。
2015.4.15	发布"重庆市凤鸣山中学'以评促学、以评促教',构建'魅力课堂'激励评价机制评述",完成"魅力课堂"教学评价制度与评价机制的整理,并予以实施。
2015.4.16	广东省佛山市顺德区容桂教育局、云南省高中校长岗位培训班共 130 余人来我校考察学习"魅力课堂"教学改革经验。
2015.4.23	广东佛山顺德容桂教育局、白云区太和中学教育考察团一行 60 余人来我校考察学习新课程改革经验。
2015.5.21	四川省眉山市青神县初中学校考察团一行十余人莅临我校,参观了我校的"凤文化"校园文化建设以及"魅力课堂"教学改革。
2015.6.14	辽宁辽阳石油化纤公司高级中学来校参观。
2015.6.16	云南德宏一中来校参观。
2015.6.18	广州珠海区南石中学来校参观。

2015—2016 学年度
(2015 年 9 月—2016 年 8 月)

时　间	具体事项
2015.9.28	凤鸣山中学与西藏芒康盐井中学举办"同课异构"活动。
2015.10.16	广东省佛山市大沥镇教育局校长团来我校交流。
2015.10.21	河南郑州、洛阳市,广东顺德区等教育考察团来我校交流。
2015.10.20	凤鸣山中学成功举办第二届"绿色课堂杯"优质课大赛。
2015.11.11	市级规划课题"整体构建校园'凤文化'价值理念的实践研究"开

题论证会议顺利举行。

2015.11.16	杨勤心老师荣获"第一届全国初中英语课堂教学优质课展评"一等奖。
2015.11.20	凤鸣山中学成功举行第九届"魅力课堂"优质课大赛。
2015.11.20	广州、洛阳两地的教育同仁来我校参观交流。
2015.11.25	举办新教师"魅力课堂"亮相展示课。
2015.11.26	广东佛山丹灶教育局、清新一中的教育同仁来我校参观交流。
2015.11.27	我校陈于老师荣获高中地理微格教学大赛特等奖。
2015.11.27	陈馨老师荣获"第四届全国高中语文教师教学基本功展评"二等奖。
2015.11.27	广州花都区秀全中学、温州龙湾区教师发展中心来我校交流。
2015.12.8	深圳龙华新区教育考察团来我校交流。
2015.12.9	我校"魅力课堂"教学改革成果入展首届中国教育创新成果博览会。
2015.12.10	《中国教育报》报道我校"魅力课堂"教学改革。
2015.12.17	沙区第21届校长培训班学员到我校考察交流。
2015.12.21	承办沙区"学本式卓越课堂"高中数学公开课展评活动。
2016.1.5	承办沙区"学本式卓越课堂"高中英语公开课展评活动。
2016.2.29	召开全体教研组长、备课组长会议,布置本学期工作,尤其强调关于三类课程基地的建设工作、骨干教师展评课工作和微视频的培训工作。
2016.3.8	课程中心副主任郑月刚,信息技术教师钱丹锋根据第四共同体集体备课的安排,组织全校教师以教研组为单位进行微视频培训。
2016.3.10	由课程中心牵头组织的初2018级课程辅助活动正式开课,此次共有16门校本课程成功开设。
2016.3.18	我校冉静、周艳、李秋媚、粟巧等四位老师在乔书记的带领下赴奉节梅子中学送课,展开交流。
2016.3.21	实验中学和凤鸣山中学召开两所学校教师互培工作推进会,商讨关于实验中学英语教师周应卉脱产到我校学习的具体事宜。
2016.3.28	"国培计划——2015年重庆市乡村教师工作坊研修班"的全体学员到凤鸣山中学学习交流。
2016.3.28	沙坪坝区教师进修学院研修员"两课"开放周物理"研课"活动在凤中举行。
2016.4.1	凤鸣山中学率共同体教师赴汉葭中学进行同课异构交流。
2016.4.5	凤鸣山中学第一届微课大赛圆满结束,本次比赛共收教师微课作

品 300 余件。

2016.4.12	我校举行市、区级骨干教师示范课。
2016.4.12	南京燕子矶中学教育同行到凤鸣山中学参观交流。
2016.5.11	杨春芳到市教委参加重庆市教育改革试点成果修改认证会,我校上报的"'魅力课堂'改革试点成果"获得市级二等奖。
2016.5.17	凤鸣山中学成功举行第十届"魅力课堂"优质课大赛。
2016.5.16	凤鸣山中学组织召开"普通高中学生综合素质评价校本化实施策略研究"第一次课题工作会。
2016.5.27	沙坪坝区 2016 年法治教育优质课竞赛(高中组)在凤鸣山中学举行。
2016.6.13	南京燕子矶中学一行 30 余人到我校参观交流。
2016.6.21	沙区第三届汉字听写大赛成绩揭晓,凤鸣山中学蝉联冠军。
2016.7.7	邀请西南大学于波教授到我校为全校教师做关于课程建设的培训讲座。

2016—2017 学年度
(2016 年 9 月—2016 年 12 月)

时　间	具体事项
2016.9.21	接待重庆市中小学校长国培班和湖南省湘潭市雨湖区中小学校长教育考察团 130 余人到我校参观交流。
2016.10.13	接待珠海市斗门区教育科研培训中心 30 余人学习交流团教师到我校就初三教学与备考经验进行交流。
2016.10.13	接待山西晋源中学 70 余名教师到校参观交流。
2016.10.14	接待巴中市巴州区高三骨干教师 50 人,先简单介绍高三情况,然后协同参观校园,参与三四节课听课及交流。
2016.10.25	接待中小学创新发展(重庆、成都)现场会暨广州花地中学、南海中学和内蒙古鄂尔多斯准格尔旗教育考察团等一行约 160 人到我校参观交流。
2016.10.27	山西晋源实验中学 70 人左右到校参观交流。
2016.11.1	内蒙古呼和浩特教育局参观访问团 50 余人到我校参观交流。
2016.11.4	谭媛芳老师在全校教职工大会上就教师心理调试的话题进行专题讲座。
2016.11.7	广东佛山实验中学"以学改教"重庆研训访学代表团约 30 人到校参观。
2016.11.8	重庆市教育科学"十二五"规划 2011 年度课改专项重点课题"'四

环节·问题导学式魅力课堂'理论与实践研究"结题评审现场会在行政楼五楼进行。

2016.11.8	接待遵义国培班学员代表团约 57 人到校参观交流。
2016.11.8	接待甘肃定西市安定区校长、书记代表团约 40 人到校参观交流。
2016.11.16	接待内蒙古鄂尔多斯市康巴什二中 10 余名教师来访。
2016.11.23	接待陕西山阳县校(园)长考察团 18 人到凤中参观交流。
2016.11.29	接待浙江绍兴市教育考察团到校参观交流。

后　记

　　歌乐山麓、嘉陵江畔，重庆市凤鸣山中学巍然耸立。育人有道，办学有方，自2011年推行"魅力课堂"改革以来，学校发展迅猛，在重庆市重点中学中独领风骚，赢得了全国教育同仁的关注。2014年，教育部颁布了《关于全面深化课程改革 落实立德树人根本任务的意见》，学校与时俱进，围绕"立德树人"和"核心素养"的育人目标，进一步深化学校的"魅力课堂"改革，促进了师生共同实现素养及能力的提升。

　　《天高地阔　凤举鸾翔——重庆市凤鸣山中学基于核心素养的课程改革探索与实践》记录了凤中教师在此次课程改革中的探索、实践及反思过程，可以说是对多年工作的一个总结。这本书从2015年筹划到2017年成书，历经近3年的梳理和编写，在各级领导和同仁的关爱与支持下终于完成并出版。

　　在近3年漫长的成书过程中，我们先后得到了多位领导、专家和全校教师的帮助。其中特别值得感谢的是，西南大学原常务副校长宋乃庆教授为本书作序。沙区教委肖长树主任对本书给予了长期的关注与支持。进修学院龚雄飞院长作为凤中课程改革的发起者，对本书的形成起了重要作用。学校陈洪龙副校长、廖成群副校长、田红副校长、学生处聂晓红主任、教务处史向红主任始终关心着本书的写作进程，其间又直言不讳地提出了许多重要的意见。课程中心杨春芳副主任、龚圣龙副主任花费大量时间完成了本书的校稿及定稿工作，郑月刚副主任为本书提供了大量的技术支持，熊元红老师做了许多基础工作。有文章被选入本书的各位教师不仅大力配合本书的多次校稿工作，还为本书提供了不少好的建议，特在此一并致谢！

　　凤中的课程改革旨在培养学生的核心素养，进一步助推学校的内涵发展。实施课程改革以来，凤中人执着探索，认真反思，不断总结，凝炼出了属于自己的一些感悟，让这些感悟帮助更多的教师关注教育、关注学生，这是每一个凤中人的夙愿。本书也力图做到将学校飞跃发展与校园课程改革进行有机融合，并借此积极培育和践行社会主义核心价值观。在编著本书的过程中，围绕培养学生核心素养的根本目标，我们深入挖掘，精心梳理、筛选和提炼，以专著的形式，将学校课程改革的面貌呈现在读者面前。

　　因课程改革的探索之路还在继续，本书难免留有诸多遗憾，唯愿且读且思，且行且改！